从"恩惠"到"开发权共享"
水库移民补偿法研究

CONG "EN HUI" DAO "KAI FA QUAN GONG XIANG"
SHUI KU YI MIN BU CHANG FA YAN JIU

教育部人文社会科学研究"征地制度改革中的土地增值收益分配：权利调整与法治架构（15YJC820016）"项目资助

胡大伟 著

知识产权出版社
全国百佳图书出版单位

图书在版编目（CIP）数据

从"恩惠"到"开发权共享"：水库移民补偿法研究/胡大伟著. —北京：知识产权出版社，2017.6

ISBN 978-7-5130-5013-5

Ⅰ.①从… Ⅱ.①胡… Ⅲ.①水库工程—移民安置—补偿—法律—研究—中国 Ⅳ.①D922.364

中国版本图书馆CIP数据核字（2017）第145096号

责任编辑：李学军　　　　　　　　责任出版：刘译文
装帧设计：刘　伟

从"恩惠"到"开发权共享"：水库移民补偿法研究
胡大伟　著

出版发行：	知识产权出版社有限责任公司	网　址：	http://www.ipph.cn
社　址：	北京市海淀区气象路50号院	邮　编：	100081
责编电话：	15611868862	责编邮箱：	752606025@qq.com
发行电话：	010-82000860转8101/8102	发行传真：	010-82000893/82005070/82000270
印　刷：	北京嘉恒彩色印刷有限责任公司	经　销：	各大网上书店、新华书店及相关专业书店
开　本：	787mm×1092mm　1/16	印　张：	13.5
版　次：	2017年6月第1版	印　次：	2017年6月第1次印刷
字　数：	236千字	定　价：	52.00元

ISBN 978-7-5130-5013-5

出版权专有　侵权必究
如有印装质量问题，本社负责调换。

一位哲学家曾说，那些表面看上去雄伟壮丽的事，引起成千上万狂迷欢呼的事，它们的内在所承载的，不过是一种壮丽的"贪婪"。现在新安江水库这库碧水不仅是淳安人的骄傲，也是给世人留下的一笔永存的巨大财富。但我们不能忘记创造财富的浙江、安徽27.7万新安江水库移民，还有移民史册上没有记下的原淳安、安徽移民的父辈们。[1]

---

[1] 童禅福：《国家特别行动：新安江移民》，人民文学出版社2009年版，引言第4页。

目 录

导 论 ··· 1
一、问题的提出 ····································· 1
 (一)"历史遗留问题" ····························· 1
 (二)问题仍在延续——以"扶贫"为名的当代水库移民 ······· 2
 (三)移民为何贫困——水库移民补偿问题的法学追问 ········· 8
二、研究综述 ······································· 11
 (一)水库移民的概念界定及其说明 ····················· 11
 (二)国内研究现状 ································· 14
 (三)国外研究现状 ································· 19
 (四)总体述评 ···································· 21
三、研究思路及研究方法 ······························· 21
 (一)研究思路 ···································· 21
 (二)研究方法 ···································· 22
四、研究框架 ······································· 24
 (一)研究目标 ···································· 24
 (二)研究内容 ···································· 24
 (三)拟突破的重点和难点 ···························· 27

第一章 水库移民补偿之理论展开 ······················ 28
一、水库移民补偿概述 ································· 29
 (一)何谓水库移民补偿 ······························ 29
 (二)水库移民补偿的特征 ···························· 32
二、水库移民补偿的理论框架 ···························· 35
 (一)水库移民补偿的法理基础 ························ 35
 (二)公正补偿:水库移民补偿的原则 ··················· 40

（三）补偿权是水库移民享有的宪法性权利 ……………… 43
    （四）水库移民补偿的权利主体 …………………………… 45
    （五）水库移民补偿的范围 ………………………………… 48
  三、水库移民补偿法律关系的性质 ……………………………… 54
    （一）征收补偿的法律性质 ………………………………… 55
    （二）水库移民补偿法律关系的性质 ……………………… 56

第二章　历史追溯和现实解构：水库移民补偿权利保障
　　　　困境的制度透视 …………………………………………… 62
  一、我国水库移民征地补偿制度变迁 …………………………… 62
    （一）水库移民补偿权保障的"蒙昧"时期（1949—1982年） … 62
    （二）开发性移民补偿与安置的探索时期（1982—1991年） … 74
    （三）水库移民利益补偿的法制化应对时期（1991年至今）… 78
  二、我国水库移民补偿的制度框架及问题分析 ………………… 80
    （一）现行水库移民补偿立法框架梳理 …………………… 80
    （二）水库移民补偿"权利贫困"的制度逻辑 …………… 83
  三、水库移民补偿制度设计缺陷的原因分析 …………………… 88
    （一）私有财产权保障观念的缺失 ………………………… 88
    （二）移民立法民主参与的不足 …………………………… 89
    （三）城乡二元体制的影响 ………………………………… 91
    （四）经济发展差序格局的制约 …………………………… 92

第三章　水库移民利益补偿的行动逻辑 …………………………… 94
  一、水库移民征地补偿"公益性"的"人本"反思 …………… 94
    （一）"物化"考量的公共利益 …………………………… 96
    （二）缺乏知情参与的"政府内生型"程序 ……………… 98
  二、水库移民征地补偿合意达成难题 ………………………… 100
    （一）合意为何难以达成：制度障碍和理念制约 ……… 102
    （二）单向度征地补偿决策模式的合意困境 …………… 105
  三、水库移民利益补偿——艰难的权利主张 ………………… 107
    （一）软化的制度 ………………………………………… 109
    （二）失范的补偿费用 …………………………………… 110
    （三）错位发展的移民补偿关系 ………………………… 112

（四）有"名"无"实"的权利救济渠道 …………………………… 115

第四章 公正发展：水库移民利益补偿的视角转换 ……………… 117
一、水库移民利益补偿的理念重塑和原则确立 …………………… 117
（一）以人权精神救济水库移民补偿利益 …………………… 118
（二）从生存到发展：水库移民补偿理念重塑的发展权旨向 … 122
（三）发展权理念下水库移民补偿的原则 …………………… 124

二、发展权视域下水库移民补偿制度的变革方向 ………………… 127
（一）制定水库移民法，统一规范移民利益补偿法规体系 …… 127
（二）建立公平、移民参与的市场化补偿运作机制 …………… 128
（三）建立移民自主决策的多元化利益补偿机制 …………… 129
（四）建立完善的移民利益补偿正当程序规则 ……………… 130

三、水库移民征地补偿协商机制构建——基于合意治理的反思 … 131
（一）水库移民征地补偿协商机制的提出 …………………… 131
（二）凝集共识——水库移民征地补偿协商制度设计 ……… 134
（三）余论 ……………………………………………………… 137

四、水库移民长效补偿的实践探索与制度构建 …………………… 137
（一）水库移民长效补偿的实践探索 ………………………… 138
（二）发展权视域下长效补偿的法理解读 …………………… 141
（三）长效补偿的规范与制度完善 …………………………… 146

第五章 制度性保障理念下的后期扶持：从"扶贫给付"到"开发权共享" ……………………………………………………… 149
一、水库移民后期扶持的由来及发展 ……………………………… 149
（一）作为解决历史遗留问题的救助措施 …………………… 149
（二）从解决历史遗留问题的救助措施嬗变为后期生产扶持 … 150
（三）水库移民后期扶持的法律确立及完善 ………………… 152

二、水库移民后期扶持的正当性基础 ……………………………… 154
（一）时滞成本的必然体现 …………………………………… 154
（二）水库移民发展权保障的客观要求 ……………………… 155
（三）利益共享的内在要求 …………………………………… 156
（四）水库移民被迫迁移下利益补偿失衡的补正 …………… 157

三、水库移民后期扶持的法律性质 ………………………………… 159

（一）恩赐抑或权利 ……………………………………………… 159
　　（二）补偿抑或政策性保障措施 ………………………………… 161
　　（三）制度性保障理念下的水库移民后期扶持 ………………… 163
　四、水库移民后期扶持的法治反思与制度展望 ……………………… 166
　　（一）水库移民后期扶持的法治反思 …………………………… 166
　　（二）水库移民后期扶持的制度展望 …………………………… 169

第六章　基于补偿衔接的水库移民社会保障制度架构 ………… 171
　一、水库移民社会保障亟待制度完善的理论与现实 ……………… 171
　　（一）我国社会保障多层化的重要体现 ………………………… 171
　　（二）开发性移民人权意蕴外化的必然需要 …………………… 172
　　（三）水库移民贫困纾解的长久保障 …………………………… 173
　　（四）土地保障功能缺损的重要补充 …………………………… 173
　二、双重结构的水库移民社会保障：解魅与制度构建 …………… 174
　　（一）"土地换保障"理念引发的问题 ………………………… 174
　　（二）与损失补偿衔接：水库移民社会保障的制度定位 ……… 175
　　（三）双重错位倾向：水库移民社会保障有效衔接的法理困境 …… 178
　　（四）双重架构：水库移民社会保障的制度选择 ……………… 181
　　（五）制度前行的外部面向 ……………………………………… 184

结语：从被动扶贫转向补偿自主 ……………………………………… 186

参考文献 ………………………………………………………………… 189

后　记 …………………………………………………………………… 207

导　论

一、问题的提出

（一）"历史遗留问题"

"移民这个窗口，我们几乎可以看到一系列关涉中国现当代化进程的重大问题：公平、发展、地区差异、社会稳定、生态环保等等。"[1] 其中水库移民更能折射出中国经济社会发展的众生相。我国的近现代水库移民史显示，水库移民是一个相当棘手的难题。从全世界范围看，在1990—1999年的10年中，因为开发活动导致的非自愿移民约有1亿，而在2000—2009年的10年中，这一数字增加到1.5亿。1949年以来，中国已经产生工程建设征地拆迁移民7000多万人，其中1949—2008年动迁水库移民1930万人。[2] 新中国成立至20世纪70年代末，为了改变国家积贫积弱的状态，抵御各种突发性水旱自然灾害的侵袭，迫切需要通过大力发展水利及水电事业保障老百姓的生活和经济社会的发展。新中国成立后，毛泽东立足于中国发展实际，多次从战略的高度发出大兴水利的指示。他提出："一切大型水利工程，由国家负责兴建，治理危害严重的河流。一切小型水利工程，例如打井、开渠、挖塘、筑坝和各种水土保持工作，均由农业合作社有计划地大量地负责兴建，必要的时候由国家予以协助。通过上述这些工作，要求在七年内（从1956年开始）基本上消灭普通的水灾和旱灾。"[3] 在此期间，我

---

[1] 魏沂："三峡移民工作中的重大问题与隐患——以重庆市云阳县为例"，载《战略与管理》1999年第1期，第12-20页。

[2] 施国庆、李文、孙中艮、张虎彪：《水库移民城镇化与社会管理创新》，中国社会科学出版社2015年版，序第2页。

[3] 《建国以来毛泽东文稿（第6册）》，中央文献出版社1992年版，第4页。

国的大坝工程建设空前热闹,许多著名的大坝在此期间建造完成,比如著名的新安江水电站(1957—1960年)、三门峡水电站(1958—1962年)和丹江口水电站(1958—1973年)等。这些水库工程在为经济社会发展立下汗马功劳的同时,由于政府对水库移民补偿安置的漠视,致使它们的建设留下很多难以想象的遗留问题,铸成了许多水库移民的不幸和灾难。20世纪50年代中后期开始的新安江水库移民彻底打破原来精心制定的移民方案,靠"一平二调"的行政命令,进行着"无产"和"无序"的迁徙,形成了"先进的电站、落后的库区、贫困的移民"这样一个局面。半个世纪了,特别是今日,迁入江西、安徽的近三十万新安江移民和他们的后代中还有半数移民就业无门,半数移民温饱没有解决,半数移民生活水准低于当地居民。❶ 新安江水库有我国第一座自己设计和自制设备的大型水力发电站❷,它的建设导致三十几万人背井离乡。移民动迁安置时间长达30余年,期间,因超过环境容量而不得不再次转迁江西等地重新安置的移民近10万人。库区部分移民亦因过量后靠,生活艰难,长期处于"外迁难,后靠亦难"的困境中。❸ 新安江水库移民反映和代表了当时我国水库移民最真实的生活状态,此种状况折射出我国水库建设遗留问题的冰山一角。正如水库移民专家施国庆所言,"新中国成立后前35年的水库移民造成了大量的遗留问题。大部分水库移民存在吃水难、用电难、上学难、就医难、行路难、住房难、种地难、收入难等诸多遗留问题,以至于在1985年后处理20年仍然难以彻底解决。水库建设导致了大规模的移民次生贫困,产生了'负示范效应'。许多水库建设形成了'先进的工程、落后的库区、贫困的移民。'"❹

(二)问题仍在延续——以"扶贫"为名的当代水库移民

直到20世纪80年初期,我国有关政府部门才开始认真考虑水库移民的

---

❶ 童禅福:《国家特别行动:新安江移民》,人民文学出版社2009年版,第346页。
❷ 周恩来为新安江水库建设题词:"为我国第一座自己设计和自制设备的大型水力发电站的胜利建设而欢呼!",载浙江省电站水库移民志编辑委员会:《浙江省水库电站移民志》,华艺出版社1998年版,第7页。
❸ 浙江省电站水库移民志编辑委员会:《浙江省水库电站移民志》,华艺出版社1998年版,第3页。
❹ 朱东恺、施国庆:《水利水电移民制度研究——问题分析、制度透视与创新构想》,社会科学文献出版社2011年版,丛书总序第5页。

补偿安置工作，并尝试着用一些后续措施来解决这些"历史遗留问题"。国家为了解决这些历史遗留问题，从水电收益中提取一部分资金，为水库移民提供后期扶助。但由于我国水库移民问题的复杂性，很多"历史遗留问题"依然存在并影响着后续水库移民的可持续发展。水库移民遗留问题处理是目前我国最突出、最难解决的社会经济问题之一，成为影响社会稳定的一个重要因素和扶贫攻坚的主战场之一。❶ 当然，"历史遗留问题"并没有影响到我国水库工程建设的步伐。1979 年实行改革开放后，已搬迁安置和将搬迁的移民约 400 万人，其中三峡工程移民近 120 万人。❷ 三峡移民数量之巨是前所未有，超过约 30 个国家的全国人口，遂号称"世界级难题"。前国务院总理、首任三峡建委主任李鹏曾强调："三峡工程成败的关键在于移民。"❸ 当然，此时政府开始注重通过完善水库移民补偿安置政策法规的方式为大力发展水利水电事业保驾护航。而且，为了提高库区老百姓的搬迁自觉性，减少征地补偿的阻力，近现代的水库建设都被赋予了"帮助百姓脱贫，促进经济发展"的政治使命。在怒江建坝争论中，帮助老百姓摆脱贫困成为当地政府和一些学者支持建坝的首要理由：

"云南有着丰富的自然资源，水能资源可开发量达 9000 多万千瓦，占全国可开发量的 20.5%，居全国第 2 位，可开发量的 92% 集中于金沙江、澜沧江和怒江。"在北京国际饭店举行的"科学发展观与绿色经济高峰论坛"上，云南省政府研究室副主任何宣向来宾介绍，"云南人均生产总值刚刚超过 800 美元，仅为同期全国平均水平的 70% 左右。同时，云南现有国家级和省级贫困县占云南总县数的 61%，人均年收入 865 元以下，贫困人口 760 万。这种现状决定了云南需采取超常规措施加快发展，而加快开发水能资源是振兴云南经济的最有效途径。"

"我支持怒江建水电站有五方面的理由。怒江地区 50 万人口要脱贫，首先，怒江建水电站能解决老百姓的生活问题。百姓贫困的问题不可能靠国家救济解决。库区 5 万移民的代价还是比较低的，我赞成生态移民。"作

---

❶ 黄煜、施国庆："水库移民遗留问题成因分析与对策"，载《水利经济》2000 年第 5 期，第 50 页。
❷ 邱中慧："水库移民问题中的公共政策研究"，载《太平洋学报》2008 年第 9 期，第 50 页。
❸ "三峡百万移民——一道世界级难题开始破题"，载《瞭望新闻周刊》1996 年第 42 期，第 14 页。

为支持建坝的中科院院士何祚庥先生在接受《中国投资》记者采访时说。❶

但令人遗憾的是,强大的政治扶助、不断增多的水库移民政策法规支持,并没有解决"移民难"的问题。"局部欠稳、潜在不稳、致富无门"等新问题,特别是致富无门问题日益突出,《三峡库区移民安稳致富研究》提供的资料显示:移民中存在着"三过半"现象:半数移民就业无门、半数移民生活水平下降、半数移民相对贫困。❷ 我国水库移民的中央政府主管部门对中央直属水库移民生活生产状态的客观披露也印证了水库移民问题的严重性。前水利部张基尧副部长在一次全国移民工作会议上(长沙移民工作会议,2001)讲道:

"随着经济的发展,水库移民问题所引发的矛盾更加尖锐。一是库区人多地少的矛盾更加突出,截至2000年底,中央直属65座水库移民人均占有耕地在0.5亩以下的有156万人,其中人均0.3亩以下的有60多万人。而且土地瘠薄,水利设施差,粮食产量低,移民温饱问题难以解决。中央决定对25度以上坡地实施退耕还林,而1986年以前修建水库的移民有82%是就地后靠在山地安置,这项政策的全面实施将进一步加剧库区人地矛盾。二是移民与非移民的收入差距进一步拉大。中央直属水库移民1992年人均收入为441元,2000年增加到1059元,年均增长11.6%;而同期全国农民人均收入从784元增加到2253元,年均增长14.1%。中央直属水库移民2000年人均收入仅是全国农民当年人均收入的47%,其中年人均收入低于530元的贫困人口达148万人,占移民总数的28.7%;地方水库大约有300多万移民仍生活在温饱线以下。"❸

同时,由于水库移民维权意识的增强,水库搬迁导致的群体性事件不断攀升,水库移民征地补偿矛盾有愈演愈烈之势。据相关资料反映,2008年上半年,有些省份(尤其是水电资源相对比较丰富的西南地区省份)水电移民群体性事件占全省全部群体性事件的30%以上,居全国各类群体性事件的第二位,仅次于征地拆迁。❹ 虽然随着国家实力的增强,移民法制的

---

❶ 原松华:"怒江之争 发展模式的选择之痛",载《中国投资》2005年第7期,第30-31页。
❷ 邱中慧:"水库移民问题中的公共政策研究",载《太平洋学报》2008年第9期,第52页。
❸ 杨文建、刘耀祥:"水库移民与水电工程效益共享安置模式研究",载《人口与经济》2002年第4期,第10页。
❹ 郑瑞强、施国庆:《西部水电移民风险管理》,社会科学文献出版社2011年版,第214页。

健全，水库移民补偿范围、标准等都得到很大的改观，但水库移民与地方政府间的冲突和矛盾并没有随之而减少。正如一位移民官员所言，我们抱着补偿历史的欠账和息事宁人的态度，加大后期扶持和提高补偿标准之后，我国目前的水库移民的矛盾和冲突不仅没有得到缓解，反倒比以前更普遍，更激烈。❶

伴随着经济的高速增长和对能源日益扩大的需求，目前中国正掀起新一轮的筑坝热潮，平均每两年将新建成相当于三峡工程的水电装机容量。❷水电是目前技术最成熟的也是最经济的可再生清洁能源。中国无论是河川径流量抑或水能资源技术可开发量都处于世界前列。❸但由于历史原因，这些丰富的水电资源并没有得到及时的开发利用。发达国家水电的平均开发度已在60%以上，其中美国水电资源已开发约82%，日本约84%，加拿大约65%，德国约73%，法国、挪威、瑞士也均在80%以上。与国外相比，国内水电建设起步晚、发展缓慢，中国的水电开发度约为24%，若今后每年完成15000兆瓦的装机，到2020年，开发度约相当于目前的发达国家，但在国家的电力总装机中也只能占30%左右，水电在总的电力中的比例不大。❹按电量计算的我国水电资源开发率更低，就水电资源而言，技术可开发的水电资源为5.21亿千瓦，目前开发率仅为15%，开发率远低于世界平均水平，落后于印度、越南、巴西等发展中国家。❺早在2007年，为了贯彻落实《可再生能源法》，国家发改委制定并发布了《可再生能源中长期发展规划》，提出大力发展水电的战略目标，规划指出："考虑到资源分布特点、开发利用条件、经济发展水平和电力市场需求等因素，今后水电建设的重点是金沙江、雅砻江、大渡河、澜沧江、黄河上游和怒江等重点流域，

---

❶ 张博庭："客观的评价是解决好水库移民问题的前提"，载中国水电网，http://www.hydropower.org.cn/showNewsDetail.asp?nsId=673，2016年4月5日最后访问。

❷ 倪瑛、周文："我国非自愿移民土地补偿政策分析研究"，载《经济问题探索》2007年第9期，第41页。

❸ 中国的河川径流量2.8万亿立方米，居世界第6位；水能资源技术可开发量5.42亿千瓦，居世界首位。"为发展献计献策——汪恕诚为2015世界水电大会开幕式致辞"，载黄河网，http://www.yellowriver.gov.cn/xwzx/sszl/201505/t20150520_154128.html。

❹ 贾金生："世界水电开发情况及对我国水电发展的认识"，载《中国水利》2004年第13期，第10—11页。

❺ "中国能源发展战略与政策研究报告"课题组："中国能源发展战略与政策研究报告（上）"，载《经济研究参考》2004年第83期，第18页。

同时，在水能资源丰富地区，结合农村电气化建设和实施'小水电代燃料'工程需要，加快开发小水电资源。到2010年，全国水电装机容量达到1.9亿千瓦，其中大中型水电1.2亿千瓦，小水电5000万千瓦，抽水蓄能电站2000万千瓦；到2020年，全国水电装机容量达到3亿千瓦，其中大中型水电2.25亿千瓦，小水电7500万千瓦。"❶ 2008年，根据《可再生能源中长期发展规划》提出的目标和任务，国家发改委制定了《可再生能源发展"十一五"规划》。该规划提出："全面贯彻落实科学发展观，坚持工程建设、移民安置和环境保护工作并重的方针，加强水库移民规划和水电前期工作，在保护生态基础上有序开发水电，促进人与自然的和谐发展和经济与社会的可持续发展。"❷ 相比"十一五"规划，"十二五"规划提出了更加积极的开发利用策略，《国务院关于印发能源发展"十二五"规划的通知》（国发〔2013〕2号）提出："坚持水电开发与移民致富、环境保护、水资源综合利用、地方经济社会发展相协调，加强流域水电规划，在做好生态环境保护和移民安置的前提下积极发展水电。全面推进金沙江中下游、澜沧江中下游、雅砻江、大渡河、黄河上游、雅鲁藏布江中游水电基地建设，有序启动金沙江上游、澜沧江上游、怒江水电基地建设，优化开发闽浙赣、东北、湘西水电基地，基本建成长江上游、南盘江红水河、乌江水电基地。统筹考虑中小流域的开发与保护，科学论证、因地制宜积极开发小水电，合理布局抽水蓄能电站。'十二五'时期，开工建设常规水电1.2亿千瓦、抽水蓄能电站4000万千瓦。到2015年，全国常规水电、抽水蓄能电站装机分别达到2.6亿千瓦和3000万千瓦。"❸ 从"基础"到"前提"，虽然名义上都没有忽略生态保护和移民安置，但国家对水电开发的态度已由"有序开发"转向"积极发展"。❹ 《国务院办公厅关于印发能源发展战略行动计划（2014—2020年）的通知》（国办发〔2014〕31号）延续了这

---

❶ 《国家发展改革委关于印发可再生能源中长期发展规划的通知》（发改能源〔2007〕2174号）。
❷ 《可再生能源发展"十一五"规划》（发改能源〔2008〕610号）。
❸ 《国务院关于印发能源发展"十二五"规划的通知》（国发〔2013〕2号）。
❹ 目前中国已建成各类水库大坝9.8万座，总库容9300多亿立方米，其中坝高15米以上的大坝就有3.8万座，已建成世界最高拱坝锦屏一级坝高305米，最高碾压混凝土坝光照坝高200.5米，最高面板堆石坝水布垭233米，还有三峡、二滩、小浪底、小湾、龙滩、溪洛渡等一批世界级的水库大坝先后建成。"为发展献计献策——汪恕诚为2015世界水电大会开幕式致辞"，载黄河网，http://www.yellowriver.gov.cn/xwzx/sszl/201505/t20150520_154128.html。

一积极态度,该行动计划明确指出:"积极开发水电。在做好生态环境保护和移民安置的前提下,以西南地区金沙江、雅砻江、大渡河、澜沧江等河流为重点,积极有序推进大型水电基地建设。因地制宜发展中小型电站,开展抽水蓄能电站规划和建设,加强水资源综合利用。到 2020 年,力争常规水电装机达到 3.5 亿千瓦左右。"❶ 在经济 GDP 唯上的时代,此种政策上的利好刺激,促使许多地方上马各种水利水电工程的步伐加快(见表 1),当然这些水利水电工程的兴建大都被冠以"扶贫工程"的美誉。但周天勇领衔的中央党校课题组在调查黄河上游水电开发后发现,黄河上游的水电开发不仅没有使当地百姓脱贫致富,反而使他们陷入更深的贫穷,出现了"黄河上游水电越开发,群众越贫困"的怪现象。❷ 1985 年后移民政策法规、规划设计和实施管理虽然不断完善,移民生产条件不断改善,特别是 2006 年水利水电移民新政策实施后显著改善了移民安置状态,但由于中国人多地少的国情、城乡二元结构的差异、欠发达地区城市化和农民非农化转移不易,以及社会经济快速发展等多种因素,"移民难"这一社会现象仍然没有根本改变。水利水电移民成为工程建设最主要的制约因素,成为重大社会问题之一,成为社会失稳的最主要活动之一,而移民群体也成为当今中国社会最不稳定的群体之一。❸

表 1　我国装机 150 万千瓦以上特大型水电站移民人数

项目名称	所在流域	建成或预期完工时间(年)	装机容量(万千瓦)	移民人数
三峡	长江	2009	1820	1350000
溪洛渡	金沙江	2015	1260	61035
向家坝	金沙江	2015	600	95597
龙滩	黄河	2009	630	78200
拉西瓦	大渡河	2010	420	2468
瀑布沟	雅砻江	2010	360	101830
锦屏一级	雅砻江	2014	360	7479

---

❶《国务院办公厅关于印发能源发展战略行动计划(2014—2020 年)的通知》(国办发〔2014〕31 号)。
❷ "黄河上游怪现象:为何水电越开发 群众越贫困",载《经济参考报》2006 年 2 月 15 日。
❸ 朱东恺、施国庆:《水利水电移民制度研究——问题分析、制度透视与创新构想》,社会科学文献出版社 2011 年版,丛书总序第 5 - 6 页。

续表

项目名称	所在流域	建成或预期完工时间（年）	装机容量（万千瓦）	移民人数
二滩	乌江	1999	330	45812
构皮滩	长江	2011	300	11858
葛洲坝	汉江	1991	271.5	28535
丹江口	黄河	2013	614	330000
李家峡	清江	2001	200	4461
小布垭	黄河	2009	184	16404
小浪底	乌江	2001	180	200000
彭水	澜沧江	2009	175	20000
漫湾一、二期	澜沧江	2007	150	7260
小湾	澜沧江	2011	420	42547
景洪	澜沧江	2009	150	6701
糯扎渡	澜沧江	2014	550	48429
公伯峡	黄河	2006	150	6780

资料来源：孔令强："中国水电工程农村移民安置模式研究"，河海大学2008年博士论文，第22-23页。

（三）移民为何贫困——水库移民补偿问题的法学追问

这将人们引入一个困境，以"发展、脱贫"为目标的水利水电工程为何造就如此大规模的贫困人口？难道这部分人就应该在发展进程之外？究竟谁是发展的主体？为何存在"守着水库没水吃，靠着电站没电用"？如何处理好移民、贫困与发展的关系？❶尽管水库是由于新建水电站、大坝、灌溉和供水系统等公益工程而导致的，特别是对于发展中国家，这些项目毫无疑问是必需的。但是这些项目引起的水库移民同时也会给有些群体带来不公平的负担。由于政府的介入，水库移民的权益往往会受到限制，而这种介入往往会使水库移民的情况变得更糟，这就引起了许多有关社会公平的争议。❷水库移民问题已经成为悬在水利水电工程建设之上的达摩克利斯

---

❶ 朱东恺、施国庆、张彬："水利水电工程移民问题的经济学研究现状与展望"，载《中国软科学》2005年第3期，第59页。

❷ 施国庆：《移民权益保障与政府责任》，吉林大学出版社2009年版，第130-131页。

之剑。正如世界银行的一份报告所言:"过去的经验表明,发展项目中的非自愿移民不仅没有缓解,反而常常导致严重的经济、社会和环境风险,如:生产体系解体;人们失去生产资料或收入来源,面临贫困风险;人们搬迁到其生产技术可能不太适用而资源竞争加剧的环境中;社区团体和社会网络力量削弱;亲族被疏散;文化特性、传统权威及互助的可能性减少或丧失。"❶

城市化越是紧锣密鼓,集体土地被"国有化"就越严重,更多的农民将在所谓的"公共利益"面前不得不放弃自己的田园和房舍。然而,让农民与政府产生冲突的原因往往并不是征收行为本身,而首先表现为补偿不到位。❷ 在此问题上,水库移民征地补偿与其他非自愿移民征地补偿存在相似性。水库移民实践和理论研究表明,利益补偿是水库移民关注的焦点,也是引发矛盾的关键所在,开发性移民政策的提出表明了我国政府对这一关键问题的重视。因此,防止水库移民因移致贫、化解水库移民矛盾,需要我们全面反思我国的水库移民利益补偿机制。"如果认定贫困主要是经济贫困,那么,反贫困的手段将是以'输血'为宗旨的物质救济;如果认定贫困是由于穷人的能力不足,那么决策者应致力于以'造血'为目标的技术培训和知识灌输。但如果认定贫困的深层原因是社会权利的贫困和不足,那么决策不得不侧重以'保血'为核心的制度建设和结构重组,以保证输进去的'血'和造出来的'血',既不至于流失,又是健康有力和长期有效的。"❸ 传统贫困理论的反贫困在解决水库移民困局的无奈,折射出当前水库移民补偿制度权利贫困的法治蕴涵。大量的实证调查显示,这种补偿在结果上无法恢复移民以前的收入和生活水平。在大多数情况下,即使足额给付了经济补偿,移民在很长时间以后仍会处于贫困状态。"这就引发我们思考:现行的征地安置政策普遍缺乏效用,不足以预防移民次生贫困化,必须加以调整、改进和完善。"❹ 水库移民贫困现状的改变不仅有赖于现行移民利益补偿体制和机制的规范化,也需要政府机构能够公正地执行这些

---

❶ 世界银行:《非自愿移民业务政策和世行程序 OP/BP4.12》。
❷ 张墨宁:"土地征收背后的规划之弊",载《南风窗》2011年第21期,第66页。
❸ [美]洪朝辉:"论中国城市社会权利的贫困",载《江苏社会科学》2003年第2期,第122页。
❹ 朱东恺、施国庆:《水利水电移民制度研究——问题分析、制度透视与创新构想》,社会科学文献出版社2011年版,第192页。

制度。从中国的历史经验与教训出发，所有这一切的基础都是充分重视和保障个人权利。国土资源部党组成员、国家土地副总督察甘藏春就征地制度改革接受记者采访说："大多数农民不是反对征地，而是因为权利不能得到有效保障。"❶

阿玛蒂亚·森认为，如果在权利分配上出现了正当性不足，则"贫困不单纯是一种供给不足，还是权利不足，尤其是在繁荣时期。大量事实证明，资本、市场的繁荣发展并不必然带来社会整体的富裕，如果不有效地调整公民与国家的权利关系，不有效地调节分配中的权利关系，繁荣发展必然造成巨大的社会分裂，以致'社会衰败并毁坏'。在中国当代工业化进程中，已经出现的'繁荣型贫困'，就是典型的权利贫困的例证。"❷ 当前，从公法学的视角系统扫描水库移民补偿制度及其行动逻辑，探寻水库移民权利贫困的制度根源，并提出纾解水库移民补偿权利贫困途径，无疑具有很强的现实意义和理论价值。其一，水库移民是一种复杂的社会现象，也是一个世界性难题。长期以来由于我国水库移民补偿法律机制的不完善，造成许多水库建设形成了"先进的工程、落后的库区、贫困的移民"。近年来，虽然随着国家实力的增强，水库移民法制的健全，水库移民补偿范围、标准等都得到很大的改观，但水库移民征地补偿矛盾与冲突并没有随之而减少。在我国正掀起新一轮筑坝热潮的时代背景下，置身于生态法治行政的构建期，基于以人为本的权利保障视角系统研究水库移民补偿问题，全面梳理水库移民补偿的制度机制和行动逻辑，对于改善水库移民制度环境，保障水库移民的生存与发展权，消解水库移民征地补偿矛盾，构建和谐库区，促进水电开发、移民发展和生态保护的平衡协调具有重要的现实意义。其二，行政补偿在不同的领域往往呈现出不同的特点，因此需要确立不同的补偿规则，也需要开展有针对性的理论研究。长期以来，由于指导思想上重视不够，相关理论研究长期停滞不前，使得我国行政补偿的相关立法分散、零碎，缺乏内在的整序性，不仅远远落后于西方发达国家，而且不如其他行政法制度发展迅速的国家。❸ 法律和理论的双重缺失，导致了我国

---

❶ "国土部官员谈征地纠纷：现有补偿安置制度存问题"，载《人民日报》2011年11月6日。

❷ 马新文："阿玛蒂亚·森的权利贫困理论与方法评述"，载《国外社会科学》2008年第2期，第39页。

❸ 王太高：《行政补偿制度研究》，北京大学出版社2004年版，第181页。

行政补偿制度的先天不足，也无法为制度的后天成长提供充足的养分。随着民主、法治的发展，如何进一步保障公民的权利，如何构建起作为人权保障重要一翼的行政补偿的理论基础和制度，是公法学的一个重要课题。❶水库移民补偿作为行政补偿最有特色的一种类型，对此进行系统化的专门研究有助于行政补偿类型化研究的纵深开展，能够极大地丰富我国行政补偿理论体系的内涵和外延。其三，全面反思和探究水库移民征地补偿法律问题，既是《土地管理法》修改、《集体土地征收补偿条例》的制定以及行政补偿统一立法的时代要求，亦是水库移民补偿立法完善的客观需要。党的十八届三中全会再次发起了中国土地制度改革的总号召，而土地征收制度改革是重头戏之一。不久的将来，土地征收补偿的改革成果会通过《土地管理法》的修改和《集体土地征收补偿条例》的制定加以固化。但由于中国土地问题异常复杂，在不同的领域和地域常呈现出不同的面孔，因此关于土地改革的法治化异常繁复和曲折。为了凝聚征地补偿的立法共识，未来的征地制度立法设计必须因应征地补偿的空间差异性。进一步而言，未来土地征收补偿立法既要解决征地补偿的一般性问题，同时要照顾到征地补偿的类型差异问题。通过征地补偿的类型化立法，使得土地征收补偿更加具体，更有针对性，也更加公平合理。❷

二、研究综述

（一）水库移民的概念界定及其说明

移民作为一种人口空间流动现象，与人类的政治经济发展息息相关。马克思在文章《强迫移民》中指出："在古代国家，在古希腊和罗马，采取周期性地建立殖民地形式的强迫移民是社会制度的固定环节，这两个国家的整个制度都是在人口的一定限度上的，超过这个限度，古代文明就有毁灭的危险。"❸ "距离""永久性迁移"一般是工具书对移民定义的两个核心

---

❶ 詹明："略论我国行政补偿制度的缺失与完善"，载《江西社会科学》2006年第11期，第188页。

❷ 梁亚荣、高海燕："宅基地征收补偿类型化立法探析"，载《南京农业大学学报（社会科学版）》2014年第1期，第94页。

❸ 《马克思恩格斯全集》（第8卷），人民出版社1972年版，第618页。

内容。例如,《辞海》把"移民"概括为"迁往某一地区永久定居的人"。[1]《大美百科全书》提出:"广义而言,人类的迁移是指个人或一群人穿越相当的距离而作的永久性移动。"[2] 针对移民的具体内涵和表征,我国学者展开了大量的多方位研究,并给出了不同的理论表达。著名学者葛剑雄提出:"我们对移民的界定是:具有一定数量、一定距离,在迁入地居住了一定时间的迁移人口。"[3] 学者徐华炳和奚从清对这些研究成果进行了综合与评析,他们指出,广义的移民概念有三个要素:第一,移民是相当大数量的人口迁徙;第二,移民的方式多种多样;第三,移民具有置业安家定居的动机,一旦条件成熟,他们中的许多人就举家迁徙,或在迁入地结婚成家,成为长期的定居者。[4] 基于此,我们可知国内移民概念特指有组织、人口数量较大的迁移,非组织性、少量的个人迁移被排除在外。由于建设水利水电工程而导致的人口迁移则是移民最凸显的外延之一,甚至有人把它视作水库移民的唯一类别,这种认知虽然有利于提高水库移民的重要性,但混淆了移民与水库移民的真实内涵。随着现代社会发展以及风险社会的来临,国内的"有组织、人口规模较大的迁移"呈现出多样化的趋势,比如灾害移民、生态移民、扶贫移民等。这些人口迁移活动和水库移民虽有相似性,但在本质上是不同的。

当前水库移民已经发展成为具有特殊内涵与外延的学术理论词语。对于什么是水库移民,学界已形成比较成熟的一致认知。唐继锦和贾晔在早期的时候提出,水库移民是为了满足国家(地方)开发水力资源的要求而被迫从水库淹没区迁移出去的社会群体。在外延上,广义水库移民是由迁移人口(狭义水库移民)、安置人口和新址、迁改建占地人口三大部分组成。20世纪90年代之前,移民定义的外延以狭义为权威,其后广义占据上风。[5] 张宝欣等人认为,水库移民是因水资源综合治理,进行农业灌溉、供水、防洪、发电、航运等而筑坝修渠所造成的非自愿移民。[6] 翟贵得认为水

---

[1] 夏征农、陈至立主编:《辞海》(第六版缩印本),上海辞书出版社2010年版,第2246页。
[2] 《大美百科全书(19卷)》,外文出版社1994版,第61页。
[3] 葛剑雄等:《简明中国移民史》,福建人民出版社1993年版,第1页。
[4] 徐华炳、奚从清:"理论构建与移民服务并进:中国移民研究30年述评",载《江海学刊》2010年第5期,第107页。
[5] 唐继锦、贾晔:《中外水库移民比较研究》,广西教育出版社1999年版,第15-18页。
[6] 张宝欣主编:《开发性移民理论与实践》,中国三峡出版社1999年版,第13页。

库移民是指为修建水利水电工程而迁移的非自愿性社会群体,也是较大规模有组织的人口迁移与社会经济系统重建活动。❶ 著名移民问题研究专家施国庆认为,水库移民,是指因兴建水库而引起的较大数量的、有组织的人口迁移及其社区重建活动。水库移民的特点是:移民多处偏僻农村,征地、拆迁涉及的移民量比较大,往往涉及整村、整乡人口的大规模人口迁移与社会经济系统重建,往往伴随着大量的城(集)镇、居民点、工矿企业、专项设施的迁改建,移民生产就业安置难度大,因而独具复杂性、艰巨性。❷ 相比其他种类移民,水库移民具有一定的特殊性。

1. 高度风险性

水库移民问题由于其复杂性、风险性等特点被认为是复杂的社会问题,作为世界性难题,其产生的根源在于将人口进行再分配以便更好地利用可以利用但却稀缺的自然根源。因发展项目导致的水库移民,体现了发展本身固有的有悖常理的矛盾,即发展的收益与损失的不公平、不公正分配现象。❸ 与其他工程性非自愿移民相比,水库工程建设大都会导致移民社会系统的整体性破坏,新的生产生活社会系统的重建必然是一个具有长期性、复杂性和高度不确定性的过程。

2. 影响区域广,常呈现出跨区域性

相对于其他工程性非自愿移民,水库工程建设移民人数众多,具有集中连片性,并时常呈现出跨区域性。一方面,一般水库建设会淹没大量的土地、房屋和基础设施等,会使整村、整乡镇、整县乃至更广区域受到影响,尤其是一些大中型水利水电工程,常常涉及不同区县、市,乃至不同的省份。例如,小浪底水利枢纽工程河南省境内涉及洛阳、三门峡、济源3个省辖市的7个市(县、区)。南水北调中线工程在河南省境内穿过南阳、平顶山、许昌等8个省辖市的34个市(县、区)。❹ 水库建设导致集中连片的人口被迫搬迁,并导致许多同一工程的移民具有跨区域性。另一方面,一些水库移民,由于受土地、资源以及后靠安置容量的限制,不得不离开

---

❶ 翟贵得主编:《水库移民》,黄河出版社2005年版,第1页。
❷ 施国庆:《移民权益保障与政府责任》,吉林大学出版社2009年版,第12页。
❸ 施国庆:《移民权益保障与政府责任》,吉林大学出版社2009年版,第130页。
❹ 余纪云:"大中型水利水电工程的征地移民问题",载《中国土地》2006年第7期,第38页。

原来所处的县域而远赴省内其他市县或外省市县。水库移民的跨区域性也为利益补偿增添了难度。

3. 被动性

20世纪50年代西方社会学家皮特森（William Petersen）按迁移力量将移民分为强迫（forced migration）与自愿（impelled migration）两种类型，这种区分方法影响极大，被学界广为接受。❶ 水库移民表现出明显的被动性特征，是典型非自愿移民。大坝的建设，不仅会淹没原住居民的土地和其他财产，也湮没了他们长期形成的生活共同体、生态生活系统。另外，由于水利水电工程的选址大都在人口相对稀少的农村、山区，原住居民对原来经济生态系统的依赖程度也高于其他群体，因此很难找到可以替代的土地及其生活环境。大坝的建设，极易引发当地居民对未来生活的不安情绪，在未来生活不确定的情况下，为了公共利益而迁出故土显然很难让原住居民表现出主动性。

4. 消极影响的高溢出性

公益征收建设，不仅会给直接被征收人带来影响，同时会对周边居民和有关组织带来影响。当然，这种影响既有积极的方面，同时也存在消极的方面。相对于一般公益征地建设，水库建设可能引发的消极影响范围更广。除了一般的噪音、震动等消极影响之外，在大坝建设这样的情形中，还会产生"过疏化"、产业衰退、交流丧失等问题。❷ 消极影响的高溢出性给水库移民征地补偿的理论认知和实践探索提出了不一样的要求。

（二）国内研究现状

水库移民补偿与安置不仅是一个法律词语，也是水库工程建设中必须面对的实践问题，同时是理论界必须正视的理论问题。针对水库移民补偿以及与此相关联的论题，国内外不同学科的学者已开展了许多有价值的前瞻性研究。20世纪50年代以后，由于世界银行、亚洲开发银行等金融机构通过政府贷款广泛参与非自愿移民工程的建设，促使受资助国以及世界银行等金融机构深入开展非自愿移民（主体为水库移民）的理论研究。由于

---

❶ William Petersen, "A General Typology of Migration", American Sociological Review, 1958, Vol. 23, No. 3, pp. 256 – 266.

❷ ［日］宇贺克也：《国家补偿法》，肖军译，中国政法大学出版社2014年版，第428页。

政治环境的影响，我国关于水库移民问题的理论研究相对滞后，新中国成立后的很多水库工程都是在"跃进式思维"指引下仓促开工建设，缺乏科学的理论指导和论证。"涉及移民、移民管理的一些极重要问题，如移民法律法规、安置方针政策及原则、移民管理体制与模式等，大都作为'政府组织下'移民的附带，由政府相应部门制定。学者专家因停留在对既定事实的诠释而丧失研究的自主性，致使这些方面的工作失去科学研究的功能。"[1] 基于此，我国关于水库移民理论研究真正兴起始于20世纪80年代各种水库工程的兴建时期，尤其是三峡工程的上马，吸引不同学科的人广泛参与对水库移民问题的研究。近年来随着水库移民征地补偿矛盾的激增，水库移民补偿问题渐成为理论研究的热点。国内理论界关于水库移民补偿问题的研究成果主要集中于水利工程、社会学、制度经济学、公共管理学等领域，这些领域的研究者以交易成本理论、公共选择理论等为基础对水库移民补偿的内涵、标准、范围及指标体系等方面进行了开拓性的研究。晚近，法学领域的一些研究者也开始在行政补偿或水库移民整体研究中旁涉水库移民补偿，他们通过对我国水库移民法规政策与世界银行工程性非自愿移民政策的比较研究，反思当前我国水库移民在财产补偿程序、标准和公正性等方面制度的不足，并初步提出完善水库移民补偿制度的论点。也有学者把移民补偿作为行政补偿的一个重要类型加以初步阐述。国内理论界关于水库移民补偿问题的研究主要集中于以下几个方面。

1. 类型化移民补偿的初步探索

行政补偿的具体实践形态丰富多样，如何对其类型化处理至关重要。国外关于行政补偿类型化的分类并没有相对统一的看法，其研究呈现出多样化的状态，行政补偿类型主要通过判例或单行立法得以逐渐丰富与发展。早期国内行政补偿类型化研究被放置于国家赔偿视域下。例如，林准、马原在《中国现实的国家赔偿制度》一书中不仅界定了行政赔偿与行政补偿的关系，还把行政补偿划分为土地征用补偿、公用征调补偿和执行治安职务补偿。[2] 杨海坤认为行政补偿包括征收、征用补偿，协助公务遭受的损害补偿，紧急行政行为所致损害的补偿，政府从事高度危险活动或生产、运

---

[1] 施祖留：《水利工程移民管理研究》，上海社会科学院出版社2007年版，第15页。
[2] 林准、马原主编：《中国现实的国家赔偿制度》，人民法院出版社1992年版，第141 – 165页。

输、储存高度危险品导致公民、法人或其他组织损害的补偿等其他情况。❶马怀德认为国家补偿责任包括因政府采取的社会经济措施造成个别或一部分人特别损失的补偿，因国家合法采取的强制性行为造成他人侵害的补偿，对公务合作者的补偿，对国家无过错的危险事故造成的损害补偿。❷ 随着行政法治的进步，行政补偿逐渐脱离国家赔偿的视域关照成为学者们积极探索的独立话题。沈开举、王太高、薛刚凌、司坡森等学者对行政补偿类型化的处理开展了比较有代表性的研究，❸ 其中，薛刚凌以问题为导向，基于中国经济社会发展的具体实践，在行政补偿整体性研究中把移民补偿作为一个重要类型作出了初步的探索。❹

2. 水库移民补偿的内涵、范围及指标体系研究

施国庆认为，补偿权是水库移民的一项基本权利。工程建设造成的迁移使水库移民或集体放弃很多不动产，如土地被淹没、房屋被拆迁、公用建筑物被毁坏等。为了重建家园和恢复水库移民原来的生活水平，应根据损失情况，遵循市场经济，依法给予补偿。❺ 崔广平认为，我国水库移民补偿分为经济性补偿和政策性补偿两种，经济补偿存在着移民补偿费偏低、补偿标准低、对不同地域和不同身份的移民补偿标准不同等问题；政策补偿所产生的实际效果也非常有限。以往的水库移民补偿在执行过程中存在着较多不符合公平价值的情况。为了体现对水库移民补偿的公平，在水库移民补偿立法中应当规定以政府作为移民补偿法律关系的主体，确立移民的补偿投资法律关系的主体地位，以法律的形式规定给予库区经济结构调整特别优惠政策等。❻ 周少林、李立也认为移民补偿方式可以分为两个基本类型，即经济性补偿和政策性补偿。❼

---

❶ 杨海坤：《中国行政法基本理论》，南京大学出版社1992年版，第610－611页。
❷ 马怀德：《国家赔偿法的理论与实务》，中国法制出版社1994年版，第46－48页。
❸ 比较有代表性的著作如：沈开举主编：《行政补偿法研究》，法律出版社2004年版；王太高：《行政补偿制度研究》，北京大学出版社2004年版；薛刚凌主编：《行政补偿理论与实践研究》，中国法制出版社2011年版；司坡森：《论国家补偿》，中国法制出版社2005年版。
❹ 薛刚凌主编：《行政补偿理论与实践研究》，中国法制出版社2011年版，第189－202页。
❺ 施国庆：《移民权益保障与政府责任》，吉林大学出版社2009年版，第132页。
❻ 崔广平："论水库移民的公平补偿及其立法的完善"，载《水利经济》2003年第3期，第57页。
❼ 周少林、李立："关于水库移民补偿方式的思考"，载《人民长江》1999年第11期，第1页。

3. 水库移民补偿标准研究

关于移民补偿标准问题，一些法学研究者仅仅提出了补偿标准较低这一问题，针对如何改变当前的补偿标准低之问题，总是语焉不详。但一些经济学学者从经济学的视野提出了很多有益的解决办法，如段跃芳博士系统论述了运用经济学成本—收益理论确立水库移民补偿的方法。其博士论文《水库移民补偿理论与实证研究》从水库移民的性质和特点出发，分析了水库移民补偿在水库移民经济社会系统重建中的地位，指出在非自愿移民迁移中，成本—收益理论仍然发生作用，合理的移民补偿对实现水库移民搬迁由非自愿性向自愿性转变起主要作用。要实现水库移民由非自愿性向自愿性转变，必须使移民在迁移后的收益大于成本，那么就要对移民淹没的真实损失进行合理的评估。❶ 安虎森、邹璇首次提出了"产权置换"的移民补偿措施，他们认为，"多重产权置换"措施可以避免各种替代性问题，符合人本原则和建设和谐社会的大政方针。❷ 李勋华、何雄浪等基于土地发展权视角，提出在和谐社会的背景下，农民作为土地的使用者，理应和国家分享土地发展权。他们以四川宜宾县安边镇农村移民为例进行研究，剖析在水电工程建设中移民应得到的合理补偿及应分享的发展权价值。❸

4. 水库移民补偿政策与世界银行补偿政策的比较研究

为了推动水库移民问题的妥善解决，世界银行、亚洲开发银行不仅通过低息贷款、资助等方式直接推动接受国家或地区不断改善水库移民补偿法律政策，而且直接制定了工程性非自愿移民工作指南。世界银行制定的工程性非自愿移民补偿政策虽然不具有强制性，但在工程性非自愿移民补偿实践中产生了广泛影响，尤其是对受资助国家和地区的影响更是非同一般。中国作为发展中国家，同时作为水利水电工程建设的大国以及世界银行、亚洲开发银行的受资助国，其水库移民补偿实践及法律政策亦深受影响。当然囿于特殊的国情和经济社会发展情势，中国的水库移民补偿政策和世界银行补偿政策亦呈现出一定的差异。为了进一步完善中国的水库移

---

❶ 段跃芳："水库移民补偿理论与实证研究"，华中科技大学2003年博士学位论文，第1页。
❷ 安虎森、邹璇："'产权置换'与大型工程移民补偿问题——以三峡库区移民为例"，载《管理世界》2005年第11期，第93页。
❸ 李勋华、何雄浪："基于土地发展权视角下的水电工程农村移民补偿实证研究"，载《统计与决策》2010年第23期，第99页。

民补偿法律政策，一些学者对水库移民补偿政策和世界银行补偿政策展开了比较性的研究。如黄东东将三峡水库移民法规政策与世界银行工程性非自愿移民相关政策进行比较，提出当前水库移民在财产补偿程序、标准和公正性方面的不足，并指出，修正和完善我国工程性非自愿移民法律制度，是法治的必然要求。❶

5. 水库移民法律制度研究

王琼雯提出，"非自愿移民的贫困是多重因素合力的结果。不公正的移民补偿制度构成了移民贫困的规范性根源。这种不公正具体表现在移民立法混乱、立法显失公平、立法含糊、程序性规范缺位等。究其原因，包括公益优先的法律理念，立法过程民主性不强，移民参与有限等。完善非自愿移民补偿机制必须扩大移民参与立法的途径，从立法上界定公共利益，确立以保障移民'人格尊严'为核心、以公正补偿和正当法律程序为基本原则的移民补偿制度。"❷ 黄东东认为，大规模经济建设导致新中国产生的5000多万工程性移民，历来是矛盾冲突的高发群体。开发性移民是现阶段中国工程性移民法的基本原则，但开发性移民理论与实践距法治境界仍有相当距离。补偿标准偏低、补偿范围较窄，安置方式难以保证移民生活水平不降低，后期扶持存在不具操作性和范围不足等，成为矛盾的焦点。应当改变以公权为基础构建起来的规则体系和规范实践，重构中国工程性移民法制体系。❸ 著名学者应星以大河电站的田野调查资料为基础，讲述了移民与基层地方政府之间某种内在的团结关系如何在20世纪80年代以后农村的制度变迁中破裂，移民补偿的经济问题如何演化成影响安定团结的政治问题，移民土地与政府的非人格化矛盾如何演化成移民精英与基层干部之间你死我活的个人冲突。❹ 他的作品深刻揭示了传统水库移民补偿制度的合法性和正当性问题。

---

❶ 黄东东：〝三峡移民法规政策与世界银行非自愿移民政策之比较〞，载《法学杂志》2005年第5期，第102－104页。

❷ 王琼雯：〝'移民为何贫困'——非自愿移民补偿制度的法规范分析〞，载《云南行政学院学报》2009年第2期，第147页。

❸ 黄东东：〝中国工程性移民法研究〞，载《西南政法大学学报》2008年第1期，第35页。

❹ 应星：《大河移民上访的故事》，生活・读书・新知三联书店2001年版，第354－355页。

·18·

（三）国外研究现状

国外关于水库移民补偿的研究与世界银行的非自愿移民政策紧密相连。"但非自愿移民的研究却起步较晚，与人们对国际移民这一自愿移民已进行了2~3个世纪的研究历史相比，关于非自愿移民的研究主要开始于20世纪50年代以后，当世界银行、亚洲开发银行等国际金融组织提供政府贷款而进行的重大建设项目所导致的大量非自愿移民现象出现以后，才迫使像世界银行一样的国际金融组织对非自愿移民活动进行了详细、系统的研究，由此形成了世界银行非自愿移民的相关政策，如移民政策、公众参与政策、环境政策、少数民族政策、大坝安全政策等。与此相联系，学术界也从各自不同的学科层面，开始研究非自愿移民及相关政策。"[1] 国外移民人数较多的工程主要分布在亚洲和非洲国家。国外各国水库工程中的移民政策，可分为两个阶段。80年代以前为第一阶段，为单纯补偿、救济政策进行移民安置，是一种不鼓励移民自食其力，而完全依赖政府补偿的依赖性政策。80年代以后为第二阶段，世界银行于1980年制定世行资助项目中处理非自愿移民的政策，提出开发性移民策略，是一种鼓励移民重建生产生活基地的开发性政策。各国为了获得世行贷款，逐渐遵循世行的基本原则，来处理移民安置。[2] 因此，这一发展历程在某种程度上影响了对水库移民补偿理论的深入探索。世行移民专家 Michael Cernea 在 *The Economics of Involuntary Resettlement: Questions and Challenges*（1999）一书中呼吁为了实现移民政策的基本目标——减少移民和改善移民的生活，必须对移民安置过程中的补偿理论进行研究。同时囿于水库移民尤其是大规模水库移民的政治敏感性，国外关于水库移民补偿问题的批判性和反思性的研究成果并不多，而且主要集中于经济学、社会学等学科范围，研究者主要来自于世界银行、亚洲开发银行等领域。

对我国的非自愿移民研究影响较大的外国学者当属著名的社会学家

---

[1] 宋全成："非自愿移民公众参与政策及其在我国四川地震灾区移民安置中的应用"，载《山东大学学报（哲学社会科学版）》2008年第6期，第38页。
[2] 能源部水利部水利电力信息研究所、水利部移民办公室编：《国外水库移民安置与补偿》，1994年印行，第1页。

Michael Cernea[1]，它也是世行移民方面的专家。Michael Cernea 通过对大量经验数据的研究，提炼出了非自愿移民的一般趋势和普遍特征，并构建了迁移和重建的理论模型。它指出自愿移民迁移中主要面临八大风险和贫困化的过程：（1）失去土地；（2）失业；（3）无家可归；（4）边缘化；（5）食物缺乏安全；（6）无法获得公共服务资源；（7）发病率的增加；（8）社会关系的断裂。他构建的理论模型表明，重建和改善这些移民的生活需要通过充分财政支持的详细战略实现风险逆转。[2] 在亚洲国家中，日本的水库移民补偿安置制度是比较完善的，而且其移民工作也是比较成功的。基于日本的水库移民实践和经验，也涌现了一批研究成果。比如日本经济学者Naruhiko Takesada 通过对 Ikawa 大坝已搬迁 50 年的水库移民的调查研究，揭示了日本水库移民的经验和长期影响。他认为未来水库移民补偿安置工作需要充分重视移民的自愿选择意愿，并充分考虑他们对可持续发展利益的考量。[3] 日本环境管理学者 Atsushi Hattori & Ryo Fujikura 通过对本国非直接损失补偿的评估研究间接地揭示日本水库移民补偿安置成功的重要面向。[4] 社会文化和环境学者 Mikiyasu Nakayama, Tsuneaki Yoshida & Budhi Gunawan（前两位是日本学者，后一位是印尼学者）在反思印尼水库移民安置补偿政策和实践的基础上，研究了日本水库移民补偿的"软技术"在印尼未来水库移民工作的借鉴和运用问题。该成果对农村水库移民的城镇融入、移民基金的建立等发展性补偿安置问题进行了深入探究。[5]

---

[1] Michael Cernea 国内中文常翻译为迈克尔·塞尼，已被翻译成中文的著作有：《移民与发展——世界银行移民政策与经验研究》（水库移民经济研究中心编译，河海大学出版社 1996 年版、《移民·重建·发展——世界银行移民政策与经验研究（二）》水库移民经济研究中心编译，河海大学出版社 1996 年版）。

[2] Michael Cernea. The Risks and Reconstruction Model for Resettling Displaced Populations, World Development, 1997, Vol. 25, No. 10, p. 1569

[3] Naruhiko Takesada. Japanese Experience of Involuntary Resettlement: Long - Term Consequences of Resettlement for the Construction of the Ikawa Dam, Water Resources Development, 2009, Vol. 25, No. 3, p. 419

[4] Atsushi Hattori & Ryo Fujikura. Estimating the Indirect Costs of Resettlement due to Dam Construction: A Japanese Case Study, Water Resources Development, 2009, Vol. 25, No. 3, pp. 441 - 457.

[5] Mikiyasu Nakayama, Tsuneaki Yoshida & Budhi Gunawan. Compensation Schemes for Resettlers in Indonesian Dam Construction Projects, Water International, 1999, 24 (4), pp. 348 - 355.

(四) 总体述评

尽管国内外关于水库移民补偿研究的专业文献并不鲜见，但这些研究存在三方面不足：(1) 目前关于水库移民利益补偿的研究仍处于框架探索阶段，而且囿于学科的分工壁垒，这些研究呈现出碎片化的状态。在这些丰厚的研究成果中，法学界贡献较少，研究成果主要集中于经济学、公共管理学、社会学等领域。显然，水库移民补偿并没有引起法学研究者的足够关注。"令人遗憾的是，或许因为大规模工程性非自愿移民的政治敏感性、工程性非自愿移民制度的强烈政策性、工程性非自愿移民工作的地方性，或许因为西方法学罕有对工程性非自愿移民的法学学术研究成果，抑或许由于法学人的某种偏见，法学人有意无意地缺乏对工程性非自愿移民领域的学术关照，学术成果寥寥无几。"[1] (2) 由于受工程思维的影响，大量的研究成果主要关注于水库移民补偿工程技术指标的探讨，缺乏对水库移民补偿法治思维的深入探索。(3) 研究的浅层性和应景性。大量的研究成果仅是对当前水库移民补偿政策的正当性解释和说明，缺乏对水库移民利益补偿的理性反思和深入探究，忽视了开发性移民利益补偿的人权价值考察。正如学者黄东东在研究水库移民法时提出的担忧，工程性非自愿移民法学由于是一门具有直接操作性的实用学科，故学者们对问题的研究重于对其规范的探讨，不重视理论上的逻辑阐释，沉湎于现有具体规则如何适用是我国目前仅有的研究水库移民法律问题的主要流弊，这种急功近利的短期实用期待，使工程型非自愿移民法的研究成为一种纯粹应景的"法律对策学"。[2]

三、研究思路及研究方法

(一) 研究思路

本课题的研究将以社会主义法治理论为指导，以现代行政法学理论为基础，批判地借鉴学界已有的权利贫困理论、法律赋权理论和行政补偿理

---

[1] 黄东东：《发展、迁移与治理：工程性非自愿移民法研究》，法律出版社2013年版，第20页。

[2] 黄东东：《权利视野中的水库移民法律制度》，中国检察出版社2005年版，第6页。

论等资源，同时坚持理论联系实际的原则，将一般理论研究与实证研究相结合，展开以访谈、座谈会、文献调查等为形式的社会调查，获取第一手的实证研究资料，为理论总结提供科学的经验支持。具体研究思路表现为如下三个递进步骤：（1）揭示当前水库移民补偿争议及水库移民因移致贫的现实补偿困境，提出水库移民补偿权利贫困之论题，启动权利保障视野下水库移民补偿的序言性研究；（2）围绕水库移民补偿权利贫困之论题，以水库移民补偿权为逻辑起点和论证之基，全面反思和评价我国水库移民补偿制度体系及其运行机制，找出水库移民补偿权保障不足的法治根源，以明确我国未来水库移民补偿制度的基本走向；（3）在全面反思评析的基础上，提出水库移民补偿权利贫困纾解的法律建议和对策，即以发展、共享和参与为依归实现水库移民补偿制度逻辑视角的转换，以制度性保障理念反思促使后期扶持从"恩惠"转型到"开发权共享"，以发展性补偿为指导建立水库移民社会保障制度，实现水库移民社会保障与补偿的制度衔接与协调。

（二）研究方法

1. 规范研究法

规范分析方式是法学特有的研究方法。水库移民不仅仅是一个经济学、社会学、管理学的研究对象，更应该是法学的研究对象，而凸显法学对水库移民研究的特色主要依赖于法学研究方法。研究方法的分野也是学术分工的主要表现，而学术分工的一个必然逻辑要求是：一方面，将一定的研究对象纳入一定的学科框架中；另一方面，根据一定对象来抽取其中所蕴含的方法。法学正是在这种社会分工的推动下所产生的一种学术分工。这种学术分工在其研究对象所框定的范围内，自然要求和这一对象相切合的研究方法。近代西方法学、特别是欧陆法学的发展及其对法学研究方法的特别关注，向我们提供了一条透过法学研究对象寻求并论证法学方法的坚实的路径。这条方法不是别的，就是规范分析方法。[1] 我国的水库移民法规建设经历了一个比较曲折的过程，在1991年国务院颁布《大中型水利水电

---

[1] 谢晖："论规范分析方法"，载《中国法学》2009年第2期，第38页。

工程建设征地补偿和移民安置条例》❶之前，水库移民征地补偿安置工作一直参照其他普通法规和政策，这也导致了水库移民补偿安置实践乱象丛生、问题繁多。为了推动水库移民补偿安置的制度化和法治化，依据《土地管理法》第51条规定："大中型水利、水电工程建设征收土地的补偿费标准和移民安置办法，由国务院另行规定。"❷国务院先后于1991年和1993年制定了《大中型水利水电工程建设征地补偿和移民安置条例》（已于2006年修订）和《长江三峡工程建设移民条例》❸（已于2001年修订），这两项行政法规的出台，对于保障移民权利，规范移民补偿安置具有重大的意义。但是由于移民工作的复杂性和差异性，为了便于移民补偿安置工作的开展，地方政府出台了大量的调整移民补偿安置的技术规范、地方性规范、规章乃至红头文件。本书将对与现行水库移民征地补偿相关的法律法规进行全面反思，期待从中挖掘出水库移民补偿权利贫困的法规范原因，并为水库移民利益补偿的立法完善积累制度性经验。

2. 社会实证研究法

水库移民补偿的法解释学研究，仅仅可以得到对水库移民补偿问题简约的抽象意义的一般认知。但我国水库移民补偿问题往往历史与现实交错，呈现出多样性和复杂性。面对水库移民补偿，单独法解释学的研究已无法给出全面客观的认知。水库移民征地补偿矛盾的根源挖掘及化解，不仅需要对静态制度的法规范反思与重构，还需要对法规范制度的实践背景及动态运作开展深入探究。"在中国这样的转型社会，我们只有充分研究中国法治建设所处的政治、经济、文化、社会环境，才可能比较具体真切地揭示有关中国法治建设的积极和消极因素。而这一目标恰恰是传统的法律解释学所无力承担的。在中国展开法律的社会科学研究，其目的不是去消解法律解释学，而是要发掘法律解释学得以存在的支撑性结构。"❹本书将根据研究需要展开一些实证调查，并利用水库移民补偿实证资料丰富、支撑理论研究。

---

❶《大中型水利水电工程建设征地补偿和移民安置条例》（国务院令第74号），1991年2月15日颁布，1991年5月1日起实施，2006年9月1日废止。

❷ 2004年《土地管理法》第51条。

❸《长江三峡工程建设移民条例》（国务院令第126号），1993年6月29日颁布，1993年6月29日起实施，2001年3月1日废止。

❹ 王赢、侯猛："法律现象的实证调查：方法和规范——'法律的社会科学研究'研讨会综述"，载《中国社会科学》2007年第2期，第126页。

3. 历史研究法

我国水库移民补偿困境有其历史原因，要深入理解水库移民补偿保障乏力之迷局，必须全面回顾水库移民的历史。正如霍姆斯所言："历史必须成为研究的一部分，因为如果没有历史，我们不可能知道我们想了解的规则的精确范围。历史是合理研究的组成部分，因为它是迈向摆脱偏见的怀疑主义的第一步，也就是说朝着那些规则价值的审慎反思迈进。当你将一条龙从其洞穴中拖出来置于阳光下，你能够数数它的牙齿和爪子，看看它的力量。"❶ 新中国成立以来，水库移民补偿相关法律、政策不断发生着嬗变，从无法可依时期到政府主导开发性移民法制化时期，水库移民补偿制度经历了从无到有、从自发到不断自觉的过程。研究反思当前的水库移民补偿问题，离不开对水库移民历史大背景的全局把握，离不开对新中国成立后不同历史时期的水库移民补偿制度和实践的了解、分析和研判。本书将以水库移民征地补偿安置典型案例为切入，透视我国水库移民征地补偿的历史发展样态。

四、研究框架

（一）研究目标

本课题旨在基于对水库移民贫困问题及水库移民补偿纠纷深入、细致的社会实证考察，从人权保障的视角全面审视水库移民补偿制度及其运行机制；通过对水库移民权利贫困问题形成与延续的法律制度加以分析，进而透视造成移民权利贫困的规范原因；以发展、共享、参与等基本原则为指引探讨水库移民利益补偿权利贫困的法律解决方案，并提出水库移民补偿立法的思路、基本架构和建议，进而推动我国行政补偿法治的进步，以期为行政补偿立法提供参考。

（二）研究内容

1. 导论

从历史与现实的角度全面考察水库移民补偿领域存在的经验和教训，

---

❶ ［美］小奥利弗·温德尔·霍姆斯："法律的道路"，陈新宇译，载《研究生法学》2001年第4期，第113页。

以社会实证资料论证水库移民贫困在我国既是一个历史遗留问题,也是一个亟待解决的现实问题,在此基础上提出水库移民贫困缘于移民补偿权利贫困之基本命题,进而言之,要理解并从根本上解决水库移民贫困问题,必须把水库移民贫困问题放在法律权利体系中,并基于权利保障的视角对有关制度及其运行机制进行全面审视。

2. 水库移民补偿之理论展开

在市场经济条件下,水利水电工程建设的投资主体日益多元化,这种变化将导致国家在水库移民补偿中职能定位的转变。在此背景下,水库移民补偿究竟是民事补偿抑或行政补偿,需要从理论上进行充分论证。对水库移民补偿法律性质的准确定位,将影响到水库移民补偿制度未来的走向。水库移民补偿基本理论问题的论述是反思和重构水库移民补偿制度和实践的逻辑基点,同时也为我们全面认知水库移民补偿权利贫困提供了理论工具。

3. 历史追溯与现实解构:水库移民补偿权利保障困境的制度透视

现代法治理论表明,制度化是权利迈向实效的前提,良好制度是权利得以有效维护的必要条件。因此,对水库移民征地补偿制度的历史追溯与现实反思能够从静态的视角揭示水库移民补偿权利保障困境的重要根源。具体包括三方面研究内容:(1)我国水库移民征地补偿制度变迁;(2)我国水库移民征地补偿的制度框架及问题分析;(3)水库移民征地补偿制度缺陷的原因检视。

4. 水库移民补偿请求权的行动困境

法律制度的历史与现实剖析只是为我们探寻问题的本质提供了静态面向的考察,其实权利实现的程度不仅与静态的法律制度有关,更取决于制度的运作架构、运作方式和运作过程。因此,在全面反思水库移民补偿法律制度的基础上,我们有必要对其运行逻辑展开客观的考量。本章将通过对典型水库移民征地补偿案例的社会实证考察,详细分析我国现行水库移民补偿制度的运行机理,探究和反思水库移民利益补偿在制度架构和实际运作过程的行动逻辑。具体包括三方面研究内容:(1)水库移民征地补偿"公益性"的"人本"反思;(2)水库移民征地补偿合意达成难题;(3)水库移民利益补偿——艰难的权利主张。

5. 公正发展：水库移民利益补偿的视角转换

水库移民征地补偿理论与实践表明，我们需要全面改善和提升水库移民利益补偿法律制度及其运行机制。笔者认为，在强调"民生、共享"的时代背景下，在给付行政被高举的21世纪，水库移民利益补偿的制度改革和完善应该以发展权为旨向。具体包括四方面的研究内容：（1）水库移民利益补偿的理念重塑和原则确立；（2）发展权视域下水库移民补偿制度的变革方向；（3）水库移民征地补偿协商机制的构建——基于合意治理的反思；（4）水库移民长效补偿的实践探索和制度完善。

6. 制度性保障理念下的后期扶持：从"扶贫给付"到"开发权共享"

根据我国现行有关法律法规规定，国家对水库移民实行开发性移民的方针，而"前期补偿、补助与后期扶持相结合"是开发性移民的基本原则。由此可见，后期扶持对水库移民补偿利益的全面实现至关重要。然而，关于后期扶持的理论基础及法律性质，学界依然认知模糊。对于后期扶持，我们既要警惕国家以"恩惠"之名客体化对待水库移民，以此为借口不当限缩水库移民财产利益的正当补偿；还需关照它如何成为一项稳定的法律制度，持续地发挥对水库移民宪法财产权的保障价值。基于此，笔者尝试以制度性保障理论反思水库移民后期扶持的法律性质，并由此挖掘出促进水库移民后期扶持法治化发展的最佳路径。本章主要包括四方面内容：（1）水库移民后期扶持的由来及发展；（2）水库移民后期扶持的正当性基础；（3）水库移民后期扶持的法律性质；（4）水库移民后期扶持的法治反思与制度展望。

7. 基于补偿衔接的水库移民社会保障制度架构

要想真正提高水库移民搬迁的自觉性，减少水库移民的后遗症，除了给予水库移民公平合理的补偿外，还必须建立完善的水库移民社会保障体系。水库移民作为特殊的社会弱势群体，完善其社会保障体系，不仅具有推进城乡统筹的价值，还承载着特殊功能和作用。在开发性移民的背景下，需要我们从与移民补偿相衔接的视角对水库移民社会保障制度进行完善。本章主要包括两方面内容：（1）水库移民社会保障制度亟待完善的理论与现实；（2）双重结构的水库移民社会保障：解魅与制度构建。

8. 结语：从被动扶贫转向补偿自主

基于上述的论述，对全书作出进一步的总结说明，并提出未来研究的担忧和关切。

(三) 拟突破的重点和难点

1. 拟突破的重点

其一，基于对水库移民反贫困问题及水库移民补偿纠纷的客观考察和判断，以水库移民补偿权为逻辑起点和主线，揭示水库移民补偿权利贫困这一命题。其二，在批判反思当前水库移民补偿制度的基础上，详细论证合意协商型水库移民补偿模式的法理基础及其制度架构。其三，厘清水库移民后期扶持的理论基础和法律性质。后期扶持作为水库移民利益补偿中的重要制度内容，因为其法理定位的模糊不清，一直沾染着"政治扶贫"的话语色彩。妥善解决水库移民利益补偿问题，必须厘清水库移民后期扶持的理论基础和法律性质，以此为基础反思前期补偿与后期扶持的链接关系，并从制度上保障前期补偿与后期扶持的一体化。其四，廓清给付行政理念下水库移民补偿与社会保障的法律关系，基于给付行政理论全面透视水库移民社会保障的制度框架。

2. 拟突破的难点

其一，基于水库移民补偿的理论基础，详细分析论证水库移民补偿法律关系的主体及补偿法律关系的性质。其二，从发展权的视角讨论水库移民补偿的范围以及生活权补偿等问题。其三，完善水库移民补偿权保护的法律途径。通过制度完善达到赋权增能的效果，即通过修订完善水库移民补偿法保障水库移民补偿权，进而统一规范移民利益补偿法规体系，是研究解决水库移民补偿问题的根本。因此，我们需要站在发展性补偿的高度，以构建和谐水库移民补偿关系为目标，为国家解决水库移民补偿矛盾寻求有效的法律途径。

第一章　水库移民补偿之理论展开

　　50多年来,我们对补偿只是表现为一种做法、经验和政策,并未上升为法律。做法是粗放的,经验是随意的,政策是易变和缺乏保障的。即使在法律中偶尔出现"补偿"字眼,也是没有具体内容的符号,人们并不能作为一种权利向法院提出主张。❶ 单从法律法规以及规范性文件的数量而言,水库移民补偿无疑具有最多最严密的规范依据。国家为了推动水库移民补偿的法治化,专门出台了《大中型水利水电工程建设征地补偿和移民安置条例》《长江三峡工程建设移民条例》和《南水北调工程建设征地补偿和移民安置暂行办法》❷ 等一系列法规及规范性文件。移民领域的补偿立法及实践为行政补偿制度发展积累了丰富的实证资料。知名行政法学者杨建顺教授评价《长江三峡工程建设移民条例》说:"2001年3月,国务院修订了《长江三峡工程建设移民条例》,根据这一条例,与三峡工程建设相关的地区和部门以该条例为指导,制定了一系列关于移民补偿的地方性法规和规章,确保了三峡工程建设中120万移民的补偿和安置工作,为我国行政补偿制度建设树立了光辉的典范。"❸ 但由于行政补偿种类的复杂多样以及理论研究的整体滞后,导致大多数法律学者喜欢追踪行政补偿的宏观领域,而无暇顾及水库移民补偿这一微观领域,行政补偿的一般理论研究固然重要,但行政补偿制度体系的整体构建,行政补偿制度的落地生根,离不开对行政补偿具体类型解剖式的研究。研究国家补偿问题,应当先就引起国家补偿的具体原因,或者说国家补偿法律关系如何发生进行探讨,在此基

---

❶ 高景芳、赵宗更:《行政补偿制度研究》,天津大学出版社2005年版,序2页。
❷ 《南水北调工程建设征地补偿和移民安置暂行办法》(国调委发〔2005〕1号),国务院南水北调工程建设委员会2005年1月27日发布并实施。
❸ 杨建顺:"我国公共补偿的相关立法",载《人民日报》2004年2月18日。

础上，才能对国家补偿的立法及制度完善作进一步的研究探讨。❶ 水库移民补偿涉及面广，问题复杂，也是行政补偿的重要类型之一，对其制度及其运行机制进行全面反思和检视之前，有必要对其基础理论问题进行梳理和正本清源，这也是水库移民补偿法律制度重构的逻辑起点。

一、水库移民补偿概述

（一）何谓水库移民补偿

由于中国补偿立法的相对滞后，早期补偿并不是一个非常成熟的制度概念。不过随着实践领域因补偿引发的纠纷越来越多，一些学者开始聚焦于此，并形成了大量的理论研究成果，补偿也逐渐成为一个热门的法学词语。在我国的日常生活领域内，补偿是指抵消（损失、消耗）；补足（缺失、差额）。❷ 在此定义中，补偿的内涵显然被无限放大，所有填补不足和损耗的现象与行为都被称为补偿。这种日常用语式解释虽然很通俗直白，但显然无法清楚地表达补偿作为法学概念的真实内涵。

当然，法律领域内的补偿也是一个比较有争议的概念，《牛津法律大辞典》认为，补偿是"对一个人因为另一个人的行为或过错而遭受的损失进行赔偿"❸。而赔偿则是"给付遭受损害的人一笔金钱，例如强行征用其土地，或者在改良土地之后又不得不交出租地。法律在许多情况下规定了赔偿，如对侵害租地人、对租人改良土地的措施、对强制购买等进行赔偿。"❹这种把补偿和赔偿混为一体的法律词源解释，反映了英美法系国家对补偿的法律认知。这种解释在国内曾经也有很强的影响力，并广为传播。比如《中国大百科全书》把损害赔偿解释为："当事人一方因侵权行为或不履行

---

❶ 司坡森：《论国家补偿》，中国法制出版社2005年版，第79页。
❷ 中国社会科学院语言研究所词典编辑室：《现代汉语词典》，商务印书馆2002年版，第100页。
❸ [英]戴维·沃克：《牛津法律大辞典》，北京社会与科技发展研究所组织翻译，光明日报出版社1994年版，第438页。
❹ [英]戴维·沃克：《牛津法律大辞典》，北京社会与科技发展研究所组织翻译，光明日报出版社1994年版，第190页。

债务而对他方造成损害时应承担补偿对方损失的民事责任。"❶ 然而，在大陆法系国家和我国台湾地区，赔偿和补偿通常被视为是两个内涵和性质迥异的概念。依传统说法，公法上之损失补偿与私法上之损害赔偿为截然二事。其主要区别在于前者为国家公权力行使之问题，后者则关及私法上权利义务之违反。前者既为国家公权力行使之问题，造成损害之行为，自非不法；此与后者情形完全不同。❷

随着国内补偿方面的立法日渐增多，以及补偿理论研究的不断深化，人们对补偿的概念认知也逐渐清晰起来。赔偿和补偿也逐渐被视作两个具有不同内涵的概念，它们有着本质上的区别。《国家赔偿法》的出台也进一步从制度上明确了补偿和赔偿的不同。目前虽然由于补偿种类的繁多复杂，我们无法对此作出比较全面客观的外延概说，但并不妨碍人们对其核心精髓的把握，正如一位学者所言，无论是在公法领域还是在私法领域，补偿都是指不可归责的主体履行用以弥补其他主体合法权益损失的债务的行为。❸

水库移民补偿作为补偿的一种类型，既具有一般补偿的内在意蕴，同时也具有其自身特质。在法学研究领域，大部分学者把移民补偿作为征收补偿的一种下位概念加以论述。比如司坡森认为移民补偿是指因为政治经济原因，国家为特定公益目的，动员组织特定地域居民跨地域迁徙居住，而给这部分居民的金钱、物质给付以及政策上的照顾、优惠。❹ 窦衍瑞认为，国家为了建设大型工程，特别是在水利水电工程建设中，需要对工程规划区的公民进行搬迁和安置，这种搬迁和安置的费用，称为移民补偿。移民补偿是一种综合性的补偿，大约包括征收和临时租用土地补偿费用、房屋及其附属设施补偿费、青苗补偿费、果树林木费、移民（生产、生活）安置补助费、功能恢复费、临时设施费、搬家补助费、过渡房租费等补偿费用。❺ 薛刚凌等人认为移民补偿也属于征收的一种，随着我国近年来大型

---

❶ 《中国大百科全书》编辑委员会编：《中国大百科全书·法学》，中国大百科全书出版社1984年版，第571页。
❷ 曾世雄：《损害赔偿法原理》，中国政法大学出版社2001年版，第178页。
❸ 蒙晓阳：《私法视域下的中国征地补偿》，人民法院出版社2011年版，第35页。
❹ 司坡森：《论国家补偿》，中国法制出版社2005年版，第82-83页。
❺ 窦衍瑞：《行政补偿制度的理念与机制》，山东大学出版社2007年版，第40页。

水利工程的实施，移民补偿的重要性也凸显出来。❶ 沈开举教授说，"移民补偿是一种特殊的征收方式，笔者认为把其纳入公用征收中更为妥当。"❷ 除了法学领域的研究者对水库移民补偿给出以上描述性的概念之外，制度经济学和社会学视域中的研究者，从利益相关者理论和经济学上的补偿理论出发，对水库移民补偿作出了更加微观的描述，比如著名水库移民研究专家施国庆认为，水库移民补偿是因为库区财产所有者因水库淹没造成土地及其他财产损失，国家或地方依据其财产损失的货币价值支付给财产所有者一定数额的资金，用以补偿其财产所受到的损失。❸ 还有学者提出"大中型水利水电工程建设征地性质是特殊的土地征收，其补偿的法学含义为行政补偿和不完全补偿。不完全补偿意味着被征收者要为国家公共利益作出牺牲。"❹

综上可见，无论从哪个视域出发，人们对水库移民补偿的宏观认知都不存在太大的差异和争议。忽略这些概念外观上表述的些微不同，至少可以抽取三个方面的共同信息。首先，水库移民补偿属于公益征收补偿的一种概念。其次，水库移民补偿是不同于农村土地征收补偿和城市拆迁补偿的特殊类型。它们的不同表现在补偿方式、补偿期限、补偿标准和补偿难度等多个方面。最后，国家被视为水库移民补偿的义务主体。除却这些宏观抽象认知之外，在我国由于水库移民补偿实践在不同的历史时期呈现出较大的差异，水库移民补偿理论的具体内涵也在不断发生着嬗变。20世纪80年初期国家对水库移民的补偿基本上忽视了他们恢复发展的艰巨性，无论是就地安置补偿，抑或异地安置补偿，都表现为一次性补偿，而且补偿标准非常低。但从80年代中期开始，开发性移民的理念被引入了水库移民补偿，开发性移民政策认为水库移民补偿不仅包括现金补偿，还应该包括开发水库移民安置区资源、发展移民经济等政策性补偿。1991年出台的《大中型水利水电工程建设征地补偿和移民安置条例》把这种补偿模式表述为

---

❶ 薛刚凌主编：《行政补偿理论与实践研究》，中国法制出版社2011年版，第74页。
❷ 沈开举：《征收、征用与补偿》，法律出版社2006年版，第263页。
❸ 施国庆编著：《水库移民系统规划理论与应用》，河海大学出版社1996年版，第153-154页。
❹ 苏秀华："论'长期补偿'向'长期安置'的转化——我国大中型水利水电工程建设征地'长期补偿'合法规避途径初探"，载《贵州社会科学》2011年第2期，第117页。

前期补偿、补助和后期扶持的结合。❶ 这种内涵的嬗变过程，把水库移民补偿的特殊性、艰巨性淋漓尽致地表现出来。

（二）水库移民补偿的特征

通过对水库移民补偿概念的理论描述，我们可以得知其是一种特殊类型的征收补偿，它不仅具有征收补偿的一般特性，同时具有自己的独立品格。

1. 补偿方式的综合性

纵观各国征收补偿法律制度，给予被征收人一次性金钱补偿是最通常的方式。美国立法规定，非经当事人同意，必须采取金钱补偿的方式；在美国，公正补偿意味着用金钱作出补偿，被征用财产的价值必须完全用金钱作出补偿。❷ 货币补偿对于市场经济发展比较充分的国家而言，确实是一种比较便捷，同时相对比较公平的补偿方式。但在发展中国家，当面对会产生大规模背井离乡移民的水利水电工程建设征收时，单一的货币补偿对于缺乏市场竞争力的水库移民（大部分是位于边远地区的农民）而言，无疑是杯水车薪，缺乏可持续性的补偿方式。政府移民在一定程度上剥夺或削减了公民包括迁徙自由权在内的诸多权利，对公民的生产与生活带来了巨大的影响，因此，政府一般会按照一定方式对移民进行一定程度的经济补偿或给予一定的政策性优惠。❸ 国外学者 Johnston 将补偿定义为"对损失进行矫正、补救和赔偿的措施和过程"，并指出补偿应分为三种："恢复性补偿、经济赔偿性补偿、声明性补偿"（2000）。关于水坝工程，第一种补偿是通过发展渔业和在水位降低后露出的土地耕作来恢复移民生活水平，而第二种补偿是对移民的物质损失进行经济赔偿。至于声明性补偿则是公开承认并进行道歉，这是"用于应付一切非物质损失的"（Johnston, 2000）。❹ 因此，相对于其他类型的征收补偿，水库移民补偿的常常采取经济性补偿和政策性补偿相结合的方式，这种二者结合的方式凸显了水库移

---

❶ 《大中型水利水电工程建设征地补偿和移民安置条例》（国务院令第74号）第3条："国家提倡和支持开发性移民，采取前期补偿、补助与后期生产扶持的办法。"
❷ 沈开举主编：《行政补偿法研究》，法律出版社2004年版，第180页。
❸ 陈晓东："迁徙自由视野下的政府移民"，苏州大学2009年硕士学位论文，第17页。
❹ [英] T. 斯卡德：《大坝的未来》，齐晔、杨明影译，科学出版社2008年版，第117页。

民补偿方式的综合性。经济性补偿是通过一定量的实物或资金给予的补偿。包括资金补偿（实物折价和迁移费）、经济资源补偿（如土地、果园、林地等）和农转非形式。经济性补偿在1991年颁布的《大中型水利水电工程建设征地补偿和移民安置条例》中，既有定性规定也有定量规定。❶ 其中农转非的形式在计划经济时代对于无法安置的水库移民而言的确具有一定吸引力，当然也能带来一定的利益。但在市场经济的条件下，并随着户籍制度的改革，这种补偿方式已变得无足轻重了。所谓政策性补偿，是国家通过有关政策来达到使水库移民获利的补偿。这种补偿并不直接给予水库移民金钱或实物，而是通过政策达到间接补偿的目的，包括政策优惠、税收减免、产业扶持、对口支援、教育和就业照顾与倾斜等。在长江三峡工程建设初期，政策优惠被视为三峡工程移民补偿的主要原则之一。1991年旧的《长江三峡工程建设移民条例》明确规定："三峡工程移民安置坚持国家扶持、政策优惠、各方支援、自力更生的原则，正确处理国家、集体、个人之间的关系。三峡工程淹没区和安置区应当顾全大局，服从国家统筹安排。"❷ 虽然随着时代的发展，三峡工程移民补偿的理念发生了嬗变，但许多政策性补偿的方式依然被坚持。比如2001年新的《长江三峡工程建设移民条例》有关条文规定："有关地方人民政府应当根据国家产业政策，结合技术改造，对需要搬迁的工矿企业进行统筹规划和结构调整。产品质量好、有市场的企业，可以通过对口支援，与名优企业合作、合资，把企业的搬迁与企业的重组结合起来；技术落后、浪费资源、产品质量低劣、污染严重的企业，应当依法实行兼并、破产或者关闭。"❸ 该条规定凸显了产业扶持、对口支援等补偿方式在三峡工程中的运用。

2. 补偿时间的长期性

水库移民比工厂征地和城市改造的拆迁要难若干倍，是一个十分复杂的社会问题。要恢复库区移民的生活水平，就只能用经济的办法来解决，就是对水库移民进行后期扶持。在移民未完全达到当地非搬迁居民的平均发展水平时，应该从水库发电、灌溉等收益中给移民一定的"反哺"，以帮

---

❶ 周少林、李立："关于水库移民补偿方式的思考"，载《人民长江》1999年第11期，第1页。
❷ 《长江三峡工程建设移民条例》（国务院令第126号）第4条。
❸ 《长江三峡工程建设移民条例》（国务院令第299号）第21条。

助移民早日安居乐业。❶ 对水库移民进行后期扶持意味对其补偿不能简单采取一次性了断的方式，在移民搬迁之后的若干年内还需要国家对其进行关照和补助。后期扶持反映了水库移民补偿的长期复杂性，也体现了水库移民补偿的中国特色。它某种程度有利于弥补水库移民前期补偿的不足，也有利于水库移民的可持续发展。一位学者评价三峡工程的后期扶持政策时说，具体而言，后期扶持仅仅是一种手段，其直接目的是政府希望弥补在移民搬迁安置过程中三峡移民所遭受到的直接或间接损失。再次，对三峡移民进行后期扶持从价值层面上看，体现了一种矫正正义的追求，是社会公平的体现，是对三峡移民要求平等待遇的一种认可。❷

3. 补偿安置的开发性

《大中型水利水电工程建设征地补偿和移民安置条例》有关条文规定："国家实行开发性移民方针，采取前期补偿、补助与后期扶持相结合的办法，使移民生活达到或者超过原有水平。"❸ 在世界范围内，我国较早提出了开发性移民的方针。世界银行在1986年批准的新的业务政策备忘录里提到了"开发计划"，强调对移民重建的指导帮助。目前，亚洲开发银行和世界银行都把开发性移民列为非自愿移民的政策指引。这两大银行通过资助发展中国家大坝的建设来不断传导扩展开发性移民之理念。开发性移民强调把移民搬迁安置看做一个发展的机会。开发性移民是对我国水库移民工作的一项重大改革，主要是通过扶持发展生产，为移民创造基本的生产生活条件，注重提高移民自身的发展能力，调动移民自力更生、重建家园的积极性，逐步做到自我发展、自我完善。改变过去那种"年年苦、年年补，苦了还要找政府"的被动状态。❹

4. 征地补偿与移民安置的并存性

水库移民征地补偿的复杂性和特殊性，还体现在其不仅包括征地补偿，还包括移民安置。这种补偿与安置并存的模式凸显了水库移民是政府行为的中国理念。在当前中国的现行水库移民法律框架下，水库移民安置和征地补偿被放在同等的位置，调整水库移民补偿的专项行政法规《大中型水

---

❶ 岳非丘：《安民为天——三峡工程百万移民的历史启示》，重庆出版社2007年版，第309页。
❷ 黄东东：《权利视野中的水库移民法律制度》，中国检察出版社2005年版，第228页。
❸ 《大中型水利水电工程建设征地补偿和移民安置条例》（国务院令第471号）第3条。
❹ 张宝欣主编：《开发性移民理论与实践》，中国三峡出版社1999年版，第53页。

利水电工程建设征地补偿和移民安置条例》❶ 无论在名称和内容上都充分体现了这一特征。水库移民安置的方式有多种，以是否再次获得土地为标准，可分为有土农业安置和无土非农安置，其中对于农村移民而言，有土农业安置是现行法律强调优先选用的安置方式。《大中型水利水电工程建设征地补偿和移民安置条例》明确规定："对农村移民安置进行规划，应当坚持以农业生产安置为主，遵循因地制宜、有利生产、方便生活、保护生态的原则，合理规划农村移民安置点；有条件的地方，可以结合小城镇建设进行。农村移民安置后，应当使移民拥有与移民安置区居民基本相当的土地等农业生产资料。"❷ 以安置方式空间距离为标准，可分为后靠安置，外迁异地安置。如果根据安置的集中程度为标准，还可以分为集中安置和分散安置。这些安置方式被灵活地运用到了长江三峡移民中。《长江三峡工程建设移民条例》规定："三峡工程建设移民安置实行就地安置与异地安置、集中安置与分散安置、政府安置与移民自找门路安置相结合。移民首先在本县、区安置；本县、区安置不了的，由湖北省、重庆市人民政府在本行政区域内其他市、县、区安置；湖北省、重庆市安置不了的，在其他省、自治区、直辖市安置。"❸

二、水库移民补偿的理论框架

（一）水库移民补偿的法理基础

为什么要给予水库移民补偿，水库移民获得公平补偿的理论前提是什么？这些问题关系到水库移民补偿权的合法性存在。移民补偿作为征收补偿的重要类型之一，探讨它的法理基础，可以从征收补偿的理论依据开始。对于为什么要给予征收补偿，基于法律文化背景、法律渊源的差异化，同时囿于人们对征收补偿内涵和性质的不同理解，学者们存在不同的认识。概括起来，主要包括以下几种学说：

---

❶《大中型水利水电工程建设征地补偿和移民安置条例》（国务院令第471号），2006年7月7日发布，2006年9月1日起施行。

❷《大中型水利水电工程建设征地补偿和移民安置条例》（国务院令第471号）第13条。

❸《长江三峡工程建设移民条例》（国务院令第299号）第14条。

1. 公平负担平等说

公平负担平等说滥觞于法国，最后逐渐发展成为法国的主流学说。作为法国大革命的重要成果，早在18世纪，普罗文斯（Provence）就总结了当时的法律："如果居民为整个社团蒙受损失或为之提供物资，那么他理应受到补偿。但如果他仅承受了施加于每个公民的（普通）负担，则又另当别论。"❶ 该学说立足于宪法的平等原则，强调公民财产权在一定的情况下需要受到限制，但这种限制应该体现平等性，不能为了他人利益或公共利益为某一群体或某个人增加额外的负担，当为了公共利益而必须给一些公民带来额外的负担时，这种负担应该由全体社会成员分担，即应该以公共资金为这种额外负担给予补偿。国家在任何情况下都应以平等为基础为公民设定义务。政府的活动是为了公共利益而实施，其成本应由社会全体成员平均分担。❷ 公平负担平等说不仅在法国很受青睐，而且在其他大陆法系国家具有较大的影响力。如德国学者平特纳主张："作为赔偿给付制度的基本思想，必须考虑在国家中的平等和公平分担原则。……公权力从个别公民得到不平等利益时，要么必须予以解除，要么通过赔偿给付给予补偿。"❸

2. 特别牺牲说

该学说源于德国。基于自然法的公平正义之理念，1794年德国在《普鲁士一般邦法》中确立了国家承担补偿义务的原则，即国家对于社会公共利益强加于个人的任何特别义务都必须承担补偿义务；公民因公共利益而作出特别牺牲，有权获得国家补偿。❹ 国家补偿义务或者说"牺牲请求权"（补偿请求权）的确立，为德国古典征收制度的发展及特别牺牲理论的形成奠定了坚实基础。到了19世纪下半叶，德国各邦纷纷制定各种有关征收之法律，具体规定征收发生的公益目的及完全补偿原则。19世纪末，德国学

---

❶ 张千帆：《西方宪政体系：下册》，中国政法大学出版社2001版，第128页。

❷ 姜明安主编：《行政法与行政诉讼法》，北京大学出版社、高等教育出版社1999年版，第476页。

❸ ［德］平特纳：《德国普通行政法》，朱林译，中国政法大学出版社1999版，第190－191页。

❹ 德国1794年《普鲁士一般邦法》（Allgemeines Land-recht für die Preußischen Staaten）第74条和第75条分别规定："国家成员之个别权利及利益，在与促进公共福祉之权利及义务发生实际冲突时，应行退让。""反之，国家对因公共福祉而被迫牺牲其特别之权利及利益者，应给予补偿。"同时《普鲁士一般邦法》在第4条第1项中，亦另行规定所谓"强制购买（Zwangskauf）"之征收制度。陈敏：《行政法总论》，新学林出版有限公司2011年版，第1169页。

者奥托·梅耶（Otto Mayer）提出特别牺牲理论。他认为，任何财产权的行使都要受到一定的内在、社会的限制，只有当财产的征用或限制超出这些内在限制时，才产生补偿问题。❶ 现代权利保障理论不再强调财产权的神圣不可侵犯性，而是指出财产权存在一定的内在限制，并要受到一定公共政策的制约。当然，财产权的内在限制具有一定的限度，当这种限制只落在少数公民身上，并给他们造成特殊的损害时，基于公平正义的价值理念，这种损害不能由个人来承担，必须给予补偿。在这一点上，特别牺牲说与公平负担平等说具有异曲同工之处。由此不难看出，公平负担平等理论与特别牺牲理论对行政补偿内在机理的阐释是一致的，前者侧重于结果，后者立足于原因；正是由于个别人为社会公共利益作出了特别的牺牲，因此作为受益人的社会公众才应当公平负担这种损害。唯有如此，才能恢复社会公众之间负担平等的机制。❷ 特别牺牲说在当今法学界具有较大的影响力，它也是我国台湾地区法学界的主流学说❸，这种学说在征地补偿司法中亦得到有效的实践和发展。依"司法院大法官"之解释（释字425号解释文）："惟土地征收对征收土地之所有权人而言，系为公共利益所特别牺牲。"❹

3. 既得权说

既得权说是一种比较古老和陈旧的理论，它根基于古典自然法思想。❺

---

❶ 姜明安主编：《行政法与行政诉讼法》，北京大学出版社、高等教育出版社1999年版，第476页。

❷ 马怀德：《国家赔偿法的理论与实践》，中国法制出版社1994年版，第42页。

❸ 关于特别牺牲理论，台湾地区董保城教授有比较精到的论述："特别牺牲理论系指，国家为公共利益行使特定公权力，并非一般性，针对一般人产生同样影响或限制，而是针对某些特定人，逾其社会责任所应忍受之范围而课以不平等之负担，使其忍受特别的损失，基于平等原则，其损失应由共同经费来负担，亦即以租税等形式分配给全国人民分担之。易言之，公权力之侵害须达严重程度或已构成特别牺牲；若财产所受妨害或限制属于一般财产权人社会责任，或虽有侵害但未妨害财产权正常使用者，则尚未构成特别牺牲。此说系以自然法公平正义之观念为要素，对特别人所受特别牺牲应由全体负担而对之补偿。"董保城、湛中乐：《国家责任法》，元照出版社2005版，第13－14页。

❹ 吴庚：《行政法之理论与实用》，中国人民大学出版社2005版，第447－448页。

❺ "所有权不可侵犯"之命题，远在封建时期，即已存在，当时认为所有权是超越国家而存在之权利，具有不受国家侵害之性质，乃至形成国家权力之界限。既得说之主张，直至进入前近代之法治国家中，依然十分有力。所谓既得权，系指依据特别之法律名义所得，现实上属于特定人之权利范围之物而言。故，非基于法律之所谓法律上权利，或非权利已经成立，只是单纯的资格，或事实上之期待，或权利主体并不特定，均非此所指之既得权。由于认为既得权系天所赋予，超越国家而存在之权利，自以禁止国家权力之侵害为原则，但因特别之情事，基于公共之目的，既得权应臣服于国家权力，以遂国家之作用，惟须以损失补偿作为交换条件，资修复"既得权不可侵犯"原则之破坏。参见陈筱佩："损失补偿制度之研究"，台湾中兴大学法律研究所1981年硕士论文，第62页。

该学说认为，人民既得权系合法取得，自应予以绝对保障。保障一般公民的生存权、财产权，是现代宪法确立的根本原则。民主国家的首要任务，纵然因为公益或公务之必须，使其蒙受损失，亦应予以补偿。❶

4. 恩惠说

恩惠说强调国家统治权与团体利益的优越性，主张绝对的国家权力及法律万能与公益之上。❷ 当个人利益与国家利益发生龃龉时，国家利益具有优位性，个人利益需要让位于它，而且国家不需要对个人造成的利益损失给予补偿。因此，在特别法中给予公民的损失补偿，完全是出于国家的恩惠。

5. 国法责任说

国法责任从国家主权性质的角度探寻国家承担责任的原因。该学说认为公民必须服从强大的公权力，但因为公权力的行使造成个人利益之损失，国家应该承担补偿或赔偿的责任。由此不难看出，建立在该学说基础上的国家责任，并不以过失为必要条件，而是以主权的性质为要点，凡命令服从关系所生的损害，其责任都应归属于国家。❸

6. 人权保障说

在一个民主的政治社会架构中，人应该是政治法律架构的基点，也是国家存在的逻辑起点和目的，保障人权是国家的根本宗旨。国家不仅有义务在公民利益受到他人侵害时提供公力救济途径，同时也应该对自己给公民利益造成的损害，提供补偿或赔偿。

7. 结果责任说

结果责任说在日本比较流行。该学说坚持以造成损害结果作为国家承担责任的唯一标准，即无论国家行为合法与否，主观上是否有过错，只要该行为造成了为一般理性人所不能接受的损害，国家就应该承担补偿责任。由于国家承担责任不追究故意或过失之类的主观因素，所以该说又被称为无过失责任。❹

---

❶ 张家洋：《行政法》，三民书局1995年版，第819页。
❷ 涂怀莹：《行政法原理》，五南图书出版公司1987年版，第761页。
❸ 城仲模：《行政法之基础理论》，三民书局1994年版，第663－664页。
❹ ［日］南博方：《日本行政法》，杨建顺、周作彩译，中国人民大学出版社1988年版，第107－109页。

8. 国库理论

早期的国库概念来源于罗马法，之后经过德国公法的继受和发展，成为一个系统的理论学说。现代国库概念是立足于主权国家的独立财产人格，它不仅可以作为一个公法概念，同时在特定场所亦可成为一个私法上的概念。在某些特定的时空背景下，作为私法主体的国库与其他私法主体具有平等的法律地位，当国家获利是以损害私人利益为代价时，需要为此付出同等的对价。

关于补偿的理论依据，除了以上各种学说之外，还存在其他一些理论认知，比如有学者通过借鉴民法的有关概念，提出了"不当得利说""无因管理说"等，有学者基于社会连带关系理论，提出了"社会协作说""社会职务说"等，还有学者借鉴商法的概念，提出"社会保险说"。在这些众多的学说中，每一种学说都有自己产生和发展的时代背景，因此在特定的时空中都具有一定的存在价值。当然，在强调人权、法治的21世纪中，一些学说的局限性也显露无遗。其中特别牺牲说和公平负担平等说虽然本质上都立足于权利保护的平等原则，也比较契合当前民主法治的发展背景，同时亦是当前占据主导地位的学说。但由于这些补偿学说的单一局限性，再加上征收补偿具体类型的复杂多样性，当前用任何一种学说来统一解释补偿的理论依据都难以服众。因此，笔者认为针对补偿的不同层级和不同类型来确定其理论基础不失为一种比较实用和明智的选择。针对水库移民补偿而言，它的理论基础应该是人权保障说、特别牺牲说和"谁受益、谁补偿"原则的综合体。

首先，水库移民补偿一直被很多人视为政治问题，因此可以以此为借口逃离中观和微观补偿理论依据的调整。人权保障说从宪政的高度强调补偿对于公民个人利益保护的重要意义，为我们充分认知水库移民补偿存在的价值提供了宏大的理论指引。为此，人权保障说能够为水库移民补偿提供最高层级的理论解释。当然，单一的人权保障说并不能为水库移民补偿提供全面的理论支撑，而且会有过于空泛的弊端。人权保障说高屋建瓴地提出了征收补偿的法理依据，在当下这个"以人为本"的人权时代，具有重大意义。但由于该学说过于"拔高"，因而其内容失之空泛，对于解说征收补偿的法理基础,基本上不具有直接的解释力,而更像是一句"口号"。❶其次,在第二层次暨中观上人权保障说应该和特别牺牲说结合起来,这种结合不仅使水库移民补偿的理论基础具有宏观高度,也使其具有现实解释力。之所以选择特别牺牲说,是因为该理论直接以宪法对财产权保护的规定以及宪法平等保护原则为基础,反映了法治国家对社会公平和正义的价值追求,同时,该学说不仅不排斥而且显然包含了"公平负担平等说"的合理内核,是国家补偿在国家用财政收入支付时,仍可以"公平负担平等"来解释补偿原因而符合"特别牺牲说"。❷再次,针对水库移民补偿而言,特殊牺牲说需要受到"谁补偿、谁受益"原则的修正,因此最终意义上,水库移民补偿的理论基础应该是人权保障说、特别牺牲说和"谁受益、谁补偿"原则的结合。水库移民补偿问题的核心是水利水电工程的受损者与受益者利益分配问题,这种利益分配涉及分配机制、分配标准、分配方式,要通过一定的方式加以规范。这种分配应建立在市场经济公平、公正和公开的基础上,在国家所制定的移民补偿政策框架的基础上,充分发挥市场机制的作用,通过受益者与受损者之间的协商来进行。❸特别牺牲说从补偿权利主体的角度论证了为什么要给予补偿,其只注重特别损失的应获补偿性,却忽视了利益的所得以及利益所得与特别损失之间的关系。因此,"谁受益、谁补偿"原则能够丰富特殊牺牲说的现实解释力,修正其单一理论根据的不足。人权保障说、特别牺牲说和"谁受益、谁补偿"原则的结合,不仅能够实现水库移民补偿与其他种类补偿的理论对接,满足征收补偿理论依据的内在统一性,同时也体现了不同补偿类型理论依据的丰富内涵和差异化的外延,极大满足了水库移民补偿特殊性的理论需求。

(二) 公正补偿:水库移民补偿的原则

人权保障说、特别牺牲说和"谁受益、谁补偿"原则能够解释为什么给予水库移民补偿,但没有清楚地表达应该给予什么样的补偿。缺乏正当性理念诉求的理论基础就无法架构移民补偿制度存在和发展的坚实框架,也无法成就人权保障的现实需求。

---

❶ 房绍坤等:《公益征收法研究》,中国人民大学出版社2011年版,第335页。
❷ 姚天冲:《国家补偿法律制度专论》,东北大学出版社2008年版,第30页。
❸ 段跃芳:"水库移民补偿理论与实证研究",华中科技大学2003年博士学位论文,第13页。

1. 公正补偿是民主法治国家的立法通例

国家为了公共事业及公共利益之需要，得征收私人的财产并给予公正的补偿，是现在的民主法治国家的宪法原则。[1] 1789年的法国《人权宣言》首开先河规定了财产征收之公正补偿条款，其第17条规定："财产是神圣不可侵犯的权利，除非当合法认定的公共需要所显然必需时，且在公平而预先赔偿的条件下，任何人的财产不得受到剥夺。"该项规定为公民获得公正补偿提供了良好的立法开端。自此以后，无论是大陆法系国家，抑或英美法系国家，纷纷把公正补偿原则列为征收补偿的圭臬。1949年德国《基本法》对《魏玛宪法》确立的适当补偿原则进行了修改，在其第14条确立了公正补偿的原则，该原则强调公共利益和征收补偿参与人的平衡。这种既不偏颇当事人之利益，亦不私好公众而以私人利益为牺牲的公平补偿，即为《基本法》的征收补偿原则。[2] 二战后的日本和平宪法明显受到美国联邦宪法第5修正案之影响，其第29条第3款规定：私有财产，得于正当补偿之下，供公共之用。[3] 美国在建国之初的宪法文本中虽未明确规定公正补偿原则，但在1791年的宪法第五修正案中对此加以明确，即"不给予公平赔偿，私有财产不得充作公用"。

2. 公正补偿是水库移民走向"自愿"的正当性基础

因为水库建设，移民的土地及其他财产被征收，为了公共利益他们必须放弃私产不可侵犯的内心坚守。如何减缓因被迫放弃带来的这种情感上的非自愿性，必然是水库移民征地补偿中首要面对的问题。它的解决关系到和谐库区关系的构建，也关系着水库移民搬迁意愿的良性转化。对于水库移民而言，他们最关心搬迁后的生产生活，而公正的补偿是保障未来生产生活期许实现的基础。"据三峡库区移民与经济开发研究所和（原）万县市科委调查，三峡库区移民对开发性移民的实施既充满喜悦，又表现出沉重的担心和忧虑。对移民担忧的问题，上述机构进行问卷调查并设计了十六个问题，由移民根据自己的担心程度进行排序，前两位依次是：收入水平降低、补偿经费偏低。这说明补偿问题是移民最关心的问题，也是移民

---

[1] 陈新民：《德国公法学基础理论（增订新版·下卷）》，法律出版社2010年版，第44页。
[2] 陈新民：《德国公法学基础理论（增订新版·下卷）》，法律出版社2010年版，第19页。
[3] 胡瓷红："论土地征收补偿原则——以比较法为视角"，载《杭州师范大学学报（社会科学版）》2011年第2期，第37页。

自愿搬迁的前提。因此，国家的参与和干预以及公正的补偿，是开发性移民正确实施的基础，而公正补偿直接关系到移民切身利益和权利的保护，更为移民所关注。"❶

3. 公正补偿是公权力受限和行使的边界责任

任何公权力的行使都有一定边界，必须受到相应的内外限制。目前，许多国家通过公正补偿立法化作为对公益征收的外在限制，这种理念在水库移民征地补偿中同样被高举。世界银行在其非自愿移民业务手册中，开宗明义地提出"尽量避免和减少非自愿移民"，当移民不可避免的情况下，应该给予他们公正补偿的指导原则。❷ 公正补偿的边界作用不仅表现为对公权力行使的立法限制，而且在现代政府法治理念下，对于公权力而言，公正公平本身应该成为其存在和运作的价值根基。"公平作为一种价值判断标准，包含三层含义：一是从制度结构、制度安排角度理解的公平（即制度公平）；二是从商品交换原则出发理解的公平（即市场公平）；三是从社会价值分配法则出发理解的公平（即补偿性公平）。补偿性公平指的是政府运用各种宏观调控手段来弥补市场对收入分配调节的不足。土地征用是典型的公权行为，理应确保公平。"❸

4. 公正补偿是开发性移民的内在要求

开发性移民是我国政府很早提出的针对水库移民的指导方针，而且其在20世纪90年代初被写入了《大中型水利水电工程建设征地补偿和移民安置条例》。但长期以来由于缺乏人权精神内核的填充，这种开发性移民的指导方针始终扮演着水库建设正当性解释的"皮囊"作用。随着人权入宪以及世行对开发性移民的推广，开发性移民在我国获得新的生命力，它的人权价值内核也被激活。从人权角度来看，开发性移民焕发生命力的重要渊源在于它对土地及其他财产的尊重，这种尊重不仅体现了社会发展的进步，也真正顺应了移民的生存发展需求。"如何追求自己的幸福快乐？纵使宗教家、哲学家总会述说一套人生哲学、追求非物质价值的大道理，但升斗小民汲汲一生所珍惜的莫非辛苦获得的财产，及通过使用财产来追求幸福快

---

❶ 石雪梅："论我国库区移民土地征用补偿制度"，福州大学2005年硕士学位论文，第31页。
❷ OP 4.12 – Involuntary Resettlement, para 2.
❸ 祝华军、楼江："关于土地征用补偿价值的几个理论问题探讨"，载《上海市经济学会学术年刊2008》，第180页。

乐。所有权的妥善与否，即标志一个国家的文明程度。"❶ 现代财产权理念一方面容忍国家对私有财产的公益征收，但同时提出必须给予公正补偿。作为以人权保障为旨向的开发性移民显然需要把公正补偿纳入其正当化的重要标示。

（三）补偿权是水库移民享有的宪法性权利

作为概念存在的征收滥觞于古罗马法时代，它表达了国家为了公共利益而对公民私有财产的合法侵害行为。这一重要的概念经过近代资产阶级革命的洗礼逐渐发展成为一种普遍的宪政制度。这个为了公共利益而使人们承受特别牺牲（Sonderopfer）的征收制度，在法国大革命以后都列入宪法财产权的保障范围。宪法一方面在宣示人民的财产受到宪法的保障，一方面又规定在一定情况下（公共利益、必要性、预先支付之公正补偿），人民必须牺牲所有权，忍受国家给予的强制剥夺其所有权的公权力措施。❷ 近代宪政国家在规定征用权的同时，也普遍规定了对征用权的限制条款，即补偿和正当程序。征收和补偿的同时规定被誉为"唇齿条款"。进入现代福利国家时代之后，西方各国宪法一方面否定了财产权的神圣性，另一方面也未把对财产权所进行的限制加以绝对化，而是根据既保障又制约的这种规范体系的内在逻辑要求，沿袭和发展了近代宪法中的补偿规定，并使之成为一个相对独立的条款，构成了现代财产权保障规范体系中的一个不可或缺的部门。❸ 从这种意义上看，近现代宪政发展上，补偿权是公民对抗征收权的一种宪法性权利。立法机关在规定征收的同时没有规定补偿规则的，构成违反宪法。❹ 因此，法律在把宪法上的征收权具体化的时候，必须一揽子规定公民的补偿请求权。征收某国民的财产而不给予他要求赔偿的法律

---

❶ 陈新民："财产权保障的阴暗角落——论被征收人的回复权问题"，载胡建淼主编：《东亚行政法学会第七届国际学术大会论文集公共行政组织及其法律规制暨行政征收与权利保护》，浙江大学出版社2008年版，第286页。

❷ 陈新民："财产权保障的阴暗角落——论被征收人的回复权问题"，载胡建淼主编：《东亚行政法学会第七届国际学术大会论文集公共行政组织及其法律规制暨行政征收与权利保护》，浙江大学出版社2008年版，第269页。

❸ 林来梵：《从宪法规范到规范宪法：规范宪法学的一种前言》，法律出版社2001年版，第202页。

❹ [德]汉斯·J·沃尔夫、奥托·巴霍夫、罗尔夫·施托贝尔：《行政法（第二卷）》，高家伟译，商务印书馆2002年版，第404页。

权利，除非这种意向用明确语言表述，否则不应视为立法机构的目的，这已成为一个确立的推理。❶ 尤其是在农地征收中，法律在规定国家征地权的同时必须赋予被征地农民补偿权和社会保障权。包括被征农地于征收计划决定时当地"客观市价"补偿请求权，被征地农民本身生存、发展的"特别价值"补偿请求权；即确保具有集体成员资格的被征地农民世代生存保障与就业保障权。以体现农地物权作为农民财产权与公权力对抗所应具备的基本属性。❷

在我国，关于国家补偿的立法规定，经历了相当曲折的发展过程。1950年颁布的《城市郊区土地改革条例》❸首次规定征收补偿条款，但之后由于受政治环境变化的影响，征收补偿立法曾经历了比较长的停滞倒退期，直到80年代初期才得以恢复发展。我国早期的补偿立法位阶都比较低，而且由于缺乏宪法补偿权规定的指引，人们关于补偿的理论和实践认知并不具有人权价值意蕴。补偿多体现为国家的恩惠。这种征收补偿大环境比较直接地影响着水库移民补偿，一方面，恩惠意识下的征收补偿导致水库移民权得不到明确和张扬；另一方面，这种局面也深深地影响着早期的水库移民补偿专项立法。1991年颁布的《大中型水利水电工程建设征地补偿和移民安置条例》和1993年颁布的《长江三峡工程建设移民条例》都把"加强移民管理，保障工程顺利建设"❹视为立法的根本目的，补偿仅仅是工程建设的附属品。当然，这种情况随着我国宪法对补偿权的明确也逐渐发生了些微的变化。我国宪法对补偿的规定曾经历了一个比较曲折的过程，"五四宪法""七五宪法""七八宪法"和"八二宪法"都没有对补偿作出规定，其中"七五宪法""七八宪法"甚至取消了征收条款。直到2004年第四次

---

❶ [英] 威廉·韦德：《行政法》，徐炳等译，中国大百科全书出版社1997年版，第498页。
❷ 王铁雄：《征地补偿与财产权保护研究》，中国法制出版社2011年版，第306页。
❸ 《城市郊区土地改革条例》，1950年11月10日政务院第58次政务会议通过，1950年11月21日公布。第14条规定："国家为市政建设及其他需要征用私人所有的农业土地时，须给以适当代价，或以相等之国有土地调换之。对耕种该项土地的农民办应给以适当的安置，并对其在该项土地上的生产投资（如凿井、植树等）及其他损失，予以公平合理的补偿。"
❹ 《大中型水利水电工程建设征地补偿和移民安置条例》（国务院令第74号）第1条规定："为加强大中型水利水电工程建设征地和移民的管理，合理征用土地，妥善安置移民，根据《中华人民共和国土地管理法》和《中华人民共和国水法》的有关规定，制定本条例。"《长江三峡工程建设移民条例》（国务院令第126号）第1条规定："为了做好长江三峡工程建设的移民安置工作，保证三峡工程的顺利进行，促进三峡库区的经济发展，制定本条例。"

宪法修正的时候，借助于"人权保障条款"入宪的大好形势，宪法在规定国家征收权的时候，才设定了"给予补偿"的宪法条款。《宪法》第10条第3款规定："国家为了公共利益的需要，可以依照法律规定对土地实行征收或者征用并给予补偿。"❶第13条第3条规定："国家为了公共利益的需要，可以依照法律规定对公民的私有财产实行征收或者征用并给予补偿。"❷宪法虽然没有规定给予什么样的补偿，但补偿入宪本身已经是巨大的进步。当然，2007年出台的《物权法》进一步明晰了补偿的原则，即"为了公共利益的需要，依照法律规定的权限和程序可以征收集体所有的土地和单位、个人的房屋及其他不动产。征收集体所有的土地，应当依法足额支付土地补偿费、安置补助费、地上附着物和青苗的补偿费等费用，安排被征地农民的社会保障费用，保障被征地农民的生活，维护被征地农民的合法权益。"❸宪法补偿权的确立对水库移民补偿专项立法产生了影响。2006年修改后的《大中型水利水电工程建设征地补偿和移民安置条例》开宗明义地写道："为了做好大中型水利水电工程建设征地补偿和移民安置工作，维护移民合法权益，保障工程建设的顺利进行，根据《中华人民共和国土地管理法》和《中华人民共和国水法》，制定本条例。"❹这种立法目的的嬗变也反映"人权入宪"的重要影响。

总而言之，水库移民因为水利水电工程建设而被迫放弃自己的家园，工程建设导致原来属于个人或集体的财产被淹没，导致他们熟悉并习惯的生活系统被破坏。对此，他们理应获得公正的补偿，因为补偿权是他们拥有的一项基本权利。

（四）水库移民补偿的权利主体

按照"受益者补偿"的反向逻辑，所谓水库移民补偿的权利主体，就是指因水库建设而受损的对象。表面上它似乎并不是一个需要详细论证说明的问题，有人也许会说补偿对象不就是水库移民吗？但水库移民仅仅是一个比较抽象化的概念，其外延的确立始终是一个比较有争议的问题。而

---

❶ 1982年《宪法》（2004年修正）。
❷ 1982年《宪法》（2004年修正）。
❸ 2007年《物权法》第42条。
❹ 《大中型水利水电工程建设征地补偿和移民安置条例》（国务院令第471号）第1条。

从"恩惠"到"开发权共享":
水库移民补偿法研究

且水库移民补偿范围的复杂性也常导致具体权利主体的确定始终充满变数。笔者认为,从理论上而言水库移民的权利主体可分为两类:

第一类就是因水库建设而被迫迁移的当地居民。水利水电工程的建设导致当地居民失去土地、房屋、林地等各种财产。对此他们个人有权获得公正的补偿。在这个问题上,人们的争议并不大。但水库移民补偿的权利主体是否包括那些虽然没有迁移,但因为其他人的迁移和水电建设使他们的权益受到影响的其他当地居民呢?对此,有一些学者提到了把他们也纳入享有补偿请求权主体的地位。从人权的角度而言,他们的利益缺失的确受到了影响,比如因为水坝的建设使他们失去赖以生活的生存系统遭到破坏、亲朋好友被迫分离,生活可能变得更加不便(大坝的建设有时会导致周边一些居民更加隔离)❶,等等。而且因为这些利益上的损失导致他们的生活陷入困顿,发展受到限制。对于少数残存者来说,将失去在迄今为止形成的村落中承受生活上的诸多便利和利益。❷ 在日本,这样的人享有特殊补偿请求权。特殊补偿包括少数残存者补偿和离职者补偿。其中少数残存者补偿是由于供公共事业使用,使从生活共同体中分离的人发生逾越忍受范围的显著损失,应依其请求权因应各个实情为适度修正的金额。❸ 但如果把他们也纳入补偿请求权的主体,可能会遭遇一系列问题。首先,这部分人如何确定?多大范围的居民可以纳入?其次,既然同是补偿权利主体,按照法治平等原则,他们应该和后靠移民和异地搬迁移民享受同样的补偿。但如果这样,实质上可能导致新的不公平,甚至引发其他移民的不满。因此在无法给出可操作性法律答案的情况下,把他们统一纳入移民补偿请求

---

❶ 肖建中总结为五个方面的影响:实物资本损失、公共基础设施条件落后(水库建成后,相关村镇的道路、桥梁、电力、灌溉等基础设施遭到破坏,水库阻隔、库区立地条件较差、人口分散,农民和村集体经济无力负担道路等基础设施条件的复建,更加剧了落后状况)、基本公共服务损失(主要表现为医疗保障、文化教育损失)、社会关系损失(水库建设破坏了留民祖辈建立起来的宗族、血缘、姻亲等社会关系,造成了其社会关系的实际损失,信息沟通、相互信任、彼此互助的机会大大减少)、发展空间受限(留民原本在居住地的生产生活方式是比较稳定的,虽然在总体上比较落后,但它是动态的、常态的、稳定的,水库建设后打破了这个常态,一方面,原有发展状态的恢复以及效益的体现需要很长一段时间;另一方面,库区整体资源和项目开发还没有效益)等。肖建中:"库区周边留置居民贫困成因与发展对策分析——以浙江省丽水市为例",载《农业经济问题》2011 年第 3 期,第 69-70 页。
❷ [日]盐野宏:《行政救济法》,杨建顺译,北京大学出版社 2008 年版,第 255 页。
❸ 蒙晓阳:《私法视域下的中国征地补偿》,人民法院出版社 2011 年版,第 165 页。

权利主体的范畴可能暂时不具有可行性。但在当前的情况下，完全可以通过发展库区经济的方式来达到给予少数残存者补偿的目的。笔者非常认同韩国学者金东熙的解释，他认为对这种损失可以切实预测其发生，也可以比较具体地确定其范围。但是，地域经济活动的变化这种不确定因素对个人产生的影响基本不是损失补偿的问题，而是社会、经济政策性问题。因此，应当从这种观点谋求解决方案，这更现实一些。❶ 其实，在我国现行的水库征地补偿与移民安置法规中，已经提及对水库建设受影响群体的适当注意义务，其提出"对淹没线以上受影响范围内因水库蓄水造成的居民生产、生活困难问题，应当纳入移民安置规划，按照经济合理的原则，妥善处理。"❷

第二类就是因水库建设而被迫迁移的当地居民群体。从权利主体的视角出发，权利不仅包括个人权利，也包括集体权利。笔者认为水库移民补偿权不仅是一种个人权利，同时是一种集体权利，某种意义上它具有双重性。其中因水库建设而被迫迁移的当地居民个体是个人权利主体，他们单独拥有一定补偿范围内容的权利，比如移民个人享有的青苗费、地上附着物补偿费和搬迁费等。但在水库移民补偿中，很多补偿内容并不由水库移民个体直接享受。他们属于集体公共权利的范畴。所谓集体公共权利（Collective public right）指某个社会共同体组织（而不是其成员个人）的公权利。这是严格意义上的集体权利，它只属于作为一个整体的组织所享有，是整体或组织的公共权利而不是个体的私人权利。它不仅不能作量的分割，均等或不均等地量化为个人所有，也不能作质的变更，把公有权利变为个体共有权利或个人私有权利。这种集体组织虽然由个体组成，离不开个体，而且它最终也是为其个体服务的，但它所拥有的权利并非个体权利之和，而是与个体权利并存，又同个体权利有质的区别。❸ 在水库移民补偿中，所谓社会共同体就是指因水库建设而被迫迁移的当地居民群体。

---

❶ [韩]金东熙：《行政法Ⅰ（第9版）》，赵峰译，中国人民大学出版社2008年版，第421页。
❷ 《大中型水利水电工程建设征地补偿和移民安置条例》（国务院令第471号）第12条。
❸ 郭道晖："论集体权利与个体权利"，载《上海社会科学院学术季刊》1992年第3期，第51页。

（五）水库移民补偿的范围

补偿范围是征收补偿中最核心的一个问题。在不同的历史时期、不同的法域，人民对补偿范围的认知也呈现出不同理解。水电建设给水库移民造成了广泛的权利损失和不利益，但这些损失和不利益具体包括哪些？它们的大小决定着水库移民的受偿范围。而补偿范围大小的确立影响着水库移民的切身利益，补偿范围的不同把握关系到水库移民补偿权的实现程度。在普通的点、线（高速公路、铁路等）交通征收补偿以及城市拆迁补偿中，按照市场标准对土地、房屋以及地上附着物给予公平的补偿，在征收补偿理论上是可以立足的。但对于涉及大规模人口迁移和社会系统重建的水利水电工程建设征收而言，公平的补偿不仅仅是按照市场价值标准给予水库移民土地以及地上附着物等财产损失给予补偿，还会面临精神和生活权恢复等方面的补偿。

1. 财产权补偿

在水利水电工程建设中，对水库移民造成的最直观、最直接的损失便是财产损失，因此给予水库移民财产损失补偿是最通常也是比较没有争议的补偿范畴。水库移民财产损失补偿包括直接财产损失补偿和间接财产损失补偿。直接财产损失补偿，是指因为水电资源开发而导致的水库移民财产权利和权利依托的客体等实际减损。在当前的水库移民补偿立法中，除了复建补偿之外，基本上只规定了直接财产损失补偿。《大中型水利水电工程建设征地补偿和移民安置条例》第 16 条第 2 款规定："征地补偿和移民安置资金包括土地补偿费、安置补助费，农村居民点迁建、城（集）镇迁建、工矿企业迁建以及专项设施迁建或者复建补偿费（含有关地上附着物补偿费），移民个人财产补偿费（含地上附着物和青苗补偿费）和搬迁费，库底清理费，淹没区文物保护费和国家规定的其他费用。"❶ 但在水利水电工程建设中，移民除了遭受到直接财产损失外，还承受了一些间接的损失。水电资源开发地区的居民环境往往依山傍水，这种特殊的地位优势使他们拥有了"靠山吃山""靠水吃水"的资源用益权，当前这种权利是受到法律

---

❶ 《大中型水利水电工程建设征地补偿和移民安置条例》（国务院令第471号），2006 年 7 月 7 日颁布，2006 年 9 月 1 日起实施。

保障的。《物权法》第 118 条规定："国家所有或者国家所有由集体使用以及法律规定属于集体所有的自然资源，单位、个人依法可以占有、使用和收益。"❶ 在我国，水电资源开发区的移民相当一部分收入来源于渔业、草药采摘、旅游、养殖等非耕地开发，他们生活的周边自然资源给他们带来了可观的收益。但随着水电资源的开发，水库建设可能导致大量林地、草地以及独特的旅游资源被淹没或发生改变，从而给当地居民原来的重要收入来源带来负面影响。特别是当移民发生外迁时，其原来的用益资源收益丧失，如何保证原来生活水平不降低则成为一个极其现实的难题。❷ 重要的是，水电资源开发区的资源环境往往具有不可替代性，被迫迁移的居民可能再也找不到同样的地方。农地征收后用途一般会转为建设用地，其粮食安全保障价值和生态价值等外部性价值也随之丧失，补偿标准应体现外部性价值损失。❸ 遗憾的是，当前的水库移民补偿立法，包括一般法和专项法规没有对此损失作出相应的补偿回应。其实，在域外征收补偿立法中，间接损失补偿（包括残余地补偿、营业补偿等）往往是受到法律支持的。"由于水库建设致生村落之大部分被征收转移之结果，少数被残留之人失其生活基础，致生活困穷，时有所闻。关于此种少数残存之损失，因非征收之结果，在财产权补偿制度上，原则上不予补偿，但如放置不理，亦有违公平正义。故在最近日本法制上，亦承认对此须补偿其适当数额。"❹ 对于水库移民的资源用益权损失为何不能纳入立法补偿的范围呢？

2. 精神损失补偿

水库移民问题不仅是一个经济问题，也是一个政治、文化和社会等方面交织混杂的问题，这是众多的水库移民研究者和实务部门所达成的一个共识。这种共识引申到水库移民补偿上，便是水利水电工程的建设不仅给水库移民造成了巨大的财产损失，同时也带来许多无形的非物质性损失，因此水库移民补偿不能仅包括财产权补偿。正如莫于川教授论证行政补偿时所言："行政补偿的范围也不应局限于财产损害补偿，只要是出于公益考

---

❶ 2007 年《物权法》第 118 条。

❷ 李丹、郭万侦、刘焕永、张江军：《中国西部水库移民研究》，四川大学出版社 2010 年版，第 252 页。

❸ 朱晓刚："发展权视角下农地征收补偿研究"，载《农业经济问题》2014 年第 7 期，第 38 页。

❹ 叶百修：《损失补偿法》，新学林出版股份有限公司 2011 年版，第 247 页。

从"恩惠"到"开发权共享"：
水库移民补偿法研究

虑和公权力运用而导致行政相对人的特别牺牲都应给予补偿，包括一些合法期待利益、必然发生的利益损害、直接反射性和巨大辐射性的利益损害等等也应纳入补偿范围。"❶ 在某种程度上，相对于其他种类的行政补偿，水库移民对无形的非物质性损失补偿的期待尤为强烈。迈克尔·M. 塞尼认为大坝的修建会给移民带来如下问题："生产体系被破坏，生产性的财产和收入来源丧失；人们被重新安置到另一个可能使他们的生产技能不能充分发挥，而且资源竞争更加激烈的环境中；乡村原来的组织结构和社会关系网被削弱；家族群体被分散；文化特征、传统势力及潜在的互相帮助作用都减弱。"❷ 由此可见，水库的修建给移民至少带来三个方面的非物质性损失：（1）社会网的断裂。社会人类学认为人是生活在一定的社会网之中的。社会网是将社会中的个人视为点，人际关系视为线而连接社会网络中个人之间的关系，其结构和动态的过程，即是社会网概念的基础。社会网有两种基础：一是信息交流功能。个人利用社会网取得各种信息，如工作机会、介绍对象、生意往来等。二是社会互助功能。❸ 水电资源的开发建设导致移民原来的社会关系网络和社会结构遭到比较彻底的毁坏。这种毁坏带给水库移民的影响相对普通城镇移民而言，往往更大、更深远。因为大多数水库移民处于边远地区，他们还没有从"熟人社会"过渡为"陌生人社会"，对当地社会关系网络的生活依赖度更高。（2）生产模式和经济结构的损坏导致水库移民原来生活和生产技能失去效用。地域环境的不同，会导致不同的地方形成不同的生产模式和经济结构，而且特殊的自然生态环境有时会形成特定的经济结构和生产模式。这种特定的经济结构和生产模式也使当地居民形成相适应的生活和生产技能。水库移民原来生活的地方相对比较封闭，因此他们对当地的经济结构和生产模式具有更强的环境依赖性。水电建设破坏了当地的生产模式和经济结构，同时也导致水库移民的生活和生产技能无法发挥作用。许多人在安置区无法使用他们以前所掌握的技能，经济的边缘化常常伴随着社会和心理的边缘化，表现为社会地位的下

---

❶ 莫于川：《私有财产权的保护与行政补偿法制的完善》，载《浙江工商大学学报》2005年第2期，第10页。

❷ ［美］迈克尔·M. 塞尼：《移民与发展——世界银行移民政策与经验研究（一）》，河海大学出版社1996年版，第18页。

❸ 周大鸣：《现代都市人类学》，中山大学出版社1996年版，第276－277页。

· 50 ·

降，对社会和自身没有信心，不公平感以及极端脆弱。❶（3）文化损失。水电建设导致水库移民失去家园，这里的家园不仅指土地以及土地上钢筋土木架成的房屋等附着物，而且包含依附于这些载体上的长期形成的与当地居民融为一体的文化。它不仅包括当地长期形成的风俗习惯、宗教仪式、具有民族特色的建筑风貌等，而且包括寄托着水库移民感情的具有文化象征意义的标志物。对于以上三种损失，当前我国的相关立法中并没有给相应的回应。囿于精神损失可计算性的困难，域外对精神损失补偿也存在着较大的争议，但随着民主法治的不断推进，人权理念广泛传播，这种状况也在逐渐发生变化，尤其是在大规模的工程移民领域。正如一位韩国学者所言，如果由于水坝等建设，一个以上的村落共同体被破坏时，超越了对该土地等主观的价值观或者对感情等的侵害范围，因此该共同体的相互辅助机构本身被破坏，那么至少在这种情况下，应当探索相应于它的合理的补偿方案。❷面对真实存在的水库移民精神损失，在强调以人为本的时代背景下，我们怎能再无动于衷呢？既然民法中已规定精神损失赔偿、国家赔偿法中也规定精神损害赔偿，为什么不能为把水库移民精神损失补偿纳入立法范围呢？

3. 生活（权）补偿

生活（权）补偿是水利水电工程建设移民中一种比较特殊的补偿内容，相对传统的以土地、劳动等市场计算为基础的损失补偿而言，它是一种现代的新的补偿问题。在日本，生活（权）补偿又称为生活再建补偿或生业补偿。❸ 第二次世界大战后，日本为了开发利用水电资源、振兴经济，修建了众多的大坝和水库，这导致不少居民离开世代居住的家园。由于日本采取比较妥善的补偿安置措施，使得水库移民能够顺利地安居乐业。日本水库移民补偿的成功经验在于，它不仅着眼于水库移民个人财产的补偿，而且非常重视水库移民作为整体的生活恢复和设计的补偿。从沿革上看，损失补偿曾经是关于财产权的补偿。所以，从实现公平负担的理念这一观点来看，只要该补偿对财产权的价值采取等价交换的原则就可以了。然而，

---

❶ [罗马尼亚] Michael M. Cernea："风险、保障和重建：一种移民安置模型"，郭建平、施国庆译，载《河海大学学报（哲学社会科学版）》2002年第2期，第6页。

❷ [韩] 金东熙：《行政法I（第9版）》，赵峰译，中国人民大学出版社2008年版，第420页。

❸ [日] 盐野宏：《行政救济法》，杨建顺译，北京大学出版社2008年版，第255页。

现在出现了仅靠这种交换价值的补偿，无法调整征用前和征用后之不均衡的状况。例如，在山村中建设水库的情况，被收用的虽说是个别财产，但是，作为整体而形成的社会生活同时遭到破坏。在这种情况下，仅对财产予以补偿，还有无法得到补偿的内容。此外，即使关于个别的财产，如果仅以其评价的话，存在着离开山村的其他场所无法进行相同水准的生活的情况。因此，作为补偿的内容，除了财产评价这一和以前相同的问题以外，还存在着必须考虑生活再建措施等新内容的补偿（补偿内容的问题）。❶ 为了合理地解决水库移民补偿问题，日本出台了一系列的相关法律，包括"取得公共用地的损失补偿标准纲要""实施公共事业的公共补偿标准纲要"和"水源地区对策措施法"等。其中"水源地区对策措施法"特别规定了水源地区的生活再建措施和内容。自1979年起，日本在直辖坝的大坝建设费中设立"生活再建措施费"。"生活再建措施费"的概要见表1.1和表1.2❷。

表1.1 生活再建措施费的内容

类 别	实施内容
生活实态调查	对淹没者的收入形态、家庭构成、生活圈等的调查
生活再建意向调查	对淹没者希望的移民地点、替代土地、改换职业等有关生活再建意向的调查
生活再建计划	对与淹没者生活再建有关的农林渔业的振兴等生活再建计划的调查
替代土地计划	对淹没者的替代土地的位置、规模、附属设施等的研讨
生活再建先例的实态调查	对先例坝的淹没者的生活再建实态的调查参观
说明会经费	有关生活再建的说明会所需要的经费
生活再建谈判	进行与淹没者的移民地点、替代土地、改换职业等生活再建有关的谈判以及谈判所需要的各项经费
改换职业的措施	关于淹没者改换职业的目标的调查以及依靠大坝建设者、根据地方公共团体的规定、制度对淹没者进行职业训练
替代土地的斡旋	关于淹没者的替代土地的斡旋所需要的经费

---

❶ [日]盐野宏:《行政救济法》,杨建顺译,北京大学出版社2008年版,第244-245页。
❷ 能源部、水利部水利电力信息研究所、水利部移民办公室编:《国外水库移民安置与补偿》,1994年印行,第130页。

表 1.2　事业费　　　　　　　　　　　　　　　　　　单位：百万日元

年份	1979	1980	1981	1982	1983	1984	1985	1986	1987	1988	1989	1990（预计）	1991（预计）
事业费	154	242	266	285	339	352	440	457	477	509	531	523	677
大坝数目	14	19	23	27	31	34	39	41	44	45	42	43	45

需要注意的是，在日本立法和裁判实务中，"生活（权）补偿"仅被视为一种"努力义务"，并没有视为一种独立的请求权基础。❶ 当然，日本权威理论研究者认为生活（权）补偿是现代性补偿的问题，作为独立的裁判请求权是有宪法根据的。即关于《宪法》第 29 条第 3 款财产权补偿的公平负担的观念和《宪法》第 25 条维持国民生活的理念相结合的话，可以认为，对生活权补偿的抽象性的宪法根据论是存在的。❷ 在韩国，生活（权）补偿也被视为是一种相对于传统财产权补偿的新的补偿内容。以往的补偿把对每个财产权的补偿作为内容。但是伴随着水坝建设出现淹没等情况，多数居民同时迁居是不可避免的，因为这些迁居者们被剥夺所有财产权，失去以往的生活基地，所以对他们的补偿是为了在新的环境中开始生活的总体金额。于是补偿者所关心的是重新开始生活的补偿总额，而不是对每个财产权的代偿。这是对个人生活再建所需总金额的补偿内容的问题，在这种意义上，可以说是对人主义（属人主义）补偿，与以往的对物主义（属物主义）的补偿有对立的含义。❸ 当然，在韩国，广义上的生活（权）补偿又被称为生活再建措施，生活再建措施涵盖国家为了有效利用补偿金而对水库移民的支援、职业、税收优惠等所有措施。这种生活再建措施，其本身与生活补偿没有直接关系。但是这个制度一定程度上弥补了对现在

---

❶ 1973 年的《水源地区对策特别措施法》第 8 条规定：相关行政机关的首长、相关地方公共团体、大坝的建设者、水源地区整备规划下事业（整备事业）的实施者，对大坝建设或整备事业实施后失去生活基础者，有必要实施下列生活重建措施，要基于本人的申请，协调实施生活重建措施：①取得宅地、开发后可作农地的土地及其他土地，②取得宅地、店铺及其他土地，③职业介绍、指导或训练，④因没有合适土地而搬迁至环境不好土地时的环境改善。关于该法规定的生活重建措施，值得注意的是不仅指大坝建设，还包括整备事业实施后的失去生活基础者。另外，同法第 8 条的规定一般被认为是倡导性规定（"岐阜地判昭 55·2·25 行集 31·2·184"）。[日] 宇贺克也：《国家补偿法》，肖军译，中国政法大学出版社 2014 年版，第 412－413 页。

❷ [日] 盐野宏：《行政救济法》，杨建顺译，北京大学出版社 2008 年版，第 256 页。

❸ [韩] 金东熙：《行政法Ⅰ（第 9 版）》，赵峰，中国人民大学出版社 2008 年版，第 417 页。

生活一般没有被认定的情况下的损失补偿的缺陷。❶

对照日、韩的生活（权）补偿，我国在水电资源开发建设移民补偿中也有类似的规定和提法。《大中型水利水电工程建设征地补偿和移民安置条例》第3条规定："国家实行开发性移民方针，采取前期补偿、补助与后期扶持相结合的办法，使移民生活达到或者超过原有水平。"其实无论是"开发性移民"抑或"使移民生活达到或者超过原有水平"❷都在强调国家对水库移民生活再建和恢复提高的关注和支持。而且中国官方政治话语中，"搬得出、稳得住、能致富"一直被作为推动水库移民顺利开展的重要宣传口号和实施策略。这种政治上的宣示和法律上的原则确认无疑体现了我国水库移民征地补偿理念的进步，一定程度上也回应了"以人为本"的时代价值。当然，我国在水库移民补偿方面离真正建立生活（权）补偿制度还存在一定的差距。虽然为了恢复提高水库移民的生活水平，我国制定的相关法律法规规定了一些具体生活再建措施❸，国家也采取了针对水库移民的一系列优惠措施（后期扶持等）。但在"重工程、轻移民"的水库移民补偿理念没有彻底清除之前，在当前水库移民补偿标准依然低迷的情况下，这些生活再建措施只能体现为国家对水库移民的亏欠弥补和额外恩赐。而且实质上我国当前采取的生活再建措施更接近于韩国广义生活（权）补偿的内涵，它们大多数是为了有效利用补偿金而采取的优惠措施。

三、水库移民补偿法律关系的性质

这里论及的水库移民补偿法律关系的性质，主要是指它到底属于私法关系，还是属于公法关系，抑或属于第三种性质的法律关系。在笔者看来，水库移民补偿属于公益征收补偿的一种，因此在认知水库移民补偿法律关

---

❶ ［韩］金东熙：《行政法Ⅰ（第9版）》，赵峰，中国人民大学出版社2008年版，第419页。

❷ 《大中型水利水电工程建设征地补偿和移民安置条例》（国务院令第471号），2006年7月7日颁布，2006年9月1日起施行。

❸ 《长江三峡工程建设移民条例》（国务院令第299号）第52条、第53条和第54条分别规定："国务院有关部门和有关省、自治区、直辖市应当按照优势互补、互惠互利、长期合作、共同发展的原则，采取多种形式鼓励名优企业到三峡库区投资建厂，并从教育、文化、科技、人才、管理、信息、资金、物资等方面对口支援三峡库区移民。""国家在三峡库区和三峡工程受益地区安排的建设项目，应当优先吸收符合条件的移民就业。""国家对专门为安置农村移民开发的土地和新办的企业，依法减免农业税、农业特产农业税、企业所得税。"

系之前，可先来扫描一下公益征收补偿的法律性质。

(一) 征收补偿的法律性质

在许多德国学者看来，征收与补偿是内在统一的结合体，征收的性质决定补偿的性质。进一步而言，凡主张公益征收具有公法性，同时也会主张补偿的公法性；反之亦然。笔者认为虽然征收与补偿具有"唇齿关系"，但不能由此而否定补偿的独立性，不能因为公益征收的性质而简单推理出补偿的同一性质。目前，关于征收补偿性质的理解存在着多样化的状态，归纳起来可以概括为三种观点。

1. 公法说

当前大多数学者把征收补偿作为国家补偿的重要类型，从国家补偿角度论证征收补偿，因此总体而言征收补偿具有公法性质占据主导地位。比如胡锦光等人认为："行政补偿的性质是行政主体公法上的义务。"[1] 司坡森认为："国家补偿责任属于公法责任范围，民事责任属于私法范畴，二者有本质的区别。"[2] 石佑启认为："从性质上看，补偿是国家所负有的一种公法上的义务。"[3]

2. 私法说

主张征收补偿私法性的最著名学者当属罗豪才教授，他认为："行政补偿是例外的民事责任，并不是对国家行政行为的责难。"[4] 民法学者蒙晓阳不仅对征地补偿公法性的观点给予批判，更是旗帜鲜明地提出了征地补偿私法性的观点，它指出："以往误认为征地补偿制度是公法制度时，自然主要按公法理念进行制度设计，即便从私法的角度看存在补偿主体错位、补偿原则不适当、补偿标准过低、补偿程序已变相剥夺部分被征收主体的合法权利等诸多问题……一旦认清征地补偿具有私法性质，征地补偿制度乃是私法制度，则须以私法理念为主设计制度。"[5] 除此之外，一些年轻的研究者也曾提出了类似的观点，如有人认为："征收补偿，是一种特殊的民事

---

[1] 胡锦光、杨建顺、李元起：《行政法专题研究》，中国人民大学出版社1998年版，第386页。
[2] 司坡森：《论国家补偿》，中国法制出版社2005年版，第8-9页。
[3] 石佑启：《私有财产权公法保护研究：宪法与行政法的视角》，北京大学出版社2007年版，第156页。
[4] 罗豪才主编：《行政法学》，北京大学出版社1996年版，第332页。
[5] 蒙晓阳：《私法视域下的中国征地补偿》，人民法院出版社2011年版，第129页。

补偿。因为征收补偿法律关系中，补偿的主体是征收申请人，接受补偿的一方是被征收人。即使在征收申请人为公权机关的情况下，双方的法律地位也是平等的。征收补偿的依据虽然是法定的，但是征收补偿的数额是可以经由当事之间的合意而达成的。"[1] 从目前的研究态势来看，私法说属于小众说，在征收补偿研究领域并没有引起太多的共鸣和关注。

3. 复合性质说

在我国，有学者从论证土地征收的性质角度，提出征收补偿是一种具有综合性质的行为。本来在土地征收的实施过程中，补偿数额的确定及补偿款的支付行为应当只是经济法行为的落实，当双方当事人对补偿数额的确定及补偿款的支付发生争议，提出民事诉讼时，应当会凸显出经济法行为。但是，在实际的诉讼中，由于双方当事人将注意力集中在补偿数额应当是多少的事实问题及补偿款应当如何支付的问题上，凸显出来的是民事行为，而容易忽视作为判断民事行为是否合法的经济法行为的存在。[2] 房绍坤等人认为："公益征收法律关系兼具公法和私法交融的性质，属一种混合性法律关系。因此，我们在此主张，征收补偿同样具有混合性质，既具有公法上补偿的性质，又具有私法上补偿的性质。"[3] 学者黄东东认为："公益征收补偿既不是行政补偿，也不属于民事赔偿。公益征收补偿实质是利益的平衡和协调问题，无论是国家、企事业单位、公民个人都应当对社会发展负责，片面强调某一种利益，都会使利益的天平失衡。"[4] 以上众多表述，实质上都是基于经济法的独立性为前提，其实通俗一点也可以把它们归结为"经济法性质说"或"社会法性质说"。

(二) 水库移民补偿法律关系的性质

上述征收补偿性质的论述为我们认知水库移民补偿法律关系的性质提供了良好素材，但水库移民补偿毕竟是一种非常特殊的征收补偿类别，对此客观认知不能仅停留在征收补偿的一般性质层面的理解上。征收补偿发

---

[1] 陈波："征收法律关系主体研究"，东南大学2008年硕士学位论文，第33页。
[2] 邹爱华、符启林："论土地征收的性质"，载《法学杂志》2010年第5期，第4页。
[3] 房绍坤、王洪平：《公益征收法研究》，中国人民大学出版社2011年版，第338页。
[4] 黄东东："公益征收之补偿——兼论三峡工程移民补偿"，载《重庆三峡学院学报》2004年第3期，第70页。

生原因的不同也会影响到征收补偿具体类型的法律关系模式。

1. 水库移民补偿义务主体

客观认知水库移民补偿法律关系的性质，首先必须厘定水库移民补偿的义务主体。当前理论研究上，关于水库移民补偿义务主体的认知还存在一定模糊性和争议性。在计划经济时代，水资源建设以及水库移民是国家计划的重要内容，国家是水电资源开发的唯一投资主体，因此水库移民补偿与安置标准虽然很低，也很随意，但国家作为补偿义务的唯一主体是没有任何争议的。随着水电资源开发投资主体的多元化发展，国家也不再是水利水电工程建设的唯一投资主体。为了明晰责任，我国相关法律规定水利水电工程建设需要成立独立的项目法人，于是项目法人便成了水利水电工程建设名义上的投资主体。项目法人制对于推动水电资源的开发建设发挥了巨大作用，但也给移民补偿义务主体的认定带了一系列困惑。有学者认为，项目法人既然是法律上的投资主体，按照"谁投资、谁受益、谁负责"的原则，它就是当然的水库移民补偿义务主体。三峡工程建设早期移民补偿立法实质就是持这种观点，1993年旧的《长江三峡工程建设移民条例》第21条规定："三峡工程移民经费从三峡工程总概算中划出，直接纳入国家计划、专款专用，不得挪作他用，具体办法另行规定。"❶国务院三峡工程建设委员会移民开发局进一步在《长江三峡工程库区移民资金管理暂行办法》第2条明确规定："三峡工程移民资金（以下简称移民资金）是专项安排的用于三峡工程水库淹没处理及移民安置的投资，是三峡工程总投资的组成部分，由中国长江三峡工程开发总公司统一负责筹措和偿还。移民资金的使用，以国家批准的三峡工程水库淹没实物指标补偿标准和移民投资概算（含修正概算）的内容为依据，并严格按照批准的计划执行。"❷根据以上法规和规范性文件的规定，作为项目法人的"长江三峡工程开发总公司"成为三峡水库移民的补偿主体。但随着三峡工程移民的大规模展开，国家也认识到对于一个项目法人而言，无法承受水库移民补偿安置之重。这种早期的水库移民补偿主体的立法模式并没有延续多久，2001年新

---

❶《长江三峡工程建设移民条例》（国务院令第126号），1993年6月29颁布，1993年6月29日起实施，2001年3月1日废止。

❷《长江三峡工程库区移民资金管理暂行办法》（〔1993〕国峡移发第9号），国务院三峡工程建设委员会移民开发局1993年5月29日颁布实施。

修订的《长江三峡工程建设移民条例》对水库移民补偿的主体作出了修改，其在第7条提出："国家对三峡工程建设移民依法给予补偿。具体补偿标准由国务院三峡工程建设委员会移民管理机构会同国务院有关部门组织测算、拟订，报国务院批准后执行。"❶ 这种补偿主体的立法模式在2006年新的《大中型水利水电工程建设征地补偿和移民安置条例》中得到进一步确认，其在第3条规定："国家实行开发性移民方针，采取前期补偿、补助与后期扶持相结合的办法，使移民生活达到或者超过原有水平。"❷

立法上对国家补偿义务主体的确认并没有终结理论上的争议。尤其随着水资源开发体制的不断市场化以及新时期水库移民问题日益凸显化，有学者提出了这些问题解决的关键就是实行移民补偿项目法人化完全负责制。诚如移民干部陈联德在接受采访时所言："从水库移民遗留的问题来看，'安置'是核心，是要害。移民能否安顿、安置好，是关系到整个社会是否安稳的大局。实行业主负责制，把移民工作当成工程建设的有机组成部分，可解决水库工程和水库移民'两张皮'的问题。移民由业主单位直接负责或委托社会公司代理。补偿资金由业主按迁建进度直接拨给淹没单位与移民户。"❸ 当然，这种论断也得到了德国行政法学者毛雷尔的理论印证。毛雷尔认为："义务人是因补偿而受益的行政主体，其任务因征收而得到执行。如果是有利于私人的征收，受益的私人承担补偿义务。如果是多个行政主体或私人企业受益，他们是共同补偿义务人。"❹ 如果仔细分析我们可以发现，其实毛雷尔的补偿主体认定理论完全是立足于"谁受益、谁补偿"之基础理论的。但是，笔者认为毛雷尔的理论无法承担认证水库移民补偿义务主体的重任。首先，适用"谁受益、谁补偿"之理论来确定水库移民补偿经费的具体承担主体是可行的，但由此认为作为投资主体的项目法人就是补偿义务主体是不妥当的。其实在水电资源开发过程中，受益主体不仅包括投资者，也包括因为水利水电工程建成后而得益的地区和人群。水利水电工程建设往往会造成一部分人受损、一部分人受益，这种受损群体

---

❶ 《长江三峡工程建设移民条例》（国务院令第299号），2001年2月15日颁布，2001年3月1日起实施。

❷ 《大中型水利水电工程建设征地补偿和移民安置条例》（国务院令第471号），2006年7月7日颁布，2006年9月1日起实施。

❸ 岳非丘：《安民为天——三峡工程百万移民的历史启示》，重庆出版社2007年版，第308页。

❹ ［德］哈特穆特·毛雷尔：《行政法总论》，高家伟译，法律出版社2000年版，第698页。

第一章 水库移民补偿之理论展开

与受益群体在一定程度上存在交叉，但更多的是分离，这样就常常引发一些社会问题。解决这些问题的关键在于如何分配这种资源优化配置所带来的增值部分，这就存在经济学所说的卡尔多－希克斯效率改进。卡尔多－希克斯效率改进有三层含义：卡尔多－希克斯效率改进是以全社会的利益最大化为目标的；某一地区的利益所得是以另一地区的利益损失为代价的；由于前两点原因，政策受益地区应向利益受损地区进行经济补偿。经济学中把这种情况称为"补偿原理"，操作上体现为补偿机制。[1] 其次，无论从能力抑或保障力而言，在中国任何单纯的项目法人都无法完全承担起使水库移民达到恢复乃至超越原来生存状态的目标。正如一学者所言："水库工程的社会、历史价值和意义，远非一般工程可以比拟，它的直接后果将是彻底改变整个库区的生态结构、资源结构、社会结构、区域经济结构以及社会生产力的布局，这一事实已经远远超出了一般工程技术行为对其后果进行赔偿或补偿的民事责任范围。水库工程建设本身是一个纯技术问题，而移民安置、项目迁建则从属于由纯技术问题所引发的生态问题、环境问题和经济、社会、文化问题，其中所包含的社会责任和历史责任显然已大大超出了一个企业的责任能力范围。应由政府来承担移民赔偿（补偿）法律关系的主体，移民资金应同工程概算、总投资脱钩，由政府负责筹措和偿还。"[2] 更为重要的是国家因其拥有的公权力可以让补偿权利主体产生较强的信赖感和强制保证力。"也许由用地单位直接与被征收人发生补偿法律关系，省却了国家这个'中间人'环节，可以使程序更加简洁。然而这是背离法律基本精神的，因为一定的行使和必要的程序恰恰是法律生命力之所在！在我国，以国家作为补偿义务主体还可以借助国家强制力来保证补偿费不致久拖不决而影响被征收人的生产生活。"[3] 最后，在我国的征收补偿实践中，行政权一直是最强大的主导力，在此背景下，如果把水库移民补偿义务主体设定为水库业主，极易引发行政权选择性行政的出现，极易导致对行政权力的真实存在的掩盖和扭曲。"把拆迁、补偿等义务交给征收

---

[1] 朱东恺、施国庆、潘玉巧："我国水利水电工程移民利益补偿机制改革思路及建议"，载《中国软科学》2006年第1期，第28页。
[2] 崔广平："论水库移民补偿、公平价值和立法"，载《水利发展研究》2003年第8期，第15页。
[3] 王太高：《行政补偿制度研究》，北京大学出版社2004年版，第205页。

后的土地利用人，在征收制度建设上丧失了形成'行政权力——私权利'对抗机制的机会，以征收之民事化蒙蔽了行政权力的运行痕迹。"❶

2. 水库移民补偿关系的法律性质

以上分析表明，在水库移民补偿法律关系中，国家始终是补偿义务主体。由此，是不是可以得出水库移民补偿法律关系的公法性呢？对此，有关学者曾提出了不同的看法。有学者认为我国水库移民法律关系的性质不是以"个人权利本位"为主旨思想的民事法律关系，也不是以"行政权力本位"为主旨思想的行政法律关系，而是以"社会权利本位"为主旨思想的经济法律关系。❷ 也有学者认为水库移民补偿法律关系是典型的民事法律关系。因为在他们看来，征地补偿法律关系中包含的利益以私人利益为主，公共利益绝不可能占主要成分；依据改良后的"利益说"，征地补偿法律关系应主要属于私法关系。❸ 但笔者认为，无论是从实然或应然层面，水库移民补偿法律关系的法律性质始终属于公法关系。

其一，实然层面。从当前的《土地管理法》和《大中型水利水电工程建设征地补偿和移民安置条例》来看，在水库移民征地补偿法律关系中，国家始终扮演着威权"家长"的角色，行政主体强力主导着法律关系启动、运行和结束。无论实质上水库建设是否有力地推进了水库移民利益的增长，但在法律表象上公共利益始终是其追求的官方话语。因此，现行的制度安排和制度实践都决定了水库移民利益补偿关系的公法属性。

其二，应然层面。当然，水库移民利益补偿的历史与现实困境显示，无论是《土地管理法》，抑或《大中型水利水电工程建设征地补偿和移民安置条例》都面临着亟待修改和完善的问题，其中如何改变政府的"家长主义"作风将是立法修改的重点问题。从现代社会人权、法治的发展趋势来看，未来水库移民法的修改，应该以全面保护水库移民的权益为旨向，以满足水库移民的发展权利需求为导向，而且会强调水库移民在征地补偿中的主体意识。基于当前公法私法化的发展趋势，同时考虑到西方部分国家公益征收补偿私法运作的制度安排，私法因子在将来立法修改中的融入已

---

❶ 王蕴波、王福友："论物权征收的实质"，载《北京师范大学学报（社会科学版）》2012年第2期，第91页。
❷ 王慧："浅析水库移民法律关系的性质"，载《中国三峡建设》2004年第3期，第33页。
❸ 蒙晓阳：《私法视域下的中国征地补偿》，人民法院出版社2011年版，第127页。

成为必然。"美国学者朱迪·弗里曼所描绘的西方现代行政和行政法则完全是另一番图景：'公''私'不分，公中有私，私中有公。私方相对人不仅可以参与公务，而且可以承包公务；政府执行公务不仅可以和应该通过听证会、论证会等听取行政相对人意见，而且可以与相对人讨价还价，达成交易。"❶ 近年来，在我国的征收补偿立法实践中，这种新行政法的理念已得到体现。经过广泛的社会争辩和意见征询，2011年国务院出台了具有里程碑意义的《国有土地上房屋征收与补偿条例》❷，相比2001年的《城市房屋拆迁管理条例》❸，该条例突出强调征收补偿中的正当程序价值，强调征收补偿的市场化运作方式。当然，该条例在融入市场化平权协商因子的同时，也更加强调了对公共利益的维护，并把原来的征收补偿关系由民事法律关系转化为了行政法律关系。条例立法内容的这种转变一方面因应了公法私法化的时代背景，另一方面也对私法因素大量注入后法律关系性质给予了初步的注解，同时也隐晦地表达了对先前征收补偿性质民事化的态度。基于此，我们可以很容易推导出未来水库移民征地补偿法修改的方向，我们不能因私法因素的大量融入而覆盖行政权的运行轨迹，更不能因强调个体权利的弘扬而忽视行政公权与私权对抗的客观存在。

---

❶ ［美］朱迪·弗里曼：《合作治理与行政法》，毕洪梅、陈标冲译，商务印书馆2010年版，姜明安作序第Ⅵ页。
❷ 《国有土地上房屋征收与补偿条例》（国务院令第590号），2011年1月21日公布，2011年1月21日起实施。
❸ 《城市房屋拆迁管理条例》（国务院令第305号），2001年6月13日公布，2001年11月1日起施行，2011年1月21日废止。

第二章 历史追溯和现实解构：
水库移民补偿权利保障困境的制度透视

一、我国水库移民征地补偿制度变迁

在我国，水库移民作为一个巨大的难题，不仅体现在当前水库移民征迁补偿的矛盾纠葛和复杂多样方面，也体现在水库移民遗留问题的影响长远和任务繁重等方面。揭开水库移民历史遗留问题的神秘面纱，感知水库移民补偿权利贫困的制度性根源，需要我们了解水库移民补偿政策与法律变迁的历史。

（一）水库移民补偿权保障的"蒙昧"时期（1949—1982年）

1949年10月1日，随着新中国的成立，国家进入了修复重建的伟大时期。此时的中国，在废除了国民党的六法全书之后，正处于法制饥荒时代。这种法制的整体危机也必然影响着水库移民补偿的权利保障。同时，此时的中国，经历了众多历史事件的洗礼，比如"社会主义改造""人民公社化""文化大革命"等，这些事件改变了中国的政治、经济和文化生态环境，当然也打破了刚刚起步的移民补偿法制化的良好局面。这一时期，国家没有为水库移民专门立法，水库移民主要依据宪法、一般法律和政策广泛开展，尤其是政策发挥着巨大的作用。此时的中国处于高度集中的计划经济时代，水库移民征地补偿也表现出了很强的政治依附性和高度的计划性，而且由于此时政治环境的激烈变动，水库移民征地补偿也呈现出多样化的状态。由于水库移民征地补偿涉及土地权益的补偿，水库移民征地补偿与土地权属、土地制度紧密相连，因此不同的土地制度可能导致水库移民补偿会呈现不同的补偿样态，1949—1982年期间中国土地制度发生了数次变迁，基于社会主义改造和政治环境的变化，可把这一时期分为两个

第二章 历史追溯和现实解构：水库移民补偿权利保障困境的制度透视 ◆

时段。

1. "低补偿，重安置"的低度计划时期（1949—1957年）

解放后，国家面临着经济发展和自然灾害治理的双重挑战，尤其是各种水灾严重影响了老百姓的生活和经济的发展。1950年夏季淮河发生严重水灾，毛泽东主席连续4次作出重要批示，要求尽快治理淮河。在周恩来总理的亲自领导下，同年8月政务院召开第一次治淮会议，作出治理淮河的决定，制定"蓄泄兼筹"的治淮方针。1950年10月14日，中央人民政府政务院发布《关于治理淮河的决定》。❶治淮也成为中国大规模水利水电工程建设的开端。这一时段，我国修建了官厅、薄山、南湾、大伙房、二龙山、梅山等共30多座大型水库，搬迁移民约100多万人。❷

（1）宪法背景。宪法是财产征收补偿专门立法的依据，宪法规定和宪法精神影响着征收补偿法律、法规及政策的走向。此时段，国家先后出台宪法性文件《中国人民政治协商会议共同纲领》（以下简称《共同纲领》）❸和"五四宪法"（1954年制定的《宪法》简称）。其中《共同纲领》作为新中国成立后的第一个宪法性文件，其主要任务是巩固和保护革命成果，并继续完成新民主主义革命的任务。"中华人民共和国必须取消帝国主义国家在中国的一切特权，没收官僚资本归人民的国家所有，有步骤地将封建半封建的土地所有制改变为农民的土地所有制，保护国家的公共财产和合作社的财产，保护工人、农民、小资产阶级和民族资产阶级的经济利益及其私有财产，发展新民主主义的人民经济，稳步地变农业国为工业国。"❹《共同纲领》虽然对公民财产给予了阶级性的不同保护规定，但并没有对财产征收补偿给予任何规定。"与此同时，此共同纲领更可以说是一个政治性文件。政治性过强，对规定公民基本权利的条文由于过渡时期国家忙于巩固国家政权，镇压反革命，抗美援朝，'三反'，'五反'的政治任务给忽略掉了，这也为以后宪法条文上有公民权利但现实中的保护公民权利意识的缺

---

❶ "中央人民政府政务院发关于治理淮河的决定"，载《河南政报》1950年12月27日。
❷ 水库移民是个非常复杂的工程，在当时的情况下，移民数据的统计很难精确。统计资料来源于中华人民共和国水利部：《水库移民工作手册》，新华出版社1992年版，第782-803页。
❸ 《中国人民政治协商会议共同纲领》，1949年9月29日中国人民政治协商会议第一届全体会议通过。
❹ 《中国人民政治协商会议共同纲领》第3条，1949年9月29日中国人民政治协商会议第一届全体会议通过。

乏又缺乏重视埋下了伏笔。"❶

在新中国"胜利地进行了改革土地制度、抗美援朝、镇压反革命分子、恢复国民经济等大规模的斗争"❷之后，中华人民共和国第一届全国人民代表大会第一次会议，在1954年9月20日通过了第一部社会主义性质宪法，即"五四宪法"❸。它规定："国家为了公共利益的需要，可以依照法律规定的条件，对城乡土地和其他生产资料实行征购、征用或者收归国有。"❹相比共同纲领，这无疑是个巨大的进步，但遗憾的是，该宪法并没有对公民财产征收补偿给予进一步规定。由此可以推断，即使政府在政策上非常重视水库移民补偿问题，在这种宪法背景下水库移民补偿权利保障注定是无法保证的。

（2）法律和政策背景。新中国成立后，国家领导人深切地认识到工业化建设对摆脱国家贫穷面貌的重要意义，工业化意味着大量的水电工程、工厂、城建工程的开工建设，为了解决经济发展过程的财产征用补偿等问题，政务院于1953年制定了《国家建设征用土地办法》❺，该办法成为当时规范经济建设中所有征地补偿问题的行政法规。在缺乏水库移民专项法律法规的情况下，它亦成为水库移民征地补偿的主要依据。它规定国家建设征用土地的基本原则是："既应根据国家建设的确实需要，保证国家建设所必需的土地，又应照顾当地人民的切身利益，必须对土地被征用者的生产和生活有妥善的安置。凡属有荒地、空地可资利用者，应尽量利用，而不征用或少征用人民的耕地良田。凡属目前并不十分需要的工程，不应举办。凡虽属需要，而对土地被征用者一时无法安置，则应俟安置妥善后再行举办，或另行择地举办。"❻新中国成立之初，我国土地存在国家公有和个人私有两种情形，征地补偿主要针对个人私有土地和财产。该办法针对土地

---

❶ "《中国人民政治协商会议共同纲领》的制定与实施"，载求是理论网，http://www.qstheory.cn/dd/2011/xftszy/201104/t20110428_78731.htm。

❷ 1954年《宪法》序言，1954年9月20日颁布，1954年9月20日实施，1975年1月17日失效。

❸ 1954年《宪法》，1954年9月20日颁布，1954年9月20日实施，1975年1月17日失效。

❹ 1954年《宪法》第13条，1954年9月20日颁布，1954年9月20日实施，1975年1月17日失效。

❺ 《国家建设征用土地办法》，1953年12月5日发布，1953年12月5日执行。

❻ 《国家建设征用土地办法》第3条，1953年12月5日发布，1953年12月5日执行。

第二章 历史追溯和现实解构:水库移民补偿权利保障困境的制度透视

性质的不同采用区别对待的补偿模式,其中对农地的补偿,它规定:"被征用土地的补偿费,在农村中应由当地人民政府会同用地单位、农民协会及土地原所有人(或原使用人)或由原所有人(或原使用人)推出之代表评议商定之。一般土地以其最近三年至五年产量的总值为标准,特殊土地得酌情变通处理之。如另有公地可以调剂,亦须发给被调剂土地的农民以迁移补助费。"❶ 而对城市市区内的土地,只有在属于农民自耕的农地时才能依据以上规定获得补偿,对于城市市区内的其他私有土地采取无偿剥夺的方法加以征收,该办法采取了两种不同的补偿方式。该办法第17条规定:"凡因国家建设的需要,在城市市区内征用土地时,地上的房屋及其他附着物等,应根据当地人民政府、用地单位及原所有人和原使用人(或原所有人和原使用人推出之代表)会同勘定之现状,按公平合理的代价予以补偿。地基与房屋的产权同属一人者,地基部分不另补偿;分属两人者,视地基所有人的生活情况酌情补偿之。市区内的空地得无偿征用。地主在市区内出租的农地得无偿征用,但对租种此项土地的农民,应对其在此项租入土地上的农作物及附着物等按第八条第二项的规定予以补偿。征用农民在市区内自耕的农地时,补偿办法按第八条规定办理。"❷ 对于征收的土地之外的其他私有财产,该办法要求给予公平合理的补偿。该办法第8条第2款规定:"对被征用土地上的房屋、水井、树木等附着物及种植的农作物,均应根据当地人民政府、用地单位、农民协会及土地原所有人和原使用人(或原所有人和原使用人推出之代表)会同勘定之现状,按公平合理的代价予以补偿。"❸ 针对水库移民的复杂性,同时也为了减少水电工程的后遗症,推动水电工程的顺利建设,1953年水利部发布了关于水库移民的第一个重大政策声明规定:兴修水利或开辟蓄洪区应尽可能在少迁移人口的原则下,必须保证被迁移人口的生活水平不低于迁移前的水平,在迁移时尽可能由政府发给足够的迁移补偿费,尽可能做到不损害接受移民地区的群众利益,同时要进行艰苦的思想政治工作,做到对新来户不排挤、不欺生。❹

---

❶《国家建设征用土地办法》第8条,1953年12月5日发布,1953年12月5日执行。
❷《国家建设征用土地办法》第17条,1953年12月5日发布,1953年12月5日执行。
❸《国家建设征用土地办法》第8条第2款,1953年12月5日发布,1953年12月5日执行。
❹ 朱东恺、施国庆:《水利水电移民制度研究——问题分析、制度透视与创新构想》,社会科学文献出版社2011年版,第78页。

（3）主要特点。这一时期水库移民工作虽然缺乏完善法制的调整，但由于战后的中国老百姓一方面没有多少财产和财产权观念，另一方面政府和老百姓都沉浸在建设社会主义新中国的巨大情绪之中，彼此能够"相濡以沫"，因此该时期的移民遗留问题并不突出。该时段水库移民征地补偿的主要特点如下。

① 重安置与低补偿。其中水库移民的补偿范围包括土地补偿费、迁移补助费、地上附着物补偿费等，而一般土地补偿费的补偿标准仅为最近土地年产值的3～5倍。而且，这一时期的移民补偿投资占工程总投资比例很小，据统计这个时期的移民补偿投资占工程总投资仅为5.4%。❶ 当然为了弥补低补偿可能引发的社会矛盾，国家又承担起了对水库移民生产和生活的安置责任。《国家建设征用土地办法》（1953年）不仅在第3条中申明了"必须对土地被征用者的生产和生活有妥善的安置"的基本原则，而且在第13条进一步明确了政府的安置任务，规定："农民耕种的土地被征用后，当地人民政府必须负责协助解决其继续生产所需之土地或协助其转业，不得使其流离失所。用地单位亦应协同政府劳动部门和工会在条件许可的范围内，尽可能吸收其参加工作。"❷ 这种重安置、轻补偿的模式，在低度计划经济时期虽然有一定的可行性，但也为未来水库移民补偿问题的彻底解决留下了隐患。

② 注重群众路线在水库移民征收补偿中的运用。群众路线作为中国共产党取得革命胜利的法宝，在新中国成立后法制不健全的情况下，就是指导生产和生活的制胜武器。这一法宝也被运用到水库移民征地补偿中。《国家建设征用土地办法》第8条规定："被征用土地的补偿费，在农村中应由当地人民政府会同用地单位、农民协会及土地原所有人（或原使用人）或由原所有人（或原使用人）推出之代表评议商定之……对被征用土地上的房屋、水井、树木等附着物及种植的农作物，均应根据当地人民政府、用地单位、农民协会及土地原所有人和原使用人（或原所有人和原使用人推出之代表）会同勘定之现状，按公平合理的代价予以补偿。"❸

---

❶ 李勋华：“水电工程移民权益保障研究”，西北农林科技大学2010年博士学位论文，第56-57页。

❷《国家建设征用土地办法》第3条、第13条，1953年12月5日发布，1953年12月5日执行。

❸《国家建设征用土地办法》（1953年），1953年12月5日发布，1953年12月5日执行。

第二章 历史追溯和现实解构：水库移民补偿权利保障困境的制度透视

③ 坚持补偿与安置恢复原生活水准原则。在当时法制不健全的情况下，国家不可能从权利保护的高度去认知和理解水库移民征地补偿问题，因此水库移民补偿也只能停留在朴素的满足老百姓基本生存的状态。而且当时农民普遍比较贫穷，修建水库淹没、毁损的食物指标相对比较简单，在当时的情形下国家提出了"尽一切努力保证不降低原有生活水平，依据淹没损失计算补偿投资"的政策原则。❶ 这一原则对后来水库移民补偿"三原"原则的确立产生了巨大影响。

2. 行政命令式的"无产""无序"❷ 补偿安置时期（1958—1982年）

1958年是中国第二个五年计划的起始之年，也是在这一年中国进入了一段特殊的政治时期，"大跃进""三年自然灾害""人民公社化运动"和"文化大革命"接踵而来。政治上的"大跃进"强烈影响着我国水利水电工程的建设数量和进度。1958年3月25日，中共中央成都会议通过了《中共中央关于三峡水利枢纽和长江流域规划的意见》（4月5日政治局会议批准），该意见明确提出："从国家长远的经济发展和技术条件两个方面考虑，三峡水利枢纽是需要修建而且可能修建的；但是最后下决心确定修建及何时开始修建，要待各个重要方面的准备工作基本完成之后，才能作出决定。估计三峡工程的整个勘测、设计和施工的时间约需十五年到二十年。现在应当采取积极准备和充分可靠的方针，进行各项有关的工作。"❸ 此后，国家加快了水利水电工程的建设步伐，各种大中型水电工程遍地开花。这一时期先后完成了新安江、密云、丹江口、柘溪、新丰江、三门峡等300多座大型水库的建设，移民数百万人。这一时期移民工作由于受"左倾"思想的影响，移民补偿安置陷入了历史的低谷。当时除了少数工程移民得到适当安置外，多数移民都存在大量的遗留问题。❹ 移民经费有限，加上特殊的历史时期，广大移民未得到妥善安置。到1984年，丹江口水库后靠安置区移民还有62.5%未能解决就医问题，65%未能解决饮水和交通问题，用电、儿童入学等方面也存在相当多的问题，严重制约了移民群众生活水平的提

---

❶ 王茂福：《水库移民返迁——水库移民稳定问题研究》，华中科技大学出版社2008年版，第7页。

❷ 童禅福：《国家特别行动：新安江大移民》，人民文学出版社2009年版，第346页。

❸ 《关于三峡水利枢纽和长江流域规划的意见》（1958年3月25日成都会议通过，4月5日政治局会议批准），载《党的文献》1997年第2期，第21-22页。

❹ 黄友若：《水库移民文选》，中国水利水电出版社1997年版，第182页。

高和库区经济的发展。1984年移民人均纯收入仍只有124元，人均口粮118公斤，大大低于当地群众的水平。相当一部分人连温饱问题都没解决。❶

（1）宪法背景。在此期间，国家为了适应政治经济形势的变化，先后修改制定了两部宪法——"七五宪法"和"七八宪法"。这一时期国家坚持搞阶级斗争，强调要"人治"不要"法治"❷，这种政治生态在两部宪法中都得到体现和确认。这两部宪法都确认了"坚持无产阶级专政下的继续革命"❸的时代任务，两部宪法虽然都规定了财产的征收条款❹，但都沿袭了"五四宪法"的风格，即缺乏对征收补偿条款的明确规定。

（2）法律与政策背景。随着生产资料所有制的根本变化，1953年制定实施的《国家建设征用土地办法》已难以适应此时经济建设的需要。1957年，国务院对此办法进行了修改，同旧办法相比，新办法在征收补偿方面的规定发生了较大的变化。其一，新办法降低了征收补偿的标准。旧办法规定征地的补偿费标准为一般土地年产值的3~5倍，而新办法规定："对于一般土地，以它最近二年至四年的定产量的总值为标准。"❺对于土地上的房屋和其他附着物按公平合理原则提供补偿，或对于征收拆除的房屋应该在保证原来的住户有房屋居住的原则下给房屋所有人相当的房屋。❻ 同时，新办法鼓励宣扬为了支持国家建设放弃补偿费的做法，该办法明确规定："征用农业生产合作社的土地，如果社员大会或者社员代表大会认为对社员生活没有影响，不需要补偿，并经当地县级人民委员会同意，可以不

---

❶ 王茂福："水利工程的农村移民的福利研究"，华中科技大学2005年博士学位论文，第77页。

❷ 辛向东、戴剑华："董必武与毛泽东"，载《党史天地》2009年第5期，第8页。

❸ 1975年《宪法》序言："我们必须坚持中国共产党在整个社会主义历史阶段的基本路线和政策，坚持无产阶级专政下的继续革命，使我们伟大的祖国永远沿着马克思主义、列宁主义、毛泽东思想指引的道路前进。"1978年《宪法》序言："根据中国共产党在整个社会主义历史阶段的基本路线，全国人民在新时期的总任务是：坚持无产阶级专政下的继续革命，开展阶级斗争、生产斗争和科学实验三大革命运动，在本世纪内把我国建设成为农业、工业、国防和科学技术现代化的伟大的社会主义强国。"

❹ 1975年《宪法》第6条第3款规定："国家可以依照法律规定的条件，对城乡土地和其他生产资料实行征购、征用或者收归国有。"1978年《宪法》第6条第3款规定："国家可以依照法律规定的条件，对土地实行征购、征用或者收归国有。"

❺ 《国家建设征用土地办法（修正）》第7条第2款，1957年10月18日国务院全体会议第五十八次会议修正，1958年1月6日全国人民代表大会常务委员会第九十次会议批准，1958年1月6日国务院公布施行。

❻ 《国家建设征用土地办法（修正）》第7条第3款。

第二章　历史追溯和现实解构：水库移民补偿权利保障困境的制度透视

发给补偿费。征用农业生产合作社使用的非社员的土地，如果土地所有人不从事农业生产，又不以土地收入维持生活，可以不发给补偿费，但必须经本人同意。"❶ 这种取消补偿费的做法虽然附加了额外的条件，而且相对于一般给予补偿原则之规定，仅仅是例外规定，但在当时特殊的环境下，却成为水库移民补偿的圭臬。其二，补偿费的承担主体和补偿对象得以明晰。该办法规定："被征用土地的补偿费或者补助费以及土地上房屋、水井、树木等附着物和农作物的补偿费，都由用地单位支付。"❷ 由此可见，该办法采用"谁受益、谁负责"的原则，明确了用地单位补偿费承担主体的法律地位。同时该办法也明确了补偿费的支付对象，其第8条第2项规定："征用农业生产合作社的土地，土地补偿费或者补助费发给合作社；征用私有的土地，补偿费或者补助费发给所有人。土地上的附着物和农作物，属于农业生产合作社的，补偿费发给合作社；属于私有的，补偿费发给所有人。"❸ 其三，细化了征收补偿安置责任，确认了组织移民问题。第13条规定："对因土地被征用而需要安置的农民，当地乡、镇或者县级人民委员会应该负责尽量就地在农业上予以安置；对在农业上确实无法安置的，当地县级以上人民委员会劳动、民政等部门应该会同用地单位设法就地在其他方面予以安置；对就地在农业上和在其他方面都无法安置的，可以组织移民。组织移民应该由迁出和迁入地区的县级以上人民委员会共同负责。移民经费由用地单位负责支付。"❹

（3）主要特点。修正后的办法加强了国家对经济发展的调配性和计划性，在"人民公社化"和"文化大革命"的政治背景下，这种计划性在水库移民征地补偿领域被演绎得淋漓尽致。这一时期水库移民征地补偿的主要特点如下：

①"政治挂帅，思想开道"。在这一特殊的时期，水库移民征地补偿与阶级斗争紧密融合，并被贴上"政治教化"和"道德教化"的标签，争取补偿费的行为被视作政治上不成熟，思想上落后的表现。正如《浙江省新安江民安置委员会关于移民试点工作的初步意见》在论述新安江水电建设

---

❶ 《国家建设征用土地办法（修正）》第9条。
❷ 《国家建设征用土地办法（修正）》第8条第1款。
❸ 《国家建设征用土地办法（修正）》第8条第2款。
❹ 《国家建设征用土地办法（修正）》第13条。

移民工作的困难和有利条件时所言："移民任务的实行,是社会主义思想与农民资本主义自发倾向的斗争过程,是与群众封建落后的家乡观念斗争的过程,是与反革命破坏势力作斗争的过程,是与迁入群众不顾国家建设的需要而向国家苛求的状况作斗争的过程,是与库外群众阻止群众迁入的自私狭隘思想作斗争的过程,同时,又是与自己队伍内部的右倾畏难、急躁冒进和大意麻痹思想作斗争的过程。"❶ "它的根本有利条件,首先是广大人民社会主义觉悟的提高与对国家工业化的热情,这是所能实行移民的根本因素。"❷

②低补偿,轻权利。我国的征地制度是在公有制体系下的计划经济体制中形成的,土地首先是由国家采取无偿分配的方式提供给农民耕种,并由此体现社会主义公有制的优越性,实现"耕者有其田",国家建设需要使用再进行收回、收购或征用、征收,属于典型的配给和调配式的生产资料分配方式。❸ 这种行政计划式的征地补偿模式对于推动水电建设项目的迅速完成具有重大意义,但忽视了人的发展,忽视了移民的权利保护,移民异化为水电项目的附属,移民应该得到的补偿成为国家的恩惠。征地补偿的"恩惠理念"必然排斥财产权利保护,排斥财产的市场价值。这一时期,政府排斥市场机制,否认土地价值,用行政指令进行土地资源配置和调节,土地市场在很长的一段时期内并不存在,加上将私有财产与私有制混同的错误认识,导致在实际土地征收过程中,政府除了无偿剥夺私有宅基地的土地所有权外,对土地使用权的补偿费用也非常低廉,在一些特殊年代甚至是无偿取得。❹ 根据国务院《关于新安江水电站移民投资指标问题的批复》,新安江水库移民的人均投资指标被控制在478元以内❺,其中房屋复建费,平均每人270元,人均建筑面积15平方米(含猪牛栏、厕所等附属

---

❶ 浙江省淳安县《新安江大移民》史料征集委员会编:《新安江大移民——新安江水库淳安移民纪实》,浙江人民出版社2005年版,第148页。

❷ 浙江省淳安县《新安江大移民》史料征集委员会编:《新安江大移民——新安江水库淳安移民纪实》,浙江人民出版社2005年版,第148 – 149页。

❸ 朱道林:"我国征地补偿制度改革的前世今生",载《行政管理改革》2011年第7期,第29页。

❹ 郑卫:"杭州市城市房屋拆迁补偿政策变迁",载《中国土地科学》2010年第2期,第16页。

❺ 浙江省淳安县《新安江大移民》史料征集委员会编:《新安江大移民——新安江水库淳安移民纪实》,浙江人民出版社2005年版,第202页。

第二章　历史追溯和现实解构：水库移民补偿权利保障困境的制度透视 ◆

建筑），平均造价每平方米 18 元；迁移费，人均 50 元；土地补偿费，人均 96 元；行政管理费，人均 8 元。

③补偿的随意性、变通性。这一特殊时期，国家相关法规规定的征地补偿标准不仅远低于财产的客观价值，而且在补偿范围、补偿标准、补偿方式等方面赋予了具体执行机关很宽泛的自由裁量权力。在水库移民征地补偿安置实践中，移民的补偿费用常被各级政府"合规化"地降低和规避。新安江水库作为该时期修建的大型水库之一，虽受到党和国家各级领导的高度重视，周恩来总理亲笔题词"为我国第一座自己设计和自制设备的大型水力电站的胜利建设而欢呼"❶，但水库移民征地补偿依然遭到了"节约化"的处理。针对新安江水库移民征地补偿，浙江省人民委员会专门颁发了具体的征用办法，办法如下：

1958 年 11 月，浙江省人民委员会发出（58）移字第 88 号通知，颁发《浙江省新安江水电工程建设征用土地办法》，对新安江水电工程建设用地的补偿范围、补偿标准、补偿办法等有关事项作了具体规定：

第一条　根据《国家建设征用土地办法》规定的精神，结合本省情况制定本办法。凡新安江水电工程建设征用土地，除按照《国家建设征用土地办法》执行外，均按照本办法规定办理。

第二条　凡土地在新安江水电工程建设范围以内者全部征用。因土地被征用而需要迁移安置的居民，均应服从国家计划，按期迁移。国家对移民的生产生活给予妥善安置。

第三条　被征用的耕地按照最近定产量两年总值补偿。对于茶山、桐山、鱼塘、藕塘、茶园、竹园、果园等特殊土地，可以根据具体情况变通办理。

公用土地及征用土地上的水利工程、沟渠、水塘不予补偿。

第四条　为照顾移民中缺乏劳动力的烈军属、革命残疾军人和鳏寡孤独等贫苦群众的生活困难，按照该社每一人口的平均土地，对上述人员每人给予定产量一年总值的补助费，交安置社作为公益金。

第五条　被征用土地上的房屋，在保证原来住户有房居住的原则下，

---

❶ 政协浙江省建德市委员会编：《岁月——新安江水电站建设纪实》，2006 年第 1 次印刷（未刊本），第 13 页。

给房屋所用人相当的房屋，或者按照公平合理的原则发给补偿费。

第六条 水库淹没线以下的竹、木，概由原社（原主）自行处理，不补偿；外迁户在水库淹没线以上的竹、木，酌予补偿。茶叶、油茶、油桐、乌桕等经济作物，酌予补偿。竹、木及经济作物补偿后，均归国家所用，不得砍伐。

第七条 被征用土地上的砖瓦窑、石灰窑、水碓、船磨、牛磨、碾子等，酌情补偿。炭窑及船磨的引水工程，不补偿。

第八条 移民及其耕畜、家具迁运所必须的费用，由国家负担，其中不能搬运或运费超过该项物资现价值的，不予运输，可根据现状，酌予补偿。

第九条 被征用的土地，属于农业社所用者，补偿费交给安置社，作为公积金，该项资金只能作为扩大生产的投资；属于单干农民所用者，补偿费交给安置社，由安置区补偿给相当的土地；属于农民私有的宅基、晒场和自留地，补偿费亦交给安置社，由安置社拨给农民相当的宅基、晒场和自留地。

被征用土地上的附着物，属于合作社所用的，补偿费带给安置社；属于私有的，补偿费亦交安置社，分年偿还原主。

第十条 本办法自公布之日起施行。❶

通观这一办法，我们可以发现，"少补偿、酌情补偿、不补偿"贯穿新安江水库移民征地补偿的基本原则。即使有少量的补偿，原则上也不会直接发给移民个人。

④ 补偿兑现水平较低。这一时期，不仅水库移民的征地补偿费标准本身非常低，如根据国务院核定的新安江水库移民征地补偿费人均478元，而且由于当时兑现情况比较复杂，经济补偿的兑现情况非常差。在新安江水库建设项目中，淳安县收到上级拨付的移民经费共计69467816元，但实际只支出67497280元，尚结余1970536元。其中，淳安县后靠移民补偿中每位移民平均分摊不足350元，在众多的补偿项目中，除房屋补偿费的兑现率相对较高外，其他项目都比较低（见表2.1）。

---

❶ 浙江省淳安县《新安江大移民》史料征集委员会编：《新安江大移民——新安江水库淳安移民纪实》，浙江人民出版社2005年版，第197-198页。

第二章 历史追溯和现实解构：水库移民补偿权利保障困境的制度透视

表2.1 新安江水库建设项目中淳安县后靠移民补偿费兑现情况❶

项目	实际兑现数（单位人民币元）	应兑现数（单位人民币元）	兑现率
房屋迁建补偿费	14793253.37		92%
土地征购补偿费	2141242.11		35%
山林经济补偿费	213571.09	1781970	12%
家具农具损失补偿费	606609.57	1316600	46%

但实际情况是，由于补偿标准本身比较低，而且城镇、工矿企业、商业、交通、文化、卫生、教育、通信等迁建费不另给补偿，故按移民人均拨付的经费必须移用于县城和其他镇的迁建，以及学校、医院、交通、码头等的投资建设，加之补偿兑现率较低，移民本身得到的补偿应该说是很少很少的。❷

⑤ 轻安置。"20世纪80年代中期以前，存在'重工程、轻移民、重搬迁、轻安置'的思想，往往采用行政命令或透支政府威信的方式迫使移民搬迁，普遍存在'水赶人走'的现象。"❸ 当时关于移民安置，国家无任何积累和经验，因此很多方面都在不断摸索中，这一时期由于受政治运动和"左"倾思想的影响和干扰，移民补偿与安置工作存在简单化和粗糙化的问题。特别突出的是，大规模的移民安置工程既没有细致的水库淹没实物指标调查，也没有编制科学的移民安置规划，对移民搬迁安置去向、安置方式、安置条件、安置目标缺乏科学论证，带有较大的盲目性和随意性。❹ 因此，这也导致很多移民处在"迁而不安"的状态，导致大量移民倒流、返迁。移民群众在异地安置以后，在各级党委和政府的关怀下，含辛茹苦，顽强拼搏，生产生活逐年有所恢复和提高。但是，由于"大跃进"、人民公社化和"文化大革命"运动的影响，经济补偿标准普遍偏低，加上部分地区安置过量或安置不当的问题相当突出，因而相当一部分移民，长期存在

---

❶ 根据浙江省淳安县《新安江大移民》史料征集委员会编：《新安江大移民——新安江水库淳安移民纪实》，浙江人民出版社2005年版，第204-205页相关资料整理。该资料中未找到房屋迁建补偿费、土地征购补偿费的应兑现数，只找到实际兑现数和兑现率，因此应兑现数一栏缺失。
❷ 浙江省淳安县《新安江大移民》史料征集委员会编：《新安江大移民——新安江水库淳安移民纪实》，浙江人民出版社2005年版，第205页。
❸ 贾永飞、施国庆：《水库移民安置人口优化配置》，社会科学文献出版社2012年版，第3页。
❹ 王应政：《中国水利水电工程移民问题研究》，中国水利水电出版社2010年版，第81页。

各种实际困难问题得不到妥善处理,有的甚至连温饱问题也没有完全解决。❶ 在新安江水库建设中,库区的移民安置工作长达 15 年,而库区遗留问题,包括应迁未迁的两万移民问题,则是淳安县从移民安置开始至今近 40 年中一直在尽力解决却又难以解决好的问题,以致成为建库后淳安县发展的沉重包袱。❷ 当安置区地理环境极差甚至不适合居住或者环境容量严重超载的情况下,移民返迁及再迁的现象不可避免地发生了。新丰江水库移民(1959 年)、枫树坝水库移民(1973 年)搬迁安置结束后,出现了一个特殊情况,谁也没有想到。当时,约有 2 万多水库移民,因不满安置点的恶劣环境和无法忍受的生活习性,生产生活无以为继,从而自行搬离了安置区。他们有的回到了库区老家,有的自行迁移他乡,自谋生路。❸

(二)开发性移民补偿与安置的探索时期(1982—1991 年)

经过了历史转折的 1977—1978 年,中国进入了一个新的时期,改革开放、经济建设成为这一时期的主题,水利水电工程建设迎来了新的春天。龙羊峡、安康、升钟、铁山等水库相继开工建设,水库移民数十万人。由于政治经济法制环境的变化,水库移民补偿安置政策也发生了变化。此时期,国家开始正视并着手解决水库移民历史遗留问题,并提出开发性移民的补偿安置方针。

1. 宪法背景

随着中国迈入改革开放的新时代,特殊政治年代形成的"七八宪法"渐显僵化和落后。1982 年 12 月 4 日,第五届全国人民代表大会第五次会议通过"八二宪法"❹,该部宪法肯定了 1978 年以来推行的各种政治经济文化改革方针政策,确认了改革取得的成果。"八二宪法"对土地的公有制性质作出了首次规定,即"城市的土地属于国家所有。农村和城市郊区的土地,除由法律规定属于国家所有的以外,属于集体所有;宅基地和自留地、自

---

❶ 浙江省电站水库移民志编辑委员会编:《浙江省水库电站移民志》,华艺出版社 1998 年版,第 4 页。
❷ 浙江省淳安县《新安江大移民》史料征集委员会编:《新安江大移民——新安江水库淳安移民纪实》,浙江人民出版社 2005 年版,第 8 页。
❸ 朱千华:《家在何处——岭南水库移民迁徙实录》,中华书局 2014 年版,第 31 页。
❹ 1982 年《宪法》,1982 年 12 月 4 日第五届全国人民代表大会第五次会议通过,1982 年 12 月 4 日全国人民代表大会公告公布施行。

第二章　历史追溯和现实解构：水库移民补偿权利保障困境的制度透视

留山，也属于集体所有。"❶ 该条规定也决定了未来中国土地征收的基本路径，即先把集体土地转化为国有土地。而且，为了保证集体土地转化为国有土地，满足工业化和城镇化建设的需要，"八二宪法"对集体土地所有权的权能进行了极大的限制，其规定："任何组织或者个人不得侵占、买卖、出租或者以其他形式非法转让土地。"❷ 虽然 1988 年的宪法修正案把它修改为"任何组织或者个人不得侵占、买卖或者以其他形式非法转让土地，土地的使用权可以依照法律的规定转让。"❸ 但这一规定并不能给农民在集体土地征收补偿中的利益博弈力量带来多大的改观。而且令人遗憾的是，"八二宪法"仅对征收做了规定，即"国家为了公共利益的需要，可以依照法律规定对土地实行征用"❹，但没有对征收后的补偿作出任何积极的回应。

2. 法律和政策背景

这一时期，党和国家在总结 30 多年的水利水电工程移民经验的基础上，不仅主动提出解决水库移民利益补偿历史遗留问题的方针政策，也开始全面探索适应新时期水库移民利益补偿的方针政策。1981 年 6 月 19 日，财政部和电力工业部联合发布了《关于从水电站发电成本中提取库区维护基金的通知》（〔1981〕电财字第 56 号），通知要求为了促进水电事业的发展，加强水库维护工作和解决部分库区遗留问题，经研究确定对电力工业部直属水电站自 1981 年 1 月 1 日起试行从发电成本中提取库区维护基金的办法，提取标准为每发一度电（扣除厂用电）一厘钱。已缴纳水费的水电站不再提取库区维护基金。库区维护基金只能用于水库维护和解决库区的遗留问题，必须量入为出，专款专用，不能挪作他用。❺ 1985 年 8 月 24 日，中央财经领导小组办公会议纪要〔第 22 期〕决定：从 1986 年 1 月 1 日起从有收益的水库、水电站电费中提取库区建设基金用于解决扶持移民发展生产的资金问题。❻ 1982 年颁布的《国家建设征用土地条例》不仅对国家征用补偿安置制度进行了适时性完善和修正，同时针对水库移民补偿安置的复杂

---

❶ 1982 年《宪法》第 10 条第 1 款、第 2 款。
❷ 1982 年《宪法》第 10 条第 4 款。
❸ 1988 年《宪法修正案》，1988 年 4 月 12 日颁布，1988 年 4 月 12 日实施。
❹ 1982 年《中华人民共和国宪法》第 10 条第 3 款。
❺ 财政部、电力工业部文件：《关于从水电站发电成本中提取库区维护基金的通知》〔（81）电财字第 56 号〕，1981 年 6 月 19 日发布。
❻ 梁庆福：《水利水电工程移民与环保问题研究》，中国三峡出版社 2011 年版，第 51 页。

性和特殊性，首次提出了制定水库移民单行补偿安置法规的要求，该条例明确规定："大中型水利、水电工程建设的移民安置办法，由国家水利电力部门会同国家土地管理机关参照本条例另行制定。"❶以此为标志，国家开始提出和制定一系列有关水库移民补偿安置的方针、政策和法规。

1984年夏季，水利部在烟台展开了全国第一次移民工作座谈会，综合提出了实行开发性移民❷的水利电力建设政策。此后，水利部又专门组建了移民办公室。❸党中央、国务院在论证和决策三峡工程的过程中，对开发性移民补偿方针进行了进一步的阐释。1985年3月，中共中央和国务院在决定成立三峡省筹备组的同时，决定在三峡库区进行开发性移民的试点，拉开了开发性移民的序幕。❹

为了提高土地管理的法制化水平，促进土地资源的合理使用，在1982年颁布的《国家建设征用土地条例》的基础上，第6届全国人民代表大会常务委员会于1986年6月25日通过了《土地管理法》❺。该法不仅明确提出国家为了公共利益，可对集体土地进行征用的原则，而且确立了土地征用补偿的范围和标准。《土地管理法》第27条规定："国家建设征用土地，由用地单位支付土地补偿费。征用耕地的补偿费，为该耕地被征前三年平均年产值的三至六倍。征用其他土地的补偿费标准，由省、自治区、直辖市参照征用耕地的补偿费标准规定。被征用土地上的附着物和青苗的补偿标准，由省、自治区、直辖市规定。征用城市郊区的菜地，用地单位应当按照国家有关规定缴纳新菜地开发建设基金。"❻第28条规定："国家建设征用土地，用地单位除支付补偿费外，还应当支付安置补助费。征用耕地的安置补助费，按照需要安置的农业人口数计算。需要安置的农业人口

---

❶《国家建设征用土地条例》第16条，1982年5月4日第5届全国人民代表大会常务委员会第23次会议原则批准，1982年5月14日国务院公布，1982年5月14日起施行。

❷ 关于"开发性移民"的概念，最早是由长江流域规划办公室（现长江水利委员会）前主任林一山于1965年提出的，他当时提出"移民工程"的概念，指出要做移民安置规划和分配移民资金，通过开发荒山为移民创造基本的生产条件。但当时政治经济气候不可能使这一概念得到充分的发展和应用，因此，中国在20世纪80年代之前的移民安置基本上是以经济补偿为主。秦朝辉、肖平：《水库移民研究与评价——以龙滩水电工程为例》，华中科技大学出版社2011年版，第16页。

❸ 黄友若：《水库移民文选》，中国水利水电出版社1997年版，前言第3页。

❹ 黄东东：《权利视野中的水库移民法律制度》，中国检察出版社2005年版，第49页。

❺ 1986年《土地管理法》，1986年6月25日颁布，1987年1月1日实施。

❻ 1986年《土地管理法》第27条。

数，按照被征用的耕地数量除以征地前被征地单位平均每人占有耕地的数量计算。每一个需要安置的农业人口的安置补助费标准，为该耕地被征用前三年平均每亩年产值的二至三倍。但是，每亩被征用耕地的安置补助费，最高不得超过被征用前三年平均年产值的十倍。征用其他土地的安置补助费标准，由省、自治区、直辖市参照征用耕地的安置补助费标准规定。"❶第29条规定："依照本法第二十七条、第二十八条的规定支付土地补偿费和安置补助费，尚不能使需要安置的农民保持原有生活水平的，经省、自治区、直辖市人民政府批准，可以增加安置补助费。但是，土地补偿费和安置补助费的总和不得超过土地被征用前三年平均年产值的二十倍。"❷该法同时授权由国务院另行制定法规调整水库移民的补偿安置问题，即"大中型水利、水电工程建设征用土地的补偿费标准和移民安置办法，由国务院另行规定。"❸

1986年7月，国务院办公厅批转水电部《关于抓紧处理水库移民问题的报告》，明确提出水库移民工作"必须从单纯安置补偿的传统做法中解脱出来，改消极补偿为积极创业，变救济生活为扶持生产；使移民安置与库区建设结合起来，走开发性移民的路子。"❹该报告也是当时针对水库移民问题出台的最权威的纲领性文件。

1988年1月21日全国人大常委会颁布的《水法》对水库移民补偿安置首次作出了明确的法律性的单行规定，其指出："国家兴建水工程需要移民的，由地方人民政府负责妥善安排移民的生活和生产。安置移民所需的经费列入工程建设投资计划，并应当在建设阶段按计划完成移民安置工作。"❺

3. 开发性移民探索时期水库移民征地补偿的主要特点

（1）水库移民补偿遗留问题与新建水库移民补偿问题交织涌现，国家统筹移民经费，兼顾新老问题。20世纪六七十年代修建水利水电工程遗留下来的移民补偿问题，在这一时期集中显现，国家深切地认识到遗留问题解决对于水电开发建设的重要意义。为了解决水库移民遗留问题，国家建

---

❶ 1986年《土地管理法》第28条。
❷ 1986年《土地管理法》第29条。
❸ 1986年《土地管理法》第32条。
❹ 浙江省电站水库移民志编辑委员会：《浙江省水库电站移民志》，华艺出版社1998年版，第4页。
❺ 1988年《水法》，1988年1月21日颁布，1988年7月1日实施。

立库区维护基金、专项建设基金和移民扶助金。同时,为了推动新水库的顺利开工建设,国家建立了后期扶持基金。随着改革开放和工作重心的转移,国家在高度重视移民遗留问题的同时,逐步提出了移民后期扶持的思路、办法和要求,从而形成了我国水库移民安置实行"前期补偿、补助与后期扶持项结合"原则。❶

(2) 相对于前一时期,水库移民的补偿标准有了相应提高。1982—1986年新建工程农村移民安置补偿补助费人均一般为3000~3500元,1986—1990年又增加到4000~7000元。❷通过表2.2可以看出水库移民补偿费的增加趋势。

表2.2 全国水库移民平均补偿标准变化情况❸

项目	单位	50年代	60年代	70年代	80年代	90年代初
水库淹没补偿费	元/人	394	454	942	2113	5318
其中:迁移费	元/人	358	411	820	1205	2775

(3) 财产性补偿与政策性补偿初步结合。改革开放初期,国家开始着手提高水库移民补偿标准,但囿于国家的财政实力,政府给予水库移民的财产性补偿原则只能是适当补偿,而不是完全补偿。为了弥补财产性补偿的不足,国家把移民补偿安置与库区经济开发结合起来,变单一的财产性补偿为财产性补偿与政策性补偿相结合。

(三) 水库移民利益补偿的法制化应对时期(1991年至今)

进入20世纪90年代以后,中国开始迈入发展社会主义市场经济的快车道。一大批大中型水利水电工程被列入建设日程,为了专门应对工程建设带来的移民补偿安置问题,1991年国务院依据《土地管理法》和《水法》制定了《大中型水利水电工程建设征地补偿和移民安置条例》。该条例共分五章,首次针对水库移民补偿安置作出了比较详细的专门规定。该条例的颁布实施结束了水库移民工作长期以来无法可依的状态,具有里程碑的意义。该条例同时规定:"特大型水利水电工程建设征地补偿和移民安置办

---

❶ 王应政:《中国水利水电工程移民问题研究》,中国水利水电出版社2010年版,第84页。
❷ 王应政:《中国水利水电工程移民问题研究》,中国水利水电出版社2010年版,第85页。
❸ 黄煜、施国庆:"水库移民遗留问题成因分析与对策",载《水利经济》2000年第5期,第52页。

第二章 历史追溯和现实解构：水库移民补偿权利保障困境的制度透视 ◆

法，由国务院有关主管部门另行制定，报国务院审批。"❶ 为了规范三峡工程建设，1993年6月29日国务院颁布了《长江三峡工程建设移民条例》，为了更好地维护移民合法权益，践行开发性移民的方针，该条例在2001年2月15日被国务院重新修订完善。为了规范南水北调工程建设征地补偿和移民安置工作，保障移民权益，国务院南水北调工程建设委员会于2005年1月27日专门颁布了《南水北调工程建设征地补偿和移民安置暂行办法》。❷ 在1998年我国修订了土地管理法后，1991年的《大中型水利水电工程建设征地补偿和移民安置条例》更加明显地暴露出补偿标准偏低、移民补偿安置程序的缺陷，为了同修订后的土地管理法相衔接，也为了应对21世纪移民征地补偿安置的形势，国务院于2006年7月7日对旧的《大中型水利水电工程建设征地补偿和移民安置条例》进行了修改。修改后的条例调整了移民补偿安置标准，进一步强化了地方政府的补偿安置责任，完善了水库移民后期扶持制度。

水库移民补偿法制化应对时期的特点：（1）法律与政策交错混合。当然，除了以上宪法、法律、法规、规章及规范性文件之外，大量的国家及地方性政策，尤其是地方性政策在水库移民征地补偿中也起着举足轻重的作用，在实践层面甚至更受"欢迎"。黄东东教授在论证三峡移民法律制度时指出："政策在整个三峡移民法律制度中占据极其重要的位置，甚至就其现实性而言超过了某些法律法规，无论是媒体还是普通民众的描述，都自觉不自觉地使用三峡移民搬迁这是一项'政策性很强的工作'的话语，有时甚至将政策和法律互相混淆。"❸ （2）危机应对痕迹明显。通过全面扫视现代水库移民补偿制度史，我们可以发现，国家出台相关法律和政策的主要目的是应对和解决工程性非自愿移民造成的负面后果，因而具有"危机应对"的特点。正是这种特点，使得我国工程性非自愿移民政策、法律具有浓厚的行政色彩，其实施主要依赖自上而下的行政体系和动用财政资源。在这种大规模非自愿移民集体搬迁中，政府采取了各种社会动员手段促使移民"自愿"搬迁。"危机应对"与"政府主导"构成了"工程性非自愿

---

❶《大中型水利水电工程建设征地补偿和移民安置条例》（国务院令第74号）第25条。
❷《南水北调工程建设征地补偿和移民安置暂行办法》（国调委发〔2005〕1号），2005年1月27日由国务院南水北调工程建设委员会颁布实施。
❸ 黄东东：《权利视野中的水库移民法律制度》，中国检察出版社2005年版，第161页。

移民政策与法律制度"的核心特点。❶（3）国家责任进一步强化。现行的水库移民法规通过规范移民安置程序和方式，进一步凸显了政府尤其是地方政府对移民的安置责任。新的《大中型水利水电工程建设征地补偿和移民安置条例》明确规定："移民区和移民安置区县级以上地方人民政府负责移民安置规划的组织实施。"❷ 总体来说，目前由国家解决移民补偿问题的方法带有浓厚的计划经济色彩，建设工程移民补偿标准形成、概算、国家批准移民投资概算、组织移民搬迁、兑现移民补偿资金的全过程，没有完全体现"公民的合法私有财产不受侵犯"的宪法原则。❸（4）强烈的象征符号意义。经过长期的曲折发展，我国的水库移民利益补偿法制建设取得巨大的进步，《大中型水利水电工程建设征地补偿和移民安置条例》甚至两易其稿。但在"重工程、轻移民"理念的长期桎梏下，水库移民的补偿权益并没有被放在公平的法制天平上。政府强力主导作用的水库移民补偿安置立法仅向形式正义迈出了一小步，实质正义的实现需要我国的移民法制真正重视和高举水库移民的生存和发展权。

二、我国水库移民补偿的制度框架及问题分析

（一）现行水库移民补偿立法框架梳理

我国水库移民制度的近现代变迁史表明，水库移民补偿是一个复杂的政治、经济和社会问题，内容主要涉及征地补偿、移民安置和后期扶持等多个方面，相比其他法律制度的构建，水库移民补偿法律制度的起步时间较晚，建立过程更加曲折和复杂。在1991年国务院出台《大中型水利水电工程建设征地补偿和移民安置条例》以前，水库移民补偿只能通过其他立法中的散见规定和政策来调整。随着条例及相关配套立法的出台，水库移民补偿才逐步迈向制度化、体系化。目前已初步形成以宪法为统帅，相关通用法律为指引，国务院专项法规为主导，其他专项规章、地方性法规及

---

❶ 黄东东："危机应对与政府主导——法律社会学视角下的工程性非自愿移民"，载《法商研究》2009年第1期，第130页。
❷ 《大中型水利水电工程建设征地补偿和移民安置条例》（国务院令第471号）第26条。
❸ 李丹、郭万侦、刘焕水、张江平：《中国西部水库移民研究》，四川大学出版社2010年版，第241页。

第二章 历史追溯和现实解构：水库移民补偿权利保障困境的制度透视

规范性文件和相关政策为主体的水库移民补偿制度体系。

征地补偿是一项宪法制度，由宪法所确立。[1] 我国现行宪法明确规定："国家为了公共利益的需要，可以依照法律规定对土地实行征收或者征用并给予补偿。"[2] "国家为了公共利益的需要，可以依照法律规定对公民的私有财产实行征收或者征用并给予补偿。"[3] 以上规定构成了水库移民利益补偿的宪法规范基础。

在法律层面，2007年颁布的《物权法》对征收补偿作出了进一步明晰："为了公共利益的需要，依照法律规定的权限和程序可以征收集体所有的土地和单位、个人的房屋及其他不动产。征收集体所有的土地，应当依法足额支付土地补偿费、安置补助费、地上附着物和青苗的补偿费等费用，安排被征地农民的社会保障费用，保障被征地农民的生活，维护被征地农民的合法权益。征收单位、个人的房屋及其他不动产，应当依法给予拆迁补偿，维护被征收人的合法权益；征收个人住宅的，还应当保障被征收人的居住条件。任何单位和个人不得贪污、挪用、私分、截留、拖欠征收补偿费等费用。"[4] "因不动产或者动产被征收、征用致使用益物权消灭或者影响用益物权行使的，用益物权人有权依照本法第四十二条、第四十四条的规定获得相应补偿。"[5] "承包地被征收的，土地承包经营权人有权依照本法第四十二条第二款的规定获得相应补偿。"[6] 作为土地管理的基本法律《土地管理法》不仅对征地补偿作出一般性的规定，同时对水库移民补偿安置作出了授权性的处理："大中型水利、水电工程建设征收土地的补偿费标准和移民安置办法，由国务院另行规定。"[7] 同时2002年修订颁布的《水法》也对开发性移民工作给予了简短阐释："国家对水工程建设移民实行开发性移民的方针，按照前期补偿、补助与后期扶持相结合的原则，妥善安排移民的生产和生活，保护移民的合法权益。移民安置应当与工程建设同步进行。建设单位应当根据安置地区的环境容量和可持续发展的原则，因地制宜，

---

[1] 薛小建："征地补偿制度法律问题探讨"，载《政法论坛》2010年第5期，第124页。
[2] 1982年《宪法》第10条第2款。
[3] 1982年《宪法》第13条第3款。
[4] 2007年《物权法》第42条。
[5] 2007年《物权法》第121条。
[6] 2007年《物权法》第132条。
[7] 2004年《土地管理法》第51条。

编制移民安置规划，经依法批准后，由有关地方人民政府组织实施。所需移民经费列入工程建设投资计划。"❶ 这些法律规定成为水库移民征地补偿下位法的依据。

在行政法规及国务院规范性文件层面，国务院先后于1991年、1993年颁布了《大中型水利水电工程建设征地补偿和移民安置条例》《长江三峡工程建设移民条例》，2001年和2006年国务院在总结水库移民补偿安置经验的基础上，根据形势的变化分别对两项条例进行了全面修订。为了规范和加强水库移民后期扶持工作，2006年国务院发布了《关于完善大中型水库移民后期扶持政策的意见》❷。

围绕国务院出台的行政法规和规范性文件，国务院有关组成部门出台了一些规章，省、自治区、直辖市人大及常委会根据地方实际出台了一系列的地方性法规，省、自治区、直辖市和较大的市出台了一系列的政府规章。在部门规章方面，比如水利部、财政部、国家计委、国家经贸委、国家电力公司2001年联合发布的《关于加快解决中央直属水库移民遗留问题的若干意见》❸，2005年国务院南水北调工程建设委员会印发的《南水北调工程建设征地补偿和移民安置暂行办法》❹ 等。在地方性法规方面，比如湖南省人大常委会2002年制定、2008年修改的《湖南省大中型水库移民条例》❺ 等。政府规章方面，比如1995广东省人民政府颁布的《广东省飞来峡水利工程移民安置办法》❻、2007年浙江省人民政府制定的《关于完善大

---

❶ 2002年《水法》第29条规定。

❷ 《国务院关于完善大中型水库移民后期扶持政策的意见》（国发〔2006〕17号），2006年5月17日发布。

❸ 《关于加快解决中央直属水库移民遗留问题的若干意见》，2001年12月11日水利部、财政部、国家计委、国家经贸委、国家电力公司联合制定，2002年1月8日国务院办公厅以国办发〔2002〕3号文件向各省、自治区、直辖市人民政府，国务院各部委、各直属机构转发。

❹ 《南水北调工程建设征地补偿和移民安置暂行办法》（国调委发〔2005〕1号），国务院南水北调工程建设委员会2005年1月27日印发。

❺ 《湖南省大中型水库移民条例》，2002年11月29日湖南省第九届人民代表大会常务委员会第三十二次会议通过，2002年11月29日湖南省人民代表大会常务委员会公告119号公布，2003年3月1日起施行。2008年7月31日湖南省第十一届人民代表大会常务委员会第三次会议通过关于修改《湖南省大中型水库移民条例》的决定。

❻ 《广东省飞来峡水利工程移民安置办法》（粤府〔1995〕84号），1995年9月26日颁布实施。

中型水库移民后期扶持政策的实施意见》❶等。

（二）水库移民补偿"权利贫困"的制度逻辑

我国的水库移民从一开始就被视作到工程建设的附属品，或总工程下的子工程，效率和成本成为推动水库移民的指导性思想。虽然在依法治国的大环境下，为了推动水库移民的法治化转变，国家也出台了一些法规和政策，但水库移民法规体系的内在缺陷，工程思维的遗骸并没有彻底清除。而"工程思维"向"法律思维"之转变的本质表现在于对权利的尊重和保护。目前，水库移民补偿规范体系存在无法自足的缺陷和问题，也引发了水库移民专项法规存在的法理危机以及水库移民的信任危机。与因生理因素造成的弱势群体相比，水库移民弱势地位的形成缘于现行法律制度的安排。因此，要改变水库移民贫困之现状，首先需要做的是对水库移民权利贫困问题形成与延续的法律制度加以分析，进而透视造成移民权利贫困的规范原因。从此视角切入，可以发现水库移民制度的人权价值涵摄、制度架构的特点、体系化和内容设置等方面都直接或间接地影响着水库移民权利贫困的"问题化"。

1. 偏离人权保障旨向的制度设计

新中国成立之后，为了快速改变国家贫穷面貌，国家在没有法律依据的情况下开始兴建一些水利工程。因此，初期的水库移民长期处于运动式的迁移中，政府和移民自身都没有认识到水库移民中的人权保障之存在。比如，20世纪50年代中后期开始的新安江水库移民彻底打破原来精心制定的移民方案，靠"一平而调"的行政命令，进行着"无产"和"无序"的迁徙，形成了先进的电站、落后的库区、困难的移民局面。半个世纪了，特别是今日，迁入江西、安徽的近三十万移民和他们的后代中有半数移民就业无门，半数移民温饱没有解决，半数移民生活水准低于当地居民。❷ 这种水库移民操作模式最大的问题，便是形成了"重工程、轻移民"的水库移民利益补偿理念，并对后来的水库移民补偿立法实践和补偿实务产生了

---

❶ 《关于完善大中型水库移民后期扶持政策的实施意见》（浙政发〔2007〕1号），2007年1月5日发布。

❷ 童禅福：《国家特别行动：新安江大移民》，人民文学出版社2009版，第346页。

深远的影响。我国宪法虽然规定"国家尊重和保障人权"❶，但通观现行的水库移民法规，我们发现"经济本位""国家本位"是其主导意旨，宪法人权保障意旨并没有得到真正体现。《大中型水利水电工程建设征地补偿和移民安置条例》清晰地表达了国家对水库移民的这种态度，其规定："大中型水利水电工程建设征地补偿和移民安置应当遵循下列原则：（一）……（二）顾全大局，服从国家整体安排，兼顾国家、集体、个人利益；"❷ 顾全大局的前提就是对于移民补偿利益的消减化，从某种意义上讲就是人权保障需要让位于国家政治安排。

2. 偏向政策化的制度架构

从新中国成立到在 20 世纪 70 年代末期，我国经历了社会主义改造、人民公社化、"大跃进"和"文化大革命"，在这种特定的高度集权的计划体制背景下，水库移民长期处于"无法可依"的状态。移民安置和补偿主要靠中央政府的"办法""通知"以及地方政府的"红头文件"作为依据，移民政策带有很大的地域性和随意性。1978 年以后，水电建设的征地移民利益补偿法制化工作逐渐起步。但水库移民利益补偿的法制化始终由政府主导。水库移民征地补偿不仅涉及对公民私有财产权的强制处分，还涉及对其他无形财产权利的处置，对于这种影响权益人利益的公法行为，通过立法程序明确水库移民征用补偿的目的、程序、标准和方式等问题更有利于问题的解决。放眼法治先进国的立法实践，征地补偿的设定权都是遵循"法律保留"原则的。依据现代依法行政之理念，对人民基本权利的限制和剥夺只能由国家立法机关以法律的形式来规定。这一现代法治国理念已经为《立法法》所采纳，此即学者们倡导的所谓"法律保留"原则，这也是"依法行政"的前提和基础。但是，我国工程性非自愿移民立法实践体现出的不是"依法"移民，而是"造法"移民，即行政机关不是依据法律授权而是自行通过行政立法来规范移民事项。❸ 因此，虽然我国政府为了应对"依法"移民的现实需求，出台了一系列的法规，但主要是行政法规、部门规章和地方性规章等。而且这些法规、规章多处充斥着政治口号式的表述。

---

❶ 1982 年《宪法》第 33 条第 3 款。
❷ 《大中型水利水电工程建设征地补偿和移民安置条例》（国务院令第 471 号）第 4 条。
❸ 黄东东："危机应对与政府主导——法律社会学视角下的工程性非自愿移民"，载《法商研究》2009 年第 1 期，第 131 页。

行政机关"造法"移民的做法，导致现行的水库移民法规呈现出非稳定性、政治性和弱权威性的制度架构特质。

3. 缺乏协调化的法规体系

在我国，由于水库移民缺乏法律规制传统，社会、政治和经济形势变化迅速，中央立法、地方立法和各种红头文件分散并存，加之关于水库移民法律学术研究尚处于起步阶段，水库移民法并没有形成内在协调统一的立法体系。我国的水库移民法规建设经历了一个比较曲折的过程，在1991年国务院颁布《大中型水利水电工程建设征地补偿和移民安置条例》之前，水库移民征地补偿安置工作一直参照其他普通法规和政策，这也导致了水库移民补偿安置乱象丛生，问题繁多。为了推动水库移民补偿安置制度化和法治化，依据《土地管理法》关于"大中型水利、水电工程建设征收土地的补偿费标准和移民安置办法，由国务院另行规定"的授权性规定，❶ 国务院先后于1991年和1993年分别制定了《大中型水利水电工程建设征地补偿和移民安置条例》（已于2006年修订）和《长江三峡工程建设移民条例》（已于2001年修订），这两项行政法规的出台，对于保障移民权利，规范移民补偿安置具有重大的意义。但是由于移民工作的复杂性和差异性，为了便于移民补偿安置工作的开展，地方政府出台了大量的调整移民补偿安置的技术规范、地方性规范、规章乃至红头文件。而且，基于对现实法律的考量，能够直接适用于移民工作的只有法规和规章，更多的是移民政策，在移民补偿安置法律缺失以及国家违宪审查机制缺乏的情况下，地方性规定成为水库移民补偿安置的直接依据。在这种情况下，宪法、法律有关保障公民权利的条款无形中被架空，《大中型水利水电工程建设征地补偿和移民安置条例》由于本身规定的不完善，同时囿于其政策性的特点，也无法完成水库移民征地补偿安置制度法治化的重任。

4. 脱离于现实的制度规定

为了适应现实要求，国家虽然对水库移民法规进行了修订，但这种"头痛医头、脚痛医脚"的小修小补，并不能从根本上改变水库移民制度规定脱离现实的困境。其一，移民有土安置脱离现实。《大中型水利水电工程建设征地补偿和移民安置条例》针对农村移民提出有土农业安置的原则，

---

❶ 2004年《土地管理法》第51条。

其明确规定:"对农村移民安置进行规划,应当坚持以农业生产安置为主,遵循因地制宜、有利生产、方便生活、保护生态的原则,合理规划农村移民安置点;有条件的地方,可以结合小城镇建设进行。农村移民安置后,应当使移民拥有与移民安置区居民基本相当的土地等农业生产资料。"❶ 有土大农业安置成为农村移民安置的一项原则,国家基于土地对农民的保障意义上作出如此规定,从某种意义似乎符合中国实际。有土安置前提是必须具备足够多的土地,目前主要是通过开发利用"四荒"和将非移民的土地调整给移民。但中国目前可以开垦的"四荒"已经不多,即使把移民安置到这些地方,也会带来移民贫困风险,移民因移而贫,因贫返迁必然产生。而且,在目前国家出台相关法规政策保障农村土地承包长期稳定的情况下,把有限土地调整给移民,已经从整体上背离了土地政策的发展走向。即使强行调整成功,很有可能带来移民与安置区农村集体成员的矛盾和对抗。其二,补偿标准局限于"三原"原则。1994 年国务院三峡办批准的《长江三峡工程水库淹没处理及移民安置规划大纲》❷首次提出"三原"标准,即按"原标准、原规模、原功能"的原则计算移民补偿费及进行移民安置。《大中型水利水电工程建设征地补偿和移民安置条例》对这一原则也进行了全国性的推广和法律确认。这种补偿安置原则从某种意义上有利于缓解国家财政压力,但"三原"标准并没有考虑土地权利的市场价值,不涉及土地征用后的增值,更忽略了因移民而带来的社会关系的断裂等无形损失,"三原"标准的利益补偿方式已经脱离社会经济发展的实际,不足以维持移民的现实生活和长远生计,这种以牺牲移民生存和发展权为代价的原则显然已经背离了宪法确立的人权保障的基本精神。"鉴于西部地区移民原来基础设施及其落后的现状,若仍采取'三原'原则进行恢复重建,其基础设施配套标准将达不到相关专业规范的要求,同时也不符合国家对西部地区经济发展的倾斜政策,影响移民脱贫致富及可持续发展。"❸ 其三,补偿范围脱离实际。比如考察《长江三峡工程建设移民条例》规定,我们

---

❶ 《大中型水利水电工程建设征地补偿和移民安置条例》(国务院令第 471 号)第 13 条。
❷ 《长江三峡工程水库淹没处理及移民安置规划大纲》,1994 年 7 月国务院三峡工程建设委员会办公室以国三峡办发计字〔1994〕056 号文通知四川、湖北省人民政府,移民开发局,长江水利委员会实施。
❸ 李丹、郭万侦、刘焕永、张江平:《中国西部水库移民研究》,四川大学出版社 2010 年版,第 252 页。

可以发现：一是补偿不符合实际，商贸企业粮油仓库、百货糖酒仓库、医药仓库等均属特种仓库，其造价比一般民房高 2~3 倍，但移民补偿仍按一般民房普通标准执行。二是许多淹没实物指标未纳入补偿范围。❶ 我国《物权法》明确指出"国家所有或者国家所有由集体使用以及法律规定属于集体所有的自然资源，单位、个人依法可以占有、使用和收益"❷，该规定赋予了有关单位、个人在一定条件下依法享有特定自然资源（比如林地、草地等）的用益物权。水电资源的开发，可能导致大量的林地、草地等独特自然资源的淹没，原住民因此而享受到的公共资源用益物权也随着消失。但现行的水库移民补偿法律法规并没有对此进行考虑。

5. 程序设置的非正当化

行政补偿不仅是一种实体制度，也是一种程序制度，实体制度主要是关于权利内容的规定，程序制度是实体制度的延续，是维护权利的操作过程，仅有实体没有程序是不健全的制度状态。❸ 作为行政补偿重要类型的水库移民补偿制度当然也应该是实体和程序的统一体。当以正当程序法治理念的要求审视《土地管理法》，我们可以清晰地看到关于土地征收补偿程序依然存在很多问题。当然以《土地管理法》为基准法而制定《大中型水利水电工程建设征地补偿和移民安置条例》存在同样问题，甚至更严重。过去水库移民补偿实践不仅暴露出补偿机关突破现有程序的问题，同时也显示即使严格的遵守现有程序，水库移民利益也不能得到公正的补偿。正如著名学者季卫东教授所言："我国并非没有程序。问题是这些程序太薄弱，而且没有经历过现代意义上的合理化的过程；甚至即使在有程序的方面，许多人也不按牌理出牌。"❹《大中型水利水电工程建设征地补偿和移民安置条例》虽然规定："编制移民安置规划大纲应当广泛听取移民和移民安置区居民的意见；必要时，应当采取听证的方式"❺ "编制移民安置规划应当广

---

❶ 崔广平："论水库移民的公平补偿及其立法的完善"，载《水利经济》2003 年第 3 期，第 59 页。

❷ 2007 年《物权法》第 118 条。

❸ 司坡森："试论我国行政补偿的立法完善"，载《行政法学研究》2003 年第 1 期，第 46－50 页。

❹ 季卫东：《法律程序的意义——对中国法制建设的另一种思考》，中国法制出版社 2004 年版，第 134 页。

❺ 《大中型水利水电工程建设征地补偿和移民安置条例》（国务院令第 471 号）第 9 条。

泛听取移民和移民安置区居民的意见；必要时，应当采取听证的方式"❶"编制水库移民后期扶持规划应当广泛听取移民的意见；必要时，应当采取听证的方式。"❷但这仅是听取被征地群众的意见，对于是否需要听证没有强制性要求，即使不实施听证也没有具体的制裁措施，该条规定导致被征地人群对不合理征地补偿安置方案缺乏抵抗能力。"移民的弱势地位表现多种多样，弱势的产生主要在移民安置规划阶段和到达安置地后。如在移民安置规划阶段，移民的补偿权、知情权、参与权、申诉权被忽略。尽管'471号'令（第9条、第15条）提出'应当广泛听取移民和移民安置区居民的意见；必要时，应当采取听证的方式'，但并没给出具体的操作和考核方法。"❸同时，令人遗憾的是，听证制度并没有涉及水库移民最关心的问题——补偿。现行的水库移民利益补偿制度设计和运行实践表明，政府集决策、执行和监督等于一身，缺乏法律程序的正当性。移民作为水利水电工程影响的群体，一直处于被动、非自愿的地位，水利水电工程的兴建与否不以他们的意志为转移，而且移民补偿投资确定他们也无话语权，他们的参与还只是限于安置方式等方面。由于"信息不对称"，缺乏民主程序、缺乏透明度，也是失地农民、被拆迁人有抱怨、不满情绪的重要原因。❹

三、水库移民补偿制度设计缺陷的原因分析

（一）私有财产权保障观念的缺失

在西方，财产和私有财产权历来是一个备受重视的社会政治问题，近代西方社会把私人财产权视为人们普遍享有的"自然权利"和"天赋人权"。"私产神圣"也成为普通公民抵抗公权力的重要屏障。虽然随着社会和国家的发展，"私权神圣"需要受到了公共利益的限制，但国家必须给予私产所有者"公正补偿"，并遵守正当程序。相比西方国家对于私有财产权的审慎尊重，我国对私有财产权长期保持着漠视的态度。儒家学说的最大

---

❶《大中型水利水电工程建设征地补偿和移民安置条例》（国务院令第471号）第15条。
❷《大中型水利水电工程建设征地补偿和移民安置条例》（国务院令第471号）第38条。
❸高静、贺昌政："重构中国水电开发中的征地补偿技术路线"，载《中国土地科学》2009年第11期，第33页。
❹朱东恺、施国庆：《水利水电移民制度研究——问题分析、制度透视与创新构想》，社会科学文献出版社2011年版，第148页。

缺陷在于"权利"概念完全缺位,"君君、臣臣、父父、子子"通篇都在谈论不同等级的人群各自的社会责任和义务。❶ 传统帝王时期统治者一直强调"普天之下莫非王土",私有财产被包裹于王权之中,必须永远服从于统治者意志。这种传统给我国近现代私有财产权观念的成长和水库移民权利的保护带来了极大的困扰。在传统社会,强大的中央集权使人卑微而渺小;新中国成立后,由于追求大局,弘扬奉献、牺牲的螺丝钉精神,个人再次被压缩到狭小的空间。不难理解,移民问题就此成为国家发展的附带性问题。与之相匹配的移民法的立法设计就无不体现出人权保障价值让位于"社会经济发展为最大'公共利益'的基本原则"。移民法,不是立足移民个体而定,而是为某个抽象的整体和目标服务。❷ 经历了社会主义改造后的中国更是视"私有财产观念"为洪水猛兽。恰如一名移民官员在评价早期水库移民补偿时所描述:"不能否认,当年的社会基本现实,就是社会成员基本上都没有财产的概念。所有的人基本都是要被编入某个集体,然后干活吃饭。无论是右派被剥夺了财产之后下放到农村,还是知青下乡,都没有任何补偿。所以,在这种大家都没有私有财产的概念的大环境下,所谓对水库移民没有足够财产补偿,也就不足为奇了。这并不是我个人的看法,记得在 2007 年我们专委会 20 周年庆祝大会上,水利部移民局的刘东顺副局长也表达过同样的意思。"❸ 虽然随着市场经济的发展、人权意识的传播,私有财产权观念在我国也不断生长,国家甚至把"私有财产权不可侵犯"以及"公益征收补偿"写入 2004 年的宪法修正案,但基于国家利益并落脚于国家利益的私有财产权观念并没有随之而消失,公权力随意侵犯公民财产权的现象依然广泛存在,征收补偿领域的悲剧也常见诸报端。

(二)移民立法民主参与的不足

法治实现的重要条件之一是良法,因此保障良法产生的立法历来被世人所关注。现代立法理论和实践表明,"充分的利益博弈"和"公众参与"

---

❶ 张千帆:"重构中国的道德与政治哲学",载《法制日报》2012 年 4 月 25 日。
❷ 王琼雯:"'移民为何贫困'——非自愿移民补偿制度的法规范分析",载《云南行政学院学报》2009 年第 2 期,第 149 页。
❸ 张博庭:"客观的评价是解决好水库移民问题的前提",载中国网,http://www.china.com.cn/economic/txt/2009-05/04/content_17715891.htm。

是防止低质立法,提高立法文本正当性和可接受性的重要基础。立法关涉到不同利益主体的权利、义务资源的调配,关系到不同利益主体的矛盾和冲突的合理解决,因此,民主立法强调公众(尤其是直接利益关涉方)在立法过程中的充分利益诉求表达,着力于"重叠共识"达成。比照现代民主立法的要求,我国水库移民立法的民主化程度显然差强人意。正如一位学者所描述:"移民政策的制定没有很好地体现民主化,有关的利益主体(移民)没有充分表达合理诉求的渠道。公共政策的制定或决策过程的民主化是指保障公民和各种社会政治团体以及政策研究组织能够参与公共决策过程,保障政策内容尽可能地反映广大人民群众的根本利益与要求,在决策系统及其运行过程中形成民主的体制、程序和气氛。作为一项重要公共政策的我国移民政策的制定,并没有很好地体现民主化的要求,作为这一政策利益主体的移民没有有效地参与到决策的制定和决策的执行当中来。他们的合理要求没有一个充分表达的渠道和场所。"❶ 我国当前的水库移民立法民主化主要存在两个方面的障碍和不足。一是水库移民立法行政化、地方化倾向难保不同利益的充分博弈。我国《土地管理法》通过授权的方式使得国务院获得了制定专门的水库移民征地补偿标准的权力,《土地管理法》和《大中型水利水电工程建设征地补偿和移民安置条例》同时赋予了省级地方政府对"征收(其他土地)的土地补偿费和安置补助费及土地上附着物和青苗的补偿标准"❷的立法决定权。由此观之,我国水库移民补偿制度呈现出明显的行政化和地方化的态势。在我国水库工程基本由政府主导推进建设的情况下,这种既当"裁判员"又做"运动者"的立法态势本身就很难保障制度创建的"利益博弈"和"重叠共识"。二是水库移民参与能力现实隐忧、困扰立法民主的实质推进。在中国立法民主进程中,有一种声音一直阻碍着"农民"和其他弱势群体真正参与到立法过程,这种声音也曾是不平等立法权制度化的重要理由之一。这种声音便是农民和弱势

---

❶ 邱中慧:"水库移民问题中的公共政策研究",载《太平洋学报》2008年第9期,第54页。
❷ 2004年《土地管理法》第47条第3款、第4款:"征收(其他土地)的土地补偿费和安置补助费标准,由省、自治区、直辖市参照征收耕地的土地补偿费和安置补助费的标准规定。被征收土地上的附着物和青苗的补偿标准,由省、自治区、直辖市规定。"《大中型水利水电工程建设征地补偿和移民安置条例》(国务院令第471号)第22条第1款、第2款:"征收其他土地的土地补偿费和安置补助费标准,按照工程所在省、自治区、直辖市规定的标准执行。被征收土地上的零星树木、青苗等补偿标准,按照工程所在省、自治区、直辖市规定的标准执行。"

群体因为其特殊的智识水平无法有效地参与到立法过程中,因此考虑到这种情况国家可以忽视他们的参与。基于此,由于水库移民大多数是位于边远地区的农民,他们对立法的参与常常被"有意"地忽略了。这种状况显然背离了民主的发展方向和本质内涵要求,也违背了公众参与的平等无歧视原则。"民主的含义之一,即为人们之间应该有某种实质性的平等,这一种平等应该体现在以下方面:应尽量使成年的社会成员对有关社会生活的重要方面的决策平等地发挥影响;不应过分强调财产、地位,以及教育、学识等方面的不平等,致使在社会生活的不同领域中某些人永远成为他人的附庸,或者在实际运用政治权利时造成极端不平等的状况。"❶

(三) 城乡二元体制的影响

新中国成立后,为了快速摆脱"一穷二白"的国家面貌,从20世纪50年代初开始,国家逐渐从户籍、用工、社会福利和粮油供应等方面建立起"城乡二元"的经济社会体制。这种城乡二元结构在支撑计划经济模式的同时,也严重地损害了中国广大农民群体的利益。在过去计划经济体制下,国家要发展,尤其是新中国刚成立,面对百废待兴的工农业生产体系,采取的公共政策措施只能是"顾大家、舍小家","先生产、后生活"的做法,农业为工业发展提供了资金积累,农民为国家工业化作出了贡献。在当时,这样做节省了国家建设投资,使经济能得以较快地发展,但损害了广大移民群众的利益,遗留下不少的问题。❷ 城乡二元分离的国家治理模式,给水库移民补偿权利的制度保护带来无法逾越的政治障碍。一方面,这种障碍严重侵蚀着水库移民获取公平补偿的权利根基。在城乡二元体制下,全国在土地制度上形成了城市和农村二元分离的局面,由此形成两种完全不同的地权体制。在这种体制下农村土地权利的拥有者完成地权的自愿流转,政府却通过控制地权的流转来赚取城市发展的资本。"在二元土地制度下,因为地权的自愿流转受到严格约束,对地权持有人来说,这意味着他们的权利几乎丧失了法律依据财产规则给予保护的可能性。"❸ 另一方面,这种

---

❶ [美] 巴特摩尔:《平等还是精英》,尤卫军译,辽宁教育出版社1998年版,第101页。
❷ 邱中慧:"水库移民问题中的公共政策研究",载《太平洋学报》2008年第9期,第53页。
❸ 陈国富、卿志琼:"权利保护的经济理论与中国转型期的地权流转",载《南开学报(哲学社会科学版)》2011年第1期,第110页。

障碍也致使水库移民补偿立法的身份规则的形成。在水库移民补偿过程中，根据移民的户籍，他们常常被分为城市移民、城镇移民和农村移民，因为这些身份的不同，他们获取补偿的标准也是不一样的。《长江三峡工程水库淹没处理及移民安置规划大纲》第3.3.5条规定："农村移民进城镇人口的建房、占地和基础设施与农村移民补偿标准相同，集镇移民进城镇人口的建房、占地和基础设施与原所在集镇的补偿标准相同。县城移民进城市的建房占地和基础设施与原所在县城的补偿标准相同。"❶

（四）经济发展差序格局的制约

正如马克思所言："权利永远不能超出社会的经济结构以及由经济结构所制约的社会的文化发展。"❷法律制度的建构水平取决于其所处的经济基础，权利实现的程度与经济发展状态息息相关。我国水库移民补偿制度的权利保障困境，除了与各种社会文化因素有关外，也一定程度上受我国经济发展状态和经济发展体制的钳制，受"差序格局式"的经济发展进程的制约。首先，受经济发展共时性差序格局的制约。建立在半殖民地半封建基础上的社会主义新中国，不仅面临着解决人民温饱的基本发展需求，同时也承载着快速赶超西方发达国家的迫切渴求。基于此，国家选择了"效率优先""鼓励先富、先富带后富"等注重GDP快速增长的具有中国特色的模式。"国家总是按照有利于经济发展的标准，对自己认为能够维护经济发展的群体的权利给予优先保障。"❸这种发展模式不仅导致了我国经济发展的不均衡，更重要的是导致了对社会分配正义的破坏。这种经济发展模式虽然推动了社会财富总量和极少数社会群体财富总量的增长，但导致了许多弱势群体发展利益的牺牲。进而观察我国水库移民补偿制度，我们不难发现水库移民虽然获得了补偿，却总易陷入生产发展乏力的囹圄。其次，经济发展历时性差序格局的制约，即经济发展的整体水平客观影响着权利的制度保障。在公益征收补偿上，"不完全补偿"（或"适当补偿"）和

---

❶ 《长江三峡工程水库淹没处理及移民安置规划大纲》，长江水利委员会于1994年6月编制完成，国务院三峡工程建设委员会办公室于1994年7月以国三峡办发计字〔1994〕056号文通知四川、湖北省人民政府，移民开发局，长江水利委员会实施。

❷ 《马克思恩格斯全集》（第3卷），人民出版社1972年版，第12页。

❸ 郝铁川："权利实现的差序格局"，载《中国社会科学》2002年第5期，第123页。

"完全补偿"之间的抉择事关被征收人权益的保障水平。而征收补偿制度发展的历史表明，在二者之间如何抉择与经济发展水平和国家财力紧密相关。而补偿的原则也随着经济的发展水平、国家财政实力的转变而改变。例如德国在一次大战以前强调对财产权人的充分保障，因此在征收土地时采取了完全补偿的原则。如1874年《普鲁士土地征收法》规定征收的补偿原则是"完全补偿"，并且是市场导向的"从宽补偿"原则。在"二战"后德国颁布的基本法规定征用补偿采取公平补偿的原则，但在国家重建时期，由于国力衰弱，实际采取了不完全补偿原则。到了经济复兴后，又回复采取完全补偿的原则。❶ 这种经济发展上的差序格局强烈地影响着我国水库移民补偿制度，也成为政府向水库移民提供不完全补偿的重要理由。当然在新中国成立初期，因为物质的匮乏而给予水库移民较低的补偿或许能够易于让人接受，但经过若干年的改革开放，我国的经济实力已经得到的极大提高，在这种情况下，如果我们的水库移民补偿制度依然以"经济决定论"坚持补偿的"不完全性"，显然已无法让人信服了。

---

❶ 陈江龙、曲福田："土地征用的理论分析及我国征地制度改革"，载《江苏社会科学》2002年第2期，第57页。

第三章 水库移民利益补偿的行动逻辑

主张和承认一项权利是一回事，但将权利嵌入政府的制度结构和行动过程中去，并落实为公民切实享受的权益是另外一回事。❶通过对移民法规的整体考察可以发现，水库移民法规设计的不完善和不公平，导致了移民应该享受权利的程度和数量的不足。我们需要追问的是，现有的移民权利是否被有效地嵌入政府的制度结构和行动过程中？

一、水库移民征地补偿"公益性"的"人本"反思

由于水坝建设对经济、社会、环境等方面的巨大影响，一直以来围绕建坝利弊的争议从来没有停止过。怒江流域水电资源开发争议事件是当代中国建坝史上最有代表性的公共事件。怒江是一条国际河流，流经中国的西南边陲地区，其中长约 2013 公里干流在我国境内，是目前我国没有得到深度开发的大河之一，在其干流上也没有大坝。由于其特殊的地理环境以及蕴藏着巨大的水能资源，从 20 世纪 80 年代末开始，当地政府一直努力寻找在怒江流域上马大型水电工程的机会。2000 年 2 月，在云南省自治州政协七届五次会议期间，省政协委员全体签名，形成了《坚决贯彻西部大开发战略决策，强烈要求将怒江水能开发引入国家"十五"计划》的集体提案。❷在云南省和怒江州的长期奔走努力下，同时出于缓解我国电力不足的窘境，1999 年，国家发改委决定开发怒江水能资源。经过三年的勘测设计，云南省怒江傈僳族自治州政府于 2003 年向国家发改委正式提交了《怒江中

---

❶ 韩志明："权力的恣意与权利的贫困：建构和谐社会的二维分析"，载《社会主义研究》2008 年第 1 期，第 72 页。

❷ 彭兆清："坚持以人为本的科学发展观，促进怒江流域水能资源开发"，载《云南社会主义学院学报》2004 年第 4 期，第 63 页。

下游水电规划报告》，提出了两库十三级梯级开发方案。[1] 2003 年 8 月，该报告顺利通过了国家发改委的正式审查。但此时适逢《环境影响评价法》[2]的正式实施，由此围绕怒江水电资源开发的生态环保问题，国家环保总局与云南省政府和国家发改委展开了多次的较量（见表 3.1），此事件引起了国际社会的广泛关注，而且很多民间组织积极参与了这场激烈的争论。2004 年 2 月中旬，在时任国务院总理温家宝同志对怒江建坝作出"对这类引起社会高度关注，且有环保方面不同意见的大型水电工程，应慎重研究，科学决策"[3]的批示之后，怒江干流建坝计划被搁浅。此次事件中的参与者众多，包括当地政府（怒江州政府、云南省政府）、国家发改委、水电开发公司、国家环保总局、NGO 组织、各方面专家等，但令人遗憾的是，因怒江水电资源开发将成为移民的当地居民并没有发出他们的声音，他们始终被置于被动安排的角色，也不知道自己将被如何迁移，如何被补偿。绿家园的汪永晨经过调查之后发现："怒江沿江的老百姓，除了六库边上的小沙坝村四年前在村头贴了一纸告示，不准再修建新房子，否则不予赔偿，镇里给开了一次会通知他们要修水电站会淹没他们的房子和地以外，其他所有沿江的人对于修电站和搬迁、赔偿的事情都不太清楚。松塔电站潜在移民、西藏察隅县察瓦龙乡龙普村村支部书记阿格居然说，他是从一位在当地写博士论文的美国人那里知道水电站的事情的。"[4]

表 3.1 2003 年 9～10 月国家环保总局和云南省政府的主要活动[5]

活动主导者	时间	活动内容
国家环保总局	9 月 3 日	在北京主持召开了"怒江流域水电开发活动环境保护问题"专家座谈会，与会专家（北京专家）指出，怒江不宜开发水电

---

[1] 郑琦："中国政府议程设置模式的变迁——'怒江事件'管窥"，载《中国非营利评论》2007 年第 1 期，第 198 页。

[2] 2002 年《环境影响评价法》，2002 年 10 月 28 日第九届全国人民代表大会常务委员会第三十次会议通过，2003 年 9 月 1 日起施行。

[3] "温家宝指示从速论证怒江工程"，载新华网，http://www.yn.xinhuanet.com/newscenter/2005-09/10/content_5097507.htm。

[4] 陈宏伟："怒江水电开发'大调整'方案为何如此神秘"，载《中国经济时报》2006 年 6 月 21 日。

[5] 郑琦："中国政府议程设置模式的变迁——'怒江事件'管窥"，载《中国非营利评论》2007 年第 1 期，第 202 页。

续表

活动主导者	时间	活动内容
云南省环保局	9月29日	在昆明主持召开了"怒江下游水电开发与生态环境保护"专家讨论会，云南的专家针对国家环保总局组织的专家讨论会提出了相反的观点
云南省环保局和怒江州政府	10月9~10日	在昆明组织云南一专家组召开讨论会，进一步确认：怒江是可以开发的
国家环保总局	10月20~21日	在昆明主持召开了"怒江流域水电开发与生态保护问题专家座谈会"，北京专家和云南专家讨论激烈。会议之后，双方意见经由国家发展和改革委员会递交到国务院

怒江争议事件是近年来发生的公众参与度和影响度非常高的一起事件，不同领域的学者都对此投入重墨加以分析。它也为我们从公法学的视角全面反思水库移民征地补偿提供了良好的脚本。

(一)"物化"考量的公共利益

怒江水电资源开发争议，核心就是公共利益的具体考量界定问题。公共利益不仅是政府存在的理论基础，而且根据公益征收理论，公共利益也是政府对公民的权利作出限制或剥夺的法治立足点。因此在具体的征收补偿实践中，界定公共利益便成为首要问题。公共利益是一个非常模糊的概念，立法并没有明确它的具体范围以及认定标准。这种理论和立法的模糊性，为公共利益的认定决策留下了广阔的自由裁量的空间。在中国，由于正当程序理念的缺失，政府常主动担当起界定公共利益的唯一主体的角色，而且促进经济发展俨然成为最大、最广泛宣传利用的公共利益。长期以来水电工程建设一直被理所当然视为公共利益，它的"公共性"主要表现为促进社会经济的快速发展。但随着人权理念的深入发展，这种简单式理解和处理方式不仅不利于和谐社会的构建，而且是同人权理念的弘扬和宪法精神的落实相违背的。正如中国台湾学者谢哲胜以台湾地区法制为例论证不动产财产权的限制所言："限制不动产财产权的法律、行政命令或其他政府行为通常情形固然是合宪，但如于具体个案，并无公共利益的存在、限制的方法无法促进公共利益、使不动产财产权人负担过重或与享受的利益不成比例或不符合程序要件，即违反前述要件，则可能违反《宪法》第15条和第23条，而为无效。"❶ 怒江水坝争议事件揭示了我国水库建设的"公共利益界定"的正当性和合法性危机。

针对我国发展中存在的种种问题，中国共产党提出了"以人为本"的执政理念，这种理念在宪政意义上体现了对人性尊严的认同，在宪法上表现为国家对人权的尊重和保障。因此，人性尊严也是当前民主法治社会价值判断的根本标准。为了真正保障人的基本权利，这种价值标准应该体现在社会主义建设的所有领域，怒江水电资源开发争议事件显示水库建设征地与移民补偿公共利益判断的人权精神偏离。人性尊严的首要特质便是强调人是目的，而不是工具。"国家不能把人民（只是）当成其作用中之一种工具、手段或物品，人民要遂行其目的时，其有自治的'自由空间'，尊严由此而生。"❷ 但在怒江建坝规划论证中，无论是地方政府抑或水电资源开发企业，他们主要考量大坝建设的经济效益，考虑大坝建成后给政府带来的大幅度增加的财政收入，给企业带来的巨大利润。但水库移民的人权主体价值和资源开发地的生态环境保护却湮没于经济发展的喧嚣之中。在水库开发项目者与政府的合议中，移民只是一个经济学上需要支出的成本问题，而并没有真正从"以人为本"的视角将其放在重要位阶上进行考量。在这种理念指导下，水电开发将"人"的利益、"人"的幸福置于一种被安排、被轻视的地位，其只是考虑移民成本是否会增加其建设成本，未能从"人"的生存幸福的角度关心"人"的权利问题。❸ 虽然在表面的政治话语中，经济发展也包括帮助当地居民摆脱贫困，但由于大坝建设规划和移民安置对人本价值考量的失当，实质上当地居民很难享受到这种经济发展带来的利益。正如清华大学教授李循接受记者采访时所言："在水坝建设中，获利的首先是电力部门；其次是地方政府；在现行体制下，老百姓很难参与到这个利益分配过程中去。"❹ 而且这种观点也得到水电资源开发企业的认同。这种忽略水库移民"人本"价值的公益考量方式，已给其他许多水

---

❶ 谢哲胜："不动产财产权的自由与限制——以台湾地区的法制为中心"，载《中国法学》2006年第3期，第150页。
❷ 李振山：《人性尊严与人权保障》，元照出版社2001年版，第11页。
❸ 林苇："法治视角下水库移民类群体性事件的思考——以云南绥江'3·25堵路事件'为例"，载《中国人民公安大学学报（社会科学版）》2011年第3期，第128页。
❹ "怒江大坝决策中的三方利益博弈"，载《国际先驱导报》2004年4月20日。

库建设带来了一系列的社会问题，很多水库移民并没有因为水库的建设摆脱贫困，反而陷入了更深的贫困状态。专家对澜沧江漫湾电站进行的研究表明：自漫湾电站建成投入运行后，国家财政每年可从漫湾电厂获利1亿多元，省财政获利5000多万元，云县、景东、南涧、凤庆4县共获利5000多万元，漫湾电厂和省电力公司共获利12亿多元。但是，库区淹没前，漫湾移民人均纯收入曾高出全省坝区平均值112%，人均产量高于坝区平均值63.5%，至1997年库区淹没后，据移民生产生活普查统计，库区人均纯收入水平仅为全省水平的46.7%，后靠移民与就地安置移民比建水库之前人均生产粮食减少四五百公斤，收入大幅下降，有的农民甚至靠拾水电站的垃圾为生。❶诚然，为了实现国家经济、社会的发展，水库建设事业可以列入公益事业，但这并不能必然推导某个具体水库移民征地补偿项目的正当性，公益优先的理念不能以造成水库移民的二次牺牲为代价，不能以牺牲水库移民的生存发展权为代价。"应当结束牺牲一些人的利益来满足另一些人的需要的情况……所有人共同享受大家创造出来的福利，使社会全体成员的才能得到全面发展"。❷

（二）缺乏知情参与的"政府内生型"程序

水库建设征收补偿的公益正当性不仅在于其对"人"的尊重，同时取决于其在程序上是否保证了公众的有效参与。正当的程序机制不仅可以保证实体价值的实现，也能够提升行政决策的可接受性。实体上的相对性要通过程序机制来弥补应当作为一项社会治理的基础性方略来看待。社会活动的合法性也必须从程序的角度加以约束才能得到保障。正因为如此，在许多情境下，程序都应当被理解为法治主义的核心。处理公共利益的相对性问题也应当如此。具体地说，不管如何界定公共利益，也不管是哪一级别的公共利益，只要公共利益的主张会引起对私人实体利益的限制与克减，就必须存在一种程序系统来保证这种限制与克减的正当性与合法性。❸水库建设征地补偿公益性的程序正当性在于保证公众知情、参与。这种程序上的要求首先体现了对人性尊严的服膺。人性尊严的重要内在意蕴之一是公

---

❶ 李自良："怒江'争坝'"，载《瞭望新闻周刊》2004年第49期，第26页。
❷ 《马克思恩格斯选集（第1卷）》，人民出版社1995年版，第243页。
❸ 杨寅："公共利益的程序主义考量"，载《法学》2004年第10期，第9-10页。

民的自决参与。康德认为:"人乃理性、自决之主体,不得加以物化或客体化。"❶ 其次,公众的知情、参与程序设置也是现代行政法对公共利益决策界定的要求。公共利益和个人利益的关系在行政法上已得到确定以后,即在行政法的适用上,就不能再要求个人利益服从公共利益,否则,行政法就丧失了其存在的价值,就会导致行政主体及其工作人员完全以自己对利益的主观判断来代替法律的"自由法运动"。❷ 在我国,由于公益征收中公共利益界定决策程序立法的不足,同时叠加正当程序理念的缺位,导致在公益征收中普遍存在决策不透明、不民主的现象。公共利益认定内部化、非透明化。一些公益项目征地普遍是政府硬性定价,强调重点项目是造福百姓,依靠行政手段强制形成征地补偿标准,实行征地包干,不仅远低于市场价,而且低于土地管理法确定的计算价格,剥夺农民合法权益。❸ 这种决策中的不透明、不民主在水库移民补偿中表现得尤为明显。怒江水电资源开发争议事件真实地反映了我国水库移民征地补偿中公共利益决策的实际问题。其一,决策过程不透明,水库移民缺乏知情权。知情权是水库移民自主参与的重要基础,是保证水库移民获得公正补偿的重要前提和条件。在水库移民征收补偿过程中,对于发动者政府而言,为了保证原住居民对建设水库的理解和支持,不仅应该主动告知他们一切相关信息,而且应该为原住居民获得信息创造便利条件。因为对于大多数水库移民而言,他们在信息获取和参与能力方面处于天然的劣势地位,让他们主动去行使知情权显然不现实,也是不公平的。当前,我国的非自愿移民政策仍在以一种比较封闭的方式进行,关于移民的安置规划一般由规划设计部门或者移民管理部门单独或联合编制,规划一旦制成,不经过公开程序即开始实行。这种不及时公布相关信息的做法可能导致受到移民安排的公民由于不知与自身利益相关的重要情况,因而无法理性地安排自己的生活,不能很好地保护自己的权利,甚至会遭受重大的人身和财产损失。❹ 在怒江水坝事件中,地方政府以帮助当地居民摆脱贫困、促进地方发展为理由,启动了水坝建设规划设计。基于此他们除了宣传水坝建设的积极意义之外,并没有

---

❶ [德]康德:《实践理性批判》,关文远译,商务印书馆1960年版,第368页。
❷ 叶必丰:"行政法的理论基础问题",载《法学评论》1997年第5期,第22页。
❸ 金伟峰、姜裕富:《行政征收征用补偿制度研究》,浙江大学出版社2007年版,第129页。
❹ 郭殊:"论非自愿移民知情权的法治保障",载《新疆社会科学》2012年第2期,第87页。

主动放下姿态去询问原住居民的搬迁意愿，主动告知水坝建设的利和弊，更没有告知将对水库移民给予何种安排。怒江工程需动迁人口七八万，下游还有几十万人也会受到影响，其中还有不少是少数民族，由于语言和信息渠道沟通不畅，许多人还不知道要修水坝，更不知道他们要被重新安置。[1]水库建设征收中移民知情权的被忽视意味着其参与的不畅和艰难。其二，决策过程内部化，水库移民缺乏参与。公众参与不仅是公民享受的基本权利之一，也是制约公共权力的重要方式之一，缺乏公众参与的权力极易被滥用。怒江水电资源争议事件反映出无论是议程设置抑或参与程序设计上，当地居民（可能的水库移民）始终被隔离于决策参与之外。在怒江水坝建设规划中，直接利益相关者包括政府、水电资源开发企业和当地居民，其中政府和水电资源开发企业实质上已绑在一起。无论是从人权保护的视角，抑或保证行政行为合法性的角度，作为直接利益相关者的三方都有权参加到决策程序之中，但在怒江水坝建设规划设计中作为利益相关方的当地居民并没有发出他们的声音。为了保证水库建设的顺利实施，政府（与企业合谋）以自己的利益判断取代了公共利益的判断。正是由于移民在征地补偿过程中缺乏参与，也导致他们的权益经常受到损害。

二、水库移民征地补偿合意达成难题

相对于一些发达国家，我国的水能资源利用程度还较低，对其充分开发利用已经成为党和国家领导人的共识。水利水电工程的建设必将产生大量的水库移民。虽然随着国家实力的增强，移民法制的健全，水库移民征地补偿范围、标准等都得到了很大的改观，但水库移民与政府间的冲突和矛盾并没有随之而减少。2004年，在瀑布沟水电站建设中，围绕征地补偿问题，曾爆发了震惊中外的汉源移民事件。该水电站开工建设之初，当地居民便表达了对征地补偿的强烈不满，其中关键的两点成为日后群体性事件爆发的触媒。其一，移民认为按照十几年前制定的依据给予补偿标准过低。瀑布沟水电站征地补偿标准的主要依据是《大中型水利水电工程建设征地补偿和移民安置条例》，而该条例实施于1991年5月1日，距离2004年瀑布沟水电站开工建设已有13年的时间。其二，移民认为征地补偿过程

---

[1] 尹鸿伟："怒江原住民漫湾取经（上）"，载《南风窗》2004年第11期，第49页。

没有充分听取民意,尤其是政府只听水电建设业主的一面之词,把淹没的良田认定为高山峡谷。而且地方政府通过"暗箱操作"的方式大量漏报少报移民补偿款。汉源县政府在一份报告中的有关说明证实了这一点。说明内容如下:

"在一份相关报告里,汉源县政府提出:《初期设计报告》中提出的补偿标准与法律法规,以及同类水电站的做法有一定差距,漏统、漏计总额达11.9亿元。这份报告说,林地补偿不足,《初期设计报告》对'征用其他土地补偿费用'未列入补偿概算。而且对征用耕地补偿太低,补偿金额太少,移民安置十分困难。城镇农村房屋、城市供水、排污补偿标准偏低,漏统计5.76亿元。此外,青苗补偿费未列入补偿概算;移民遗留在淹没线以上的实物和移民安置调整土地时涉及的有关实物,未列入补偿概算;企业迁建中,因停产导致工人失业,停业工人的工资收入、生活保障和社会保险未列入补偿概算;交通、通信、电力恢复建设占地补偿未列入;对水库淹没区农村小型生产加工企业只列入297户,尚有123户未列入概算……'我们上报了很多材料,但又不好和移民说,一是一旦没兑现,不好向老百姓交代;二是如果传出去,就等于把矛盾转交给了上级。'县委副书记白然高说。"[1]

在移民通过各种渠道多次反映自己诉求而无法得到满足后,最终升级为严重的群体性事件。该事件的发生导致瀑布沟水电站停工1年,在大幅度提高水库移民的征地补偿标准后,水电站才得以复工。实际上瀑布沟水电站原来的移民补偿标准不仅高于前期建设的宝珠寺和同期建设的紫兰坝等移民补偿标准,而且高于三峡工程迁移到当地的移民补偿标准。然而吊诡的是,水库移民补偿标准大幅度提高之后,甚至已突破了法定标准,仍然有很多原住居民不肯按时搬迁,而且瀑布沟水电站移民事件进一步强化了新老水库移民"信闹不信息"的群体信访观念,导致此后越来越多的水库移民通过制造群体性事件来达到提高补偿标准的目的。在2000年后发生的西部水电移民群体性事件中,由于水电工程建设征地移民数量大、涉及面广的特点,加上社会公众"信上不信下,信大不信小,信闹不信息",以及

---

[1] 谭新鹏:"开发商把良田说成高山峡谷 大渡河移民巨资流失",载《中国青年报》2004年10月28日。

从"恩惠"到"开发权共享":
水库移民补偿法研究

"小闹小解决,大闹大解决"的思想,水电移民在移民骨干或代表的组织下实现了跨省、跨镇、跨县甚至省域的联合,每次事件参与者动辄几十人,上百甚至上千人。群体性事件的规模越来越大,造成的影响也越来越强。❶该案的发生折射出当前我国水库移民征地补偿所面临的困惑和矛盾,集中反映了政府和移民之间合意治理的困境。正如一位移民官员所言,我们抱着补偿历史的欠账和息事宁人的态度,采取加大后期扶持和提高补偿标准之后,我国目前的水库移民的矛盾和冲突不仅没有得到缓解,反倒比以前更普遍,更激烈。❷为什么在移民的缠诉下,很多地方政府甚至冒着突破法定"三原标准"的法律风险,提高了补偿标准,但矛盾依然没能得到有效缓解呢?笔者试图从行政过程论的视角反思当前水库移民征地补偿决策机制,探寻纾解当前水库移民征地补偿决策困境的制度路径。

(一)合意为何难以达成:制度障碍和理念制约

作为征地补偿的各方,他们必然会从自身的利益出发,天然地追求着自身利益的最大化。如果没有"善治"理念的指导,并辅以良好、互动的制度保障,移民始终会认为没有得到合理补偿,而政府无论给付多少,都会认为已经足够慷慨。笔者认为,水库移民征地补偿矛盾涌动、群体性事件多发的关键,不在于因水电建设而导致的征收行为本身,而在于当前单向度的征地补偿决策模式,这种单向度的制度及理念阻碍了利益相关方的充分博弈,最终严重影响了征地补偿合意的达成。缺乏合意基础的征地补偿过程及其结果必然会引发质疑、争议和不满。我国现行的征地制度并不是一个高效益的制度,被征地农民不能诉诸土地转让权,不享有法律许可的价格谈判权,就只能诉诸"生存权"和"公正理念",通过上访甚至超越现行体制允许的其他集体行动来影响补偿数额的最后决定,从而通过增加地方政府的征地执行成本来提高自己的收益。政府支付了非生产性、非市场交易性的成本,导致表面低廉的征地成本变成了实际上的高昂征地成本。❸

---

❶ 郑瑞强、施国庆:《西部水电移民风险管理》,社会科学文献出版社2011年版,第214页。
❷ 张博庭:"客观的评价是解决好水库移民问题的前提",载中国水电网,http://www.hydropower.org.cn/showNewsDetail.asp? nsId=673。
❸ 季金华、徐骏:《土地征收法律问题研究》,山东人民出版社2011年版,第62页。

1. 设计失衡的制度结构

孕育于新中国成立初期、脱胎于计划经济时期的水库移民征地补偿制度虽然经过市场经济的洗礼，已经发生了巨大变化，但总体来说，目前由国家解决移民补偿问题的方法带有浓厚的计划经济色彩，建设工程移民补偿标准形成、概算、国家批准移民投资概算、组织移民搬迁、兑现移民补偿资金的全过程，没有完全体现"公民的合法私有财产不受侵犯"的宪法原则。❶ 这种征地补偿运作机制使政府与水库移民在利益博弈的起点上处于制度化的失衡状态。

（1）单向行政化的制度设计。水库移民是一个比较棘手的世界性难题，《土地管理法》对其征地补偿作出了授权性的处理，国务院在此授权下先后制定了《大中型水利水电工程建设征地补偿和移民安置条例》和《长江三峡工程建设移民条例》。这两个条例对移民征地补偿标准和方式等作出了比较僵化的处理，此种处理表面上似乎可以起到限制权力滥用的目的，但实质上无限放大了政府的主导意志，限制了移民参与补偿议价的权利，导致移民对征地补偿决策过程失去关注和参与的动力。首先，当前水库移民的补偿标准的确立有三种模式：一是移民管理机构直接确立模式。《长江三峡工程建设移民条例》第 7 条规定："国家对三峡工程建设移民依法给予补偿。具体补偿标准由国务院三峡工程建设委员会移民管理机构会同国务院有关部门组织测算、拟订，报国务院批准后执行。"❷ 二是行政法规直接确定模式。《大中型水利水电工程建设征地补偿和移民安置条例》第 22 条第 1 款规定："大中型水利水电工程建设征收耕地的，土地补偿费和安置补助费之和为该耕地被征收前三年平均年产值的 16 倍。"❸ 三是授权省、自治区、直辖市规定模式。《大中型水利水电工程建设征地补偿和移民安置条例》第 22 条第 1 款、第 2 款规定："征收其他土地的土地补偿费和安置补助费标准，按照工程所在省、自治区、直辖市规定的标准执行。被征收土地上的零星树木、青苗等补偿标准，按照工程所在省、自治区、直辖市规定的标

---

❶ 李丹、郭万侦、刘焕水、张江平：《中国西部水库移民研究》，四川大学出版社 2010 年版，第 241 页。

❷ 《长江三峡工程建设移民条例》（国务院令第 299 号）第 7 条。

❸ 《大中型水利水电工程建设征地补偿和移民安置条例》（国务院令第 471 号）第 22 条第 1 款。

准执行。"❶ 其实在水库移民征地补偿标准的确立过程中，无论哪种模式，都在具体的规则制定和具体规则中把移民的参与主体地位排斥在外，政府始终是补偿标准的单方确立主体，而政府确立补偿标准的原则是"原规模、原标准或恢复原功能"。这种静态化的补偿模式，既不考虑土地生产能力的动态发展性，又不考虑土地用途的发展变化性，一刀切地将收益价值的基点确立为"征收前""原用途"产值的"固定倍数"。而其另一致命缺陷还在于其完全不考虑权利丧失的补偿。❷ 其次，囿于有关法律法规的规定，传统水库移民征地补偿方式常采取一次补偿和有土安置。《大中型水利水电工程建设征地补偿和移民安置条例》第13条规定："对农村移民安置进行规划，应当坚持以农业生产安置为主，遵循因地制宜、有利生产、方便生活、保护生态的原则，合理规划农村移民安置点；有条件的地方，可以结合小城镇建设进行。"❸ 这种传统简单的利益补偿方式固然便于操作和管理，但忽视了水库移民选择的权利，难以满足他们的多元化利益诉求。

（2）缺乏正当程序保障的参与规定设置。首先，"先征后补"是水库移民征地补偿程序设置的典型特征。一方面，这种程序设置模式导致水库移民在征地补偿过程处于先天性的博弈劣势，极易湮没移民的正当参与权、表达权；另一方面，"先征后补"的程序设置极易引发水库移民补偿资金的短缺和缩水，进而导致移民无法及时获得全额补偿。在中国，水库移民补偿费被列入工程概算，但由于水电建设业主的自利性，加上水库移民建设周期的漫长性，这种概算往往远远低于水库移民补偿的正当法律诉求。世界银行的环境部回顾了192个由银行资助的工程，其中包括1986—1993年期间以发展为导向的被动迁移。结果表明，要迁居总人数比做评估时的预计人数高出47%，在准备和评估时由买方所提供的数据通常低估受影响的人数。❹ 其次，虽然根据相关法律、法规的规定，在水利水电工程建设征地补偿中，水库移民被赋予了一定程度上的参与机会，但这种参与被限制在狭小的范围内。《大中型水利水电工程建设征地补偿和移民安置条例》仅规

---

❶ 《大中型水利水电工程建设征地补偿和移民安置条例》（国务院令第471号）第22条第1款、第2款。
❷ 王洪平、房绍坤："论公益征收补偿的标准"，载《山东社会科学》2010年第11期，第139页。
❸ 《大中型水利水电工程建设征地补偿和移民安置条例》（国务院令第471号）第13条。
❹ ［英］T. 斯卡德：《大坝的未来》，齐晔、杨明影等译，科学出版社2008年版，第18页。

定在"必要时",编制移民安置规划大纲、移民安置规划和水库移民后期扶持规划需经过听证,何为"必要时"的解释权显然被补偿义务方掌控,而且移民最关注的征地补偿听证并没有得到体现。在移民的狭小参与空间范围内,他们的参与也常被限制在"告知—评论"之象征性层面,在水利水电工程建设征地补偿实践中,因为参与正当保障程序的缺失,导致大量移民产生抱怨情绪。世行认为对非自愿移民来说,设想其在一开始有抵触情绪,这是可以预料的。参与是疏导、化解抱怨和冲突的有效方式,从实际效果来看,有效参与与不参与或参与不足导致两种截然不同的实施效果,这在许多项目中得以验证。[1]

2. "重工程、轻移民"的征地补偿理念

长期以来,我国的水利水电工程建设往往承载着巨大的政治使命。因此,某种意义上,水库移民征地补偿常被视为政治问题,最直接调整水库移民征地补偿的是各种各样政策和地方性知识,在利益考量过程中,地方政府和业主更多想到的是工程建设之后所带来的巨大政治和经济效益,而常常忽略了移民的生存和发展权利。这种"重工程、轻移民"的思维理念,加剧了水库移民征地补偿模式的政府主导性,使得水库移民补偿法律关系的各方权利义务均衡状态无法形成,权利义务的失衡给各方带来"无法无天"的遐想空间,也致使他们的自利性得到无限的膨胀,在这种状态下最低限度的共识理解永远只能是"空中楼阁"。虽然,近年来国家提出了开发性移民的政策,但由于受传统征地补偿理念的制约,政府并没有把移民当作平等伙伴,致使开发性移民准则在两个方面变质:一来自地方政府,他们经常会把为移民提供发展机会当作"善政"下政府对民众的恩赐;二来自移民,他们则把尽量提高补偿、补助等要求当作要挟政府的有效手段。两者冲撞便完全可能引发移民闹事。[2]

(二) 单向度征地补偿决策模式的合意困境

这种制度上的障碍和理念的制约,导致了水库移民征地补偿法律关系的双方就像两条平行线一直停留在"自唱自画"的自我状态中,双方缺乏

---

[1] 朱东恺、施国庆:《水利水电移民制度研究——问题分析、制度透视与创新构想》,社会科学文献出版社2011年版,第78页。

[2] 施祖留:《水利工程移民管理研究》,上海社会科学院出版社2007年版,第80页。

有效博弈，当然也不可能形成共识。移民常放弃通过正当合法的途径去寻求自身利益的最大化，转而通过其他"非道德性""灰色化"乃至"非法性"的手段争取最大利益。这种运作模式进一步恶化了水库移民征地补偿法律关系，使法律关系双方分别处于非博弈化的状态。❶

1. 水库移民的高依赖性与权利剥夺感

在我国，水库移民长期被贴上了"政府政治行为"的标签，为了国家整体利益，一些公民被迫搬迁。补偿多少、如何安置都由政府决定。当然，为了消除移民搬迁的被动性，现实中的常有做法是通过增加优惠政策而提高搬迁的吸引力，或者在实际补偿有限的情况下，通过对安置前景的宣传，使移民对未来的期望值增高（但后者又可能带来更顽固的指靠性）。❷ 这种补偿安置模式迫使移民放弃通过正式博弈获取正当补偿要求，导致水库移民权利剥夺感的滋生。同时，政府单方强势性，也削弱了水库移民放弃自力更生的意志和能力，使他们对政府、业主等产生依赖性。由于政府事实上具有组织实施移民搬迁安置的独立主体性和垄断性，所以从"社会组织"角度来看，这种移民所具有的"高指靠性"造成了移民贫困化及其他诸多遗留问题已显示出单由政府组织实施移民的失灵。❸

2. 补偿义务方的恩惠意识和"扶贫"救世理念

水利水电工程建设大多位于边远农村，因此，近现代的水库建设肩负着推动经济发展、帮助当地脱贫致富的政治理想。"扶贫"已成为号召水库移民主动搬迁的宣传口号。这种政治宣传理念融合政府主导的移民征地补偿理念，强化了补偿义务方居高临下的态势。在补偿义务方看来，工程建设本身对库区发展已经是一种恩惠，至于给予水库移民补偿的数目就具有很强的随意性了。土地征收的政治行为实质，不是以权力为本位而是以权利为本位，权力只是实现权利的手段或工具而不是相反。如果行政机构垄断了征收决策、补偿标准和争议裁决的话语控制权，并扮演着征地者、定价者与裁决者的多重角色，这极易导致公权特性的过分强烈与张扬，而忽

---

❶ 胡大伟：《水库移民征地补偿协商机制构建研究——基于合意治理的思考》，载《中国土地科学》2013年第4期。

❷ 李强、陶传进：《工程移民的性质定位兼与其他移民类型比较》，载《江苏社会科学》2000年第6期，第80页。

❸ 施祖留：《水利工程移民管理研究》，上海社会科学院出版社2007年版，第71页。

视、轻视或无视被征收者应有的参与、表达和申诉等宪法规定的基本权利。❶

三、水库移民利益补偿——艰难的权利主张

早在1985年,关于在金沙江上建设溪洛渡水电站的预可行性研究就已经开始了,经过十几年的勘察设计,2002年当时的国家发展计划委员会正式批准立项该项目。它的立项也标志着金沙江下游第一个梯级水电站即将诞生,也拉开了全面开发金沙江水电资源的帷幕。2003年,溪洛渡水电正式筹建,2005年开始主体工程建设,2007年实现大江截流,预计2015年全部工程完工。溪洛渡水电工程建设导致云南和四川两省部分县乡共计5万余人迁移,其中四川库区计划移民19638人,云南库区计划移民39236人。该水电站从2003年实际筹建开始一直因为移民补偿而备受争议,并不断伴随冲突和矛盾,也遗留了很多问题。一位移民官员大胆预测:"根据移民工作多年的经验,我认为最不稳定的是洛溪渡工程,因为赔偿时属于'临控标准',很多没有落实;移民最复杂的是大桥项目。"❷ 2003年3月,移民工作正式开始,由于政府和业主对前期移民补偿安置工作认识不足❸,当地政府在对永善县库区移民实物开始调查统计之初,便爆发了官民对立的冲突。虽然在政府强大力量的压制和政治动员下,实物调查最后得以推行完成,但开始的不顺注定会为后期的移民补偿安置遗留一些问题和麻烦。此后,为了加快工程建设速度,在正式的补偿安置标准没有形成的情况下,地方政府采用"临控标准"的补偿安置方式对当地居民进行补偿迁移。2003年,为满足工程建设需要,四川、云南两省采取临时过渡方式开始施工区移民搬迁。目前,四川省已完成施工区移民搬迁安置工作。云南省施工区移民安置实施规划尚未修编完成。此外,审计发现有14.41亿元移民资金因管理

---

❶ 李保平:"论征地补偿的政治价值",载《学术研究》2010年第3期,第83期。
❷ 庄万禄主编:《四川民族地区水电工程移民政策研究》,民族出版社2007年版,第71页。
❸ 正如雷波县副县长杨光平接受座谈采访时所言:"溪洛渡水电站的移民在2003年3月开始启动。过去根本不知道什么是移民,对我们来说完全是新事物。溪洛渡水电站建设正式开工前'三通一平'准备工程,三峡公司要求封闭施工,那么施工区就必须进行移民'清场',这就是施工区的第一期移民。"庄万禄主编:《四川民族地区水电工程移民政策研究》,民族出版社2007年版,第55页。

环节多,拨付不及时。❶ 这样,在业主和上级政府以"政治名义"的要求和命令下,计划 2004 年底完成的移民补偿安置工作,提前了 8 个月完成。在溪洛渡水电移民看来,当地政府对他们的补偿安置不仅是仓促的,而且是"非法"的,因此虽然很多移民对水电建设带来的宏观经济发展前景充满憧憬,但同时对个人补偿安置利益的实现忧心忡忡。实现上,正如一学者所言,在中国一些公益项目征地普遍是政府硬性定价,强调重点项目是造福百姓,依靠行政手段强制形成征地补偿标准,实行征地包干,不仅远低于市场价,而且低于土地管理法确定的计算价格,剥夺农民合法权益。❷ 对于水库移民征地补偿标准的确立过程而言,移民权益被剥夺情况更加严重。在溪洛渡水电工程建设中,由于移民和地方政府对"临控补偿标准"的参与失语,依据"临控标准"给予移民的补偿远低于水电站建设对他们造成的损失。对于溪洛渡水电农村移民安置,由于政府坚持"外迁农业安置为主,严控后靠安置"的原则,大量农村移民被迫远迁他乡。在溪洛渡水电工程移民安置中,由于业主和地方政府并没有真正正视当地居民的权利,外迁移民安置出现了很多问题和矛盾,大量计划外迁的移民滞留库区周边,很多已迁移民难以融入迁入地,移民返迁现象不断增多。比如溪洛渡水电站云南方面的移民,坚决不去云南边陲思茅地区的安置地,"宁做三年牢,不愿到思茅",结果造成移民房已经建成而移民一个也不去的尴尬局面,原计划的 1000 余名移民滞留在永善县城周边,成为不稳定的因素。❸

水库移民补偿权利贫困不仅体现在制度设计上,更体现在实际的制度运行中。制度执行的偏离叠加制度本身的缺陷激化了水库移民补偿矛盾,也使开发性移民的政策目标偏离了人权指向。溪洛渡水电站是近年来国家开工建设的特大型水电站之一,它是仅次于三峡工程的中国第二大水电工程。溪洛渡水电站虽然开工于法治化水平具有较大进步的当代,而且相对三峡工程的百万水库移民,溪洛渡水电站引发的水库移民数量并不庞大,只有 5 万多人,但其在水库移民补偿安置方面依然发生了很多"越法"问

---

❶ 审计署:"金沙江溪洛渡水电站工程审计结果(第一阶段)(2009 年 7 月 20 日公告)",载中国政府网,http://www.gov.cn/zwgk/2009-07/20/content_1369800.htm。
❷ 金伟峰、姜裕富:《行政征收征用补偿制度研究》,浙江大学出版社 2007 年版,第 129 页。
❸ 庄万禄主编:《四川民族地区水电工程移民政策研究》,民族出版社 2007 年版,第 232 页。

题，这些问题也折射出水库移民补偿权利行使面临的巨大挑战，也反映了当前水库移民利益补偿的行动逻辑。

(一) 软化的制度

为了推动移民补偿安置工作基本政策的制度化、法律化，国务院制定的《大中型水利水电工程建设征地补偿和移民安置条例》等专项法规提出了开发性移民和"以人为本"的基本原则，如果这些基本原则能够在移民补偿与安置实践中真正得以体现，移民因移而贫的结果也许会发生改变。但一方面由于中国水库移民法律体系本身不完善，相关的行政法规缺乏程序规范，这也导致地方性政策法规成为调整所在地区移民补偿的主要依据；另一方面，政府往往把水库移民作为政治性任务来完成，移民补偿实施机关为了抢时间、保工期、出政绩，经常也会把相关的法律法规之精神抛于脑后。根据溪洛渡水电工程建设可行性研究报告，该工程计划 2002 年初开始筹建，2008 年 11 月金沙江截流。而实际 2003 年 3 月开始筹建，2007 年 11 月完成金沙江截流。筹建工作较原计划推迟 15 个月，截流提前 12 个月，合计压缩工期 27 个月，加大了工程建设风险和难度，也增加了项目建设成本。[1] 近年来，由于与移民利益补偿相关的政策不断变化和随意变通，给移民权益带来了风险，一定程度上损害了移民的利益，一些移民上访不断，移民问题为社会不稳定的因素之一。在西部水电移民工作中，各地在制定水电移民政策时，未能在全面科学地领会中央有关水电移民的政策与精神的基础上，结合区域经济、社会、自然环境等方面的实际情况，充分权衡、协调区域间水电移民工作的关系，实现水电移民政策在实践过程中的合理化变通与"二次创新"，使得很多水电移民政策"承上不适下"，导致政策执行过程中的内容规定与实际情况脱节，致使政策的科学性、合理性和权威性受到质疑。[2] 因此，对于现行的水库移民的法规而言，相关的规定并没有被有效地贯彻执行，法的实效性差强人意。在溪洛渡水电站移民中，在补偿标准未确定的情况下，通过"临控标准"和"过渡安置"的方式仓促

---

[1] 审计署："金沙江溪洛渡水电站工程审计结果（第一阶段）(2009 年 7 月 20 日公告)"，载中国政府网，http://www.gov.cn/zwgk/2009-07/20/content_1369800.htm。

[2] 郑瑞强："西部水电移民群体性事件发生原因与防控"，载《水利发展研究》2010 年第 5 期，第 5 页。

给予移民补偿安置,这种移民、设计和施工同时进行的运作模式,显然是对当前移民补偿安置法律制度的公然扭曲和抵抗。以三峡工程移民为例,三峡工程重庆库区淹没陆域70.65万亩,扣除已按相关法律法规规定的标准给予补偿的41.47万亩外,尚有其他土地(包括林地、草坡、荒山、荒地、荒滩等未利用地等)29.18万亩,其中林地6.21万亩给了补偿,但低于土地法规定的标准,其余22.97万亩未予补偿。❶有学者在调查三峡移民工程时发现,"三峡移民对国家移民政策总体上是认可的,大多数移民认为'政府的政策是好的,但基层工作做得不够好,移民政策的贯彻还不够到位,移民也不能看到中央文件'"。❷

(二) 失范的补偿费用

在水库移民实务中,如果补偿数额能够严格遵照法定的最低补偿标准,并能及时发放补偿,移民的生活必然有所改善。但在法定补偿标准已经偏低的情况下,水库移民实际获得的补偿额常常被大打折扣。由于移民在水库补偿标准定价中"人卑言轻",补偿费用常常以服从大局等冠冕堂皇的理由被有关政府层层削减。在我国的许多工程项目建设中,尤其是国家和地方重点基础设施项目多数采取"省部协议""政府定价"的办法确定征地补偿标准,为节省工程投资,给予农民的补偿标准都低于法定的最低补偿标准。据有关部门对12个国家重点建设项目调查,项目的征地补偿安置费用一般只占工程总投资的3%~5%,最低只有0.8%。❸洪家渡水电站移民投资在上报国家发改委(当时是国家计划委员会)之前,担心移民投资超过水电站建设总投资的1/3,可能会得不到国家发展与改革委员会的审批,硬是将移民投资砍掉3亿元。地方政府多数情况下将在移民投资明显不足的情况下承担起"移民经费和移民任务双包干"的艰巨任务。❹三峡水库,作为新中国成立以来最大的水利工程,同时是向世人展示国人实力的形象工程,

---

❶ 重庆市发展和改革委员会法规处:"三峡库区现有政策实施效果分析及新政策建议",载重庆市发展和改革委员会网站,http://www.cqdpc.gov.cn:8081/content.aspx?id=5513。

❷ 刘成斌、风笑天:"三峡移民迁移满意度的转变及其根源",载《人口研究》2007年第1期,第82页。

❸ 张绍山:"水利水电移民补偿机制的发展与改革",载《水利发展研究》2005年第8期,第20页。

❹ 盖斌:"水电站水库移民补偿研究",载《乌蒙论坛》2006年第1期,第63页。

其得到国家的重视程度（当然包括财政支持力度）应该是空前的，但是三峡工程也遭遇同样的困境。三峡电站的补偿标准算是高的了，而且有后期扶持政策，即在电站发电后再返回10%的收入来扶持移民的生产、生活。但即使补偿高也避免不了一个基本矛盾：中央或高层是从长远利益出发的，是要让移民安居乐业；而基层政府都是任期目标制，短期行为很普遍，他们往往想截留相当部分的移民资金。❶ 三峡重庆库区三四期水位线下有150户国有关破工矿企业存在职工安置资金不足的问题，资金缺口达4.8亿元（折静态投资3.7亿元），涉及职工46742人。❷ 水库移民补偿费用在基层运作的失范，不仅与基层政府的自身利益有关，同时与基层政府的法治意识和法治能力有很大的关系。在溪洛渡水电站启动移民的时候，执行移民任务的当地政府以前并没有接触过移民工作，很多人根本不知道什么是移民，当然也不可能了解和掌握有关移民的相关法律政策。但在上级政府的一声令下，基层政府必须在很短的时间里完成移民补偿安置任务。在此种背景下，移民法律制度执行中发生变形就完全在意料之中了。"政策执行者自身的缺陷导致政策执行产生偏差。表现为政策执行主体对移民政策认识不够，理解不清，难以正确、全面地执行。利益意识较强，本位主义过强，奉行'上有政策，下有对策'的哲学，导致移民政策执行中的'政策贪污'。如移民政策规定移民投资与移民搬迁任务的'双包干'，一些地方政府在执行政策过程中为了本地的利益，把本该用于移民生产生活安置的资金挪作他用。"❸

对于我国水库移民补偿而言，相关法律规定不仅需要给予移民前期补偿、补助，而且要对移民进行后期扶持。这表明，"后期扶持"是对"前期补偿"标准低于其他行业的一种补救措施。但有的人以"移民是政府行为"为借口，把"后期扶持"说成是对库区的"优惠"。乍一听，这话还令人感动，你想想，你已经搬迁了，住进来新房子，还"扶你上马，送你一程。"实际上这是忽略了前期补偿偏低这样一个基本事实。❹ 在我国水库移民实践

---

❶ 应星：《大河移民上访的故事》，生活·读书·新知三联书店2001年版，第12页。
❷ 重庆市发展和改革委员会法规处："三峡库区现有政策实施效果分析及新政策建议"，载重庆市发展和改革委员会网站，http：//www.cqdpc.gov.cn：8081/content.aspx？id=5513。
❸ 邱中慧："水库移民问题中的公共政策研究"，载《太平洋学报》2008年第9期，第55页。
❹ 岳非丘：《安民为天——三峡工程百万移民的历史启示》，重庆出版社2007年版，第304页。

中，移民为水库建设付出了巨大的代价，但长期以来这种付出并没有得到足够的承认，对他们的财产损失补偿严重不足，这导致很多水库移民生存缺乏保障。因此，后期扶持对于弥补前期补偿的不足，帮助水库移民恢复原来的生活水平，实现他们的生存权和发展权具有重要的价值和意义。但由于现实水库移民补偿安置管理体制的失灵，很多后期扶持资金并没有得到有效的利用。有些地方将移民扶持事业视为自己的"私权""领地"，迟发扶持金、滞留项目费、延付工程款、强收设计费等不作为、乱作为现象时有发生。以项目扶持为例，一些移民主管部门热衷于上大项目，搞"政绩工程""面子工程"，建广场、立牌坊、集中修住宅，忽视移民最基本的生存环境，偏离了后期扶持的宗旨。有的地方政府认为，既然有了后期扶持资金，库区和移民安置区的基本建设（如改水、修路、建沼气、改造危房等）就只能使用移民资金，国家的强农惠农资金大多被调往其他地区，影响了库区和移民安置区的发展速度。更有甚者，有些地方政府在后期扶持中与移民争利，以各种名义，变相截留移民资金。❶

（三）错位发展的移民补偿关系

在计划经济时代，中央政府掌握着全国各种资源的配置和利用，包括人的调配。因此在此时期，水库移民补偿法律关系相对比较简单，国家完全按照计划经济的模式决定水库移民的补偿数额和安置方向，其中根据水库建设规模的大小，分别由中央政府和省级政府负责制定补偿标准和编制移民安置计划，县级政府具体落实补偿和安置任务。1991年国务院制定的《大中型水利水电工程建设征地补偿和移民安置条例》也对这一运作模式给予确认。但随着1992年中央"十四大"的召开，"社会主义市场经济体制"❷作为党和国家的未来改革发展方向也被明确下来。这种市场经济改革转向对水库建设管理体制带来了较大的震动，也对水库移民补偿安置带来了影响。其实这种变化在1993年6月国务院颁布的《长江三峡工程建设移民条例》提前得到了些微的体现，该条例第6条规定："三峡工程移民安置

---

❶ 王庆、李振华："水库移民变迁与后期扶持政策演进"，载《湖北经济学院学报》2012年第1期，第86页。

❷ 1992年10月，中共"十四大"明确提出我国经济体制改革的目标是"建立和完善社会主义市场经济体制"。

工作实行中央统一领导、分省负责、县为基础的管理体制。国务院三峡工程移民开发管理机构主管三峡工程的移民安置工作。湖北省、四川省人民政府负责本省的三峡工程移民安置工作,并根据需要设立三峡工程移民开发管理机构。三峡工程淹没区、安置区所在的市、县人民政府负责本市、县的三峡工程移民安置工作,并根据需要设立三峡工程移民开发管理机构。"❶为了应对投资主体多元化以及政企分开等市场发展的要求,许多水电资源的开发通常会成立相对独立于政府的业主公司。业主的出现也使得水库移民补偿安置关系变得更加复杂。根据水库移民补偿安置发展改革的需要,国务院在2006年修订的《大中型水利水电工程建设征地补偿和移民安置条例》中对政府、业主和移民的关系加以明确,新条例规定:"移民安置工作实行政府领导、分级负责、县为基础、项目法人参与的管理体制。国务院水利水电工程移民行政管理机构(以下简称国务院移民管理机构)负责全国大中型水利水电工程移民安置工作的管理和监督。县级以上地方人民政府负责本行政区域内大中型水利水电工程移民安置工作的组织和领导;省、自治区、直辖市人民政府规定的移民管理机构,负责本行政区域内大中型水利水电工程移民安置工作的管理和监督。"❷ 至此,我们可以发现当前的水库移民补偿安置是一个涉及多元主体参与的工作,其中包括中央政府、地方政府(根据水库建设的规模确立具体的参与主体)、业主和移民。从现行法律的角度分析,水库移民补偿参与主体虽然比较复杂,但他们之间的法律关系应该是比较清晰的。补偿安置的责任主体(补偿义务方)基本上是省级人民政府(特大型的水库移民补偿安置主体是国务院,比如三峡工程),而县级人民政府则是移民补偿安置的实施主体;业主仅是与水电资源开发有着利益关系的第三方,他们虽然是最终支付补偿费用的主体,也是水库建设的主要受益者,但不是补偿义务方;水库移民是利益补偿的权利人,他们因水电资源开发被迫迁移而享有补偿请求权。这种分级负责的制度模式理论上充分考虑了各方主体的利益,也隐含着对各方主体充分互动、相互配合的期待。乍一看是无懈可击的,但实践中它要真正发挥正向作用,离不开一定的环境条件,尤其需要相对自治的地方政府以及完善

---

❶ 《长江三峡工程建设移民条例》(国务院令第126号)第6条。
❷ 《大中型水利水电工程建设征地补偿和移民安置条例》(国务院令第471号)第5条。

的市场经济体制。但由于这些条件的欠缺，在当前的水库移民补偿安置实践中，补偿安置各方主体的运作常常游离于真实法律关系之外，也总是朝着不利于水库移民补偿权利实现的方向运行。

溪洛渡水电移民补偿安置中出现的众多难题和矛盾，某种程度暴露了当前水库移民补偿法律关系错位发展的现实问题。在溪洛渡水电站建设中，为了保证工程的顺利推进，业主公司（三峡开发公司）、云南省政府和四川省政府联合发通知成立溪洛渡水电站施工区管理委员会，该委员会的主要职责之一便是协调施工区征地移民工作。❶ 从通知内容以及通知文号可以发现，业主在水库移民补偿安置中处于绝对的主导地位。在实际水库移民补偿安置中，业主的主导地位也得以淋漓尽致地体现。正如一学者通过调研溪洛渡水库移民补偿工作后发现，地方政府从一开始就在被动的地位，而工程业主则往往以"财大气粗"的投资优势占据着主导地位。项目业主公司由于占据这种"主导地位"等多方面的优势后，为了追求利润的最大化，往往会出现盘剥移民和侵害移民合法权益的现象。❷ 当然，另一方面作为法律上补偿义务方的地方政府（基本是省级政府），为了地方经济的发展和"水电资源"的快速开发，在与业主公司签订包干协议的过程中，往往会放弃作为公民代理人的法律操守。正如一名 NGO 成员说："政府总是按照计划经济的方式来安排移民和赔偿，而让企业以市场经济的方式来经营，等移民完了，电站建好了，政府又把移民抛向市场经济，要知道，这种程序在中国已成为一种惯例，这种'双轨制'总能让可以自由转换于二者之间的部分利益集团得到实惠。"❸ 作为对于移民补偿安置需求感知最灵敏的基层政府，他们也是移民补偿安置的直接实施主体，法律上的地方组织和管理主体，却无权参与到移民补偿安置标准和规划的制定。他们明知道投资包干的资金无法满足水库移民补偿安置的实际需求，会导致水库移民补偿请求权无法完全实现，但出于政治压力，他们只能被动开展移民补偿安置工作。在基层政府本身的社会公信力已经偏低，而上级通过"包干协议"

---

❶ 参见云南省人民政府、四川省人民政府和中国长江三峡工程开发总公司 2003 年 7 月 24 日共同发布的《关于成立溪洛渡水电站施工区管理委员会的通知》（三峡办字〔2003〕245 号）。
❷ 庄万禄主编：《四川民族地区水电工程移民政策研究》，民族出版社 2007 年版，第 170 页。
❸ 尹鸿伟："第三次上马，怒江工程！（下）"，载《南风窗》2004 年第 22 期，第 58 页。

设定的补偿安置费用又明显不足的情况下，基层政权只能另辟蹊径达到对自己的合法性保护。但这种情况常以损害移民的利益为代价。基层政权通过充分利用自己在法律规定上的优势，利用自己是国家法定代理人的身份，保证了自己在法律上从而也在本地人际互动的情理规则上占据了优势地位，为提供较低的经济补偿准备了法律上的支持。❶

（四）有"名"无"实"的权利救济渠道

我国的移民方针政策总的指导思想是"一切从人民的利益出发"，在某种程度上体现了公共利益性。但在具体事例中，不乏某些利益集团打着"解决能源短缺""使当地人民脱贫致富"的旗号，以牺牲公共利益来谋求集团利益，甚至是私人利益。❷ 当水库移民的权益受损时，他们可以得到及时有效的法律救济，已经成为水库移民补偿请求权实现的必要保障，当然也是社会主义法治国家建设的必要内容。法谚道无救济即无权利。如果权利受到侵犯但不能获得法律上的救济，那么纸面权利只能是供人观赏的花瓶，甚至会成为权力随意而为的口实和共谋。根据水库移民相关法规之字面表述，水库移民被赋予了权益受损之后的救济请求权。《大中型水利水电工程建设征地补偿和移民安置条例》相关条文规定："国家切实维护移民的合法权益。在征地补偿和移民安置过程中，移民认为其合法权益受到侵害的，可以依法向县级以上人民政府或者其移民管理机构反映，县级以上人民政府或者其移民管理机构应当对移民反映的问题进行核实并妥善解决。移民也可以依法向人民法院提起诉讼。"❸ 同时，结合现行的行政诉讼法和行政复议法，水库移民申诉救济的通道也是存在的。但对于水库移民而言，救济渠道并不畅通，有些救济手段是他们无福消受或者无力承担的。首先，申请征地补偿安置标准的裁决成本太高而往往难以实行。依据《土地管理

---

❶ 王道勇："资源互济：征地补偿中的基层政权行为分析"，载《社会主义研究》2009年第1期，第98页。
❷ 石雪梅："论我国库区移民土地征用补偿制度"，福州大学2005年硕士学位论文，第31页。
❸ 《大中型水利水电工程建设征地补偿和移民安置条例》（国务院令第471号）第60条。

法实施条例》❶和《大中型水利水电工程建设征地补偿和移民安置条例》的相关规定,对于征地补偿安置标准之争议,市县人民政府只有协调和传递作用,而协调不成的,应当向国务院或者省级人民政府申请裁决,这对于地方政府来说不是问题,但对于移民来说,无论经济上还是能力上都难以承受。如此规定可能导致被征用土地所有人、使用人因为无法承担"维权成本"而放弃申请裁决。❷ 其次,当水库工程被作为政治任务来完成的情况下,水库移民在很多时候只能压抑自己的权利诉求,即使偶有不安分者敢于"以卵击石","被安抚"或"被压制"便是敢于行使权利者通常之下场。在当前行政主导水库移民利益补偿的前提下,通过司法途径维权成功的可能性微乎其微。在这种制度化的权利救济路径失灵的情况下,水库移民常常通过群体性事件或者其他暴力方式达到解决问题的目的。溪洛渡水电移民补偿安置工作从一开始就受群体性事件的困扰,其中2004年雷波县第一期移民计划中发生的"12·24事件",造成了巨大的经济损失和社会影响。而作为金沙江上另一重要工程——白鹤滩水电站,也同样无法摆脱此种魔咒。如2012年5月10日发生的巧家爆炸案,该日上午9时许,巧家县白鹤滩镇花桥社区便民服务大厅内,正在进行的征地拆迁补偿协议签字现场发生爆炸,4死16伤。❸ 据悉该事件与白鹤滩水电站征迁补偿密切相关。

---

❶ 《土地管理法实施条例》(1998年12月27日国务院令第256号发布)第25条第3款:"市、县人民政府土地行政主管部门根据经批准的征用土地方案,会同有关部门拟订征地补偿、安置方案,在被征用土地所在地的乡(镇)、村予以公告,听取被征用土地的农村集体经济组织和农民的意见。征地补偿、安置方案报市、县人民政府批准后,由市、县人民政府土地行政主管部门组织实施。对补偿标准有争议的,由县级以上地方人民政府协调;协调不成的,由批准征用土地的人民政府裁决。征地补偿、安置争议不影响征用土地方案的实施。"

❷ 章剑生:"行政征收程序论——以集体土地征收为例",载《东方法学》2009年第2期,第30页。

❸ 任重远、张艳玲:"吊诡巧家爆炸案",载财经网,http://china.caixin.com/2012-05-18/100391554.html。

第四章　公正发展：水库移民利益补偿的视角转换

水库移民贫困、群体性事件频发，严重影响到了水电建设事业，影响到社会主义和谐，如何化解水库移民征地补偿矛盾已经成为国人普遍关注的问题。纵观新中国成立以来的建设发展历程，社会弱势群体的形成固然有自身能力、素质以及环境禀赋的原因，但"也是强势群体的权力恣意所造成的，还是社会制度安排中权利贫困的必然结果。因而，主要是由于权利的贫困，普通公众或是丧失了平等分享社会发展成果的资格，或是缺乏各种发展、进步的机会，或是缺乏维护自身利益的资源条件和行动能力，从而导致了各种形式的不和谐、不公正、不平等现象。"[1]以上种种表征在水库移民征地补偿中得以淋漓尽致地体现。水库移民征地补偿的制度剖析及行动机制的挖掘显示了移民补偿利益受损的制度障碍和实践困境，而导致困境发生的根源在于水电建设征地补偿制度中移民发展权保护的缺失，在强调"以人为本"的和谐社会建设时期，改革和完善我国水库移民征地补偿制度，构建以发展权为指引的水库移民征收补偿新机制，对于推动水电事业的健康发展，构建和谐社会具有重要意义。

一、水库移民利益补偿的理念重塑和原则确立

"理念具有力量。人们被理念（信仰、象征、教条）所强制着，这个程度超乎人们的理解。诚然，整个社会是被我们通常称作为意识形态的理念系统所形塑而成的。意识形态是一种整合性的信念系统，它对社会与社会成员，提供一种生活方式的理性化、评价'对'与'错'的标准，以及行

---

[1] 韩志明："权力的恣意与权利的贫困：构建和谐社会的二维分析"，载《社会主义研究》2008年第1期，第67页。

动所需要的情感冲动。"❶ 长期以来,"只见工程、不见移民"的强调经济发展的移民理念,始终潜伏于水库移民补偿法律制度之中,也深刻地影响着水库移民补偿工作。鉴于此种理念引发的水库移民利益补偿困境,同时考虑到补偿理念对于水库移民补偿制度及运行实践的指导性和基石性作用,我国亟待在借鉴世界银行及其他国家的水库移民补偿经验基础上,升级当前的水库移民补偿理念,并重塑水库移民补偿的基本原则及制度。

(一)以人权精神救济水库移民补偿利益

随着"人权"条款写入2004年的宪法修正案,"权利话语"的地位和层次被提到了一个新的高度,同时也昭示了人权精神的价值指引作用。人权精神强调人作为人的自主人格和尊严品格,这种隐喻的内在价值也是化解官民矛盾,实现权力和权利走向理想对话的基础。正如著名学者张千帆教授所言:"在权力话语体系中,征地通常体现为公权和私权之间的冲突;但是在尊严话语体系中,不同主体之间的利益冲突被内化为同一主体内部的道德评价,尤其是决定征地的官员是否充分尊重他人的尊严,将他人作为终极目的而非仅仅作为自己获得'土地财政'和灰色收入的手段。和权利对抗不同的是,政府的尊严和公民的尊严不仅不矛盾,而且是互为前提的;政府只有尊重公民的尊严,才能获得自己的尊严。"❷ 作为我国宪法统治下的水库移民补偿,要真正摆脱"移民因移致贫""移民补偿矛盾重重"的困扰,必须充分考虑移民个体的权利价值,并充分尊重移民的尊严。一言以蔽之,必须真正践行人权精神对水库移民补偿的指引作用。

1. 契合"以人为本"的国家治理理念

现实法制实践表明,在中国一项法律制度(尤其是公法制度)要想得到真正贯彻落实,需要与同时期国家的宏观政治理念相契合。基于此,最为强调政府主导的水库移民补偿制度及其运作机制尤其需要呼应党和国家的治理理念。进一步而言,当前我国水库移民补偿的改革和完善必须体现"以人为本"。"作为党和国家新时期的治国纲领,以人为本在科学发展观中占有极为重要的地位,它昭示着一个社会的文明和进步,不再是以物质的

---

❶ [美]汤姆斯·戴伊:《权力与社会——社会科学导论》,柯胜文译,台北桂冠图书股份有限公司2000年初版,第265页。

❷ 张千帆:"重构中国的道德与政治哲学",载《法制日报》2012年4月25日。

增长作为衡量的基准,而是要把人的尊严、价值、幸福作为国家施政的主要目标。法律是调整人际关系的准则,法律必须以人为本,方能体现出现代法律所必需的文明、人性、人道。"❶ "以人为本"作为新时期党和国家的执政理念,隐晦地反映了对过去"以物为本"的反思,反映了党和国家对"人"以及"人的权利"的政治宣示。"以人为本"的治理理念本质上不仅内在地蕴含了人权精神,当然从另一个角度而言只有高举人性尊严的"以人为本"才是符合历史发展潮流的执政理念,同时"从人权的角度,以人为本、执政为民是一种重要的保障人权的方针。"❷ 因此,以权利为根基促进水库移民补偿的完善,促进水库移民的发展,不仅符合移民补偿法治化的发展趋势,同时也契合了当前中国的宏观政治治理环境,符合我国未来的政治发展趋势。

2. 激活开发性移民的人权意蕴

"长期以来,我国政府在水利建设过程中,处理移民问题,往往强调政府的主导作用,将移民视为被动的、消极的社会、经济问题,视为水利建设的成本,而没有将水库移民视为重要的社会资源,没有将移民安置视为解决贫困问题,缩小社会差距,解决就业,产业升级,改善民生,解决各类社会问题的良好机遇。"❸ 为了改变这一状况,我国在20世纪80年代提出了开发性移民的指导理念。开发性移民官方比较权威的解释是指:"变单纯救济生产为扶持发展生产,将工程建设和移民安置统一起来,变发展移民经济与当地资源开发利用紧密结合起来,将发展移民经济与当地资源开发利用紧密结合起来,不断改善生产生活条件,提高移民生活水平,最终实现移民长远生计有保障。"❹ 对于此种强调移民补偿和库区发展经济之结合的解释也得到大多数学者的认同和重述。不可否认,这种解释下形成的水库移民补偿制度与实践,对于改善和缓解水库移民补偿矛盾,减少水库移民的生活贫困起到了一定的积极意义。但由于这种认知解释的片面性,

---

❶ 胡玉鸿:"以尊严价值模式重构行政执法程序",载《浙江学刊》2011年第2期,第41页。
❷ 云翔:"坚持'以人为本',尊重和保障人权——访著名宪法学家、中国人民大学教授许崇德",载《人权》2004年第2期,第30页。
❸ 朱亚鹏、黄耿华:"中国水库移民政策评析——非自愿移民的视角",载岳经纶、郭巍青主编:《中国公共政策评论(第3卷)》,格致出版社、上海人民出版社2009年版,第185页。
❹ 张穹、矫勇、周英主编:《大中型水库水电工程建设征地补偿和移民安置条例释义》,中国水利水电出版社2007年版,第7页。

导致当前的水库移民补偿依然面临着无法自洽的矛盾。一方面，强调库区经济发展和移民补偿结合的解释模式，体现了对集体利益的弘扬，却忽视了移民个体权利的重要性。"每个公民自身就是目的，而不仅仅是实现集体目标的工具。所以，政府不能通过忽视个人独立地位和目的之程序，来追求政府自身的目的。"❶ 另一方面，开发性移民的"开发性"本质意旨并不是经济的"开发发展"，而应该是移民个体的权利发展。正如学者黄东东所言："事实上，社会发展最终要落实到人的发展上，开发性移民最终必须是库区人民的发展，特别是移民个体的发展。当然社会整体发展是重要基础，但社会整体发展并不必然带来社会公平或正义的结果，而很多社会问题或矛盾恰恰是制度不公平导致的。"❷ 在走向人权的 21 世纪，开发性移民的意义不可能仅仅停留在对经济发展和集体利益的关注上，它其实内在蕴含着对水库移民个人权利的尊重和保护。但囿于理论研究的不足，开发性移民的人权价值一直处于沉睡状态、鲜被重视，从权利的视角理解移民补偿必然能够激活开发性移民的人权价值。

3. 体现对世行经验的理性镜鉴

世界银行作为一个主要向发展中国家提供资助的机构，对推动世界水库移民事业的健康发展发挥了巨大作用，也为我们从人文的视角认知非自愿移民积累了大量经验。可以说，世界银行有关非自愿移民经验的总结是十分有代表性的，是中外工程性非自愿移民安置工作经验和教训的结晶，是人类共同的财富。❸ 20 世纪 80 年代初，为了引导受资助国在水库建设过程中较为妥善地解决被迫迁居民的生存和发展问题，世界银行制定了关于非自愿移民的相关政策，并提出了移民的开发性方针。随后世界银行根据资助状况和非自愿移民政策的实施情况，先后对非自愿移民政策进行了数次修订。当前世界银行运用的非自愿移民政策包括《世界银行操作手册——非自愿移民》（OP 4.12）和《世界银行操作程序——非自愿移民》（BP 4.12）。通过对世界银行非自愿移民政策考察，我们可以发现无论其怎么修改，始终贯彻着对移民个体生存和发展的高度关注和宣扬，始终坚持对"重工程，轻移民"理念的逐步消解，始终着力于推动资助国移民补偿安置

---

❶ [美]杰瑞·L.马肖：《行政国的正当程序》，沈岿译，高等教育出版社 2005 年版，第 48 页。
❷ 黄东东：《权利视野中的水库移民法律制度》，中国检察出版社 2005 年，第 54 页。
❸ 钟水映、李明泉等：《工程性移民安置理论与实践》，科学出版社 2003 年版，第 73 页。

的不断改善。世界银行在非自愿移民操作手册的政策目标中开宗明义地写道:"世界银行非自愿移民政策的整体目标如下所示:(a) 探讨一切可行的项目设计方案,以尽可能避免或减少非自愿移民。(b) 如果移民不可避免,移民活动应作为可持续发展方案来构思和执行。应提供充分的资金,是移民能够分享项目的效益。应与移民进行认真的协商,使他们有机会参与移民安置方案的规划和实施。(c) 应帮助移民努力提高生计和生活水平,至少使其真正恢复到搬迁前或项目开始前较高的水平。"❶ 由此可见,虽然世界银行非自愿移民政策主要由社会学家和人类学家起草,但其蕴含着对移民个体尊严强烈尊重的人权精神,体现了以移民为本的价值理念。我国作为发展中国家,长期以来,许多大中型水利水电工程的修建都受到了世界银行的贷款资助,作为受助国,坚持以人权精神提升和改善水库移民补偿,是对世行非自愿移民政策给予正面回应的最佳路径。

4. 回应理论研究范式转换的迫切需要

水库移民补偿作为一项具有特殊意义的制度存在,应该起到维护分配正义,充分保障水库移民个人权利的重要作用。但长期以来,由于我们在水电资源开发中过度强调国家利益和集体利益,导致对个人权利的保障水平一直处于较低的状态。在这种强大的政治宣传态势下,任何有关高举水库移民个人利益保护的理论研究都变得不合时宜。基于此,有关水库移民补偿理论的研究整体处于有待激活的"惺忪睡眠"状态,而且由于受计划思维的影响,大部分研究者针对水库移民补偿的论述基本上是大谈"开发"而慎谈"个人发展"。随着法治国家的建设,我国政府对人权的态度也不再遮遮掩掩。如何在实现社会公共利益的同时,充分保障公民个人利益也成为新时代必须正视的课题。面对这一挑战,过去强调工程开发的"技术型"水库移民补偿理论研究模式亟待转型。正如一学者所言:"计划经济体制下所形成的开发补偿制度的路径依赖,使开发补偿制度不但不能实现调节矫正土地开发收益分配失衡的功能,反而可能会进一步诱发新财产收益分配不公的因素,因而必须对开发补偿制度理论研究范式进行转换。"❷ 将人权精神渗透于水库移民补偿不仅是对工程思维理论研究局限性的恰当回应,

---

❶ OP 4.12 – Involuntary Resettlement, para. 2.

❷ 郢永昌:"土地发展权损失补偿的制度分析及对策",载《社会科学家》2009年第11期,第78–79页。

也满足了水库移民补偿理论研究范式亟待转型的时代要求。

（二）从生存到发展：水库移民补偿理念重塑的发展权旨向

对处于社会主义初级阶段的中国而言，摆脱贫困和发展经济始终被看做是最大的政治。在这一背景下，20世纪90年代早期我国提出了"生存权是中国人民长期争取的首要人权"❶的政治宣言。这种政治宣示意义上的生存权更多地表现为国家权力的扩张，而不体现为个人的权利。其实，作为法治意义上的生存权应该属于个人享有的不可或缺的基本权利，它主要表现为个人能够获得最低标准的衣食住行方面的条件进而能有尊严地开展生活。随着社会主义法治国家的建设，这种人权意义的生存权理念也不断得到认可。当然，我国政治宣示式的生存权理念对水库移民补偿产生了深远的影响。我国的水库移民补偿一直坚持的原则是"三原标准"，指导思想是通过补偿使移民恢复和达到原来的生活水平。这种忽视移民补偿的特殊性，割裂水库移民发展权的做法注定会给水库移民的生活遗留很多难题。正如一学者在反思城市房屋拆迁补偿时所言："房屋是公民生存的基本条件之一，它构成了一个人生活、工作、与人交往的'圆点'，它的被剥夺导致的不仅仅是失去房屋本身这一结果（对于富有的人来说也许只是房屋本身，但更多的被拆迁人是这个社会的中低收入者），而可能导致失去已经熟悉的生活环境，便利的生活、工作条件，较低的生存投入等一系列后果。如果一个拆迁项目不能让房屋所有人的居住、生活条件有所改善，那它的拆迁意义又在哪里？难道只是为了拆掉一个'贫民区'，随后发展出另一个'贫民区'吗？"❷同理，如果水电资源的开发建设无法使水库移民的生活发生改善，那所谓的"开发性移民"的政策理念又如何体现呢？水电资源开发的公益性又如何体现呢？

对于每一个个体，不仅享有保持最低标准条件的有尊严存在的生存权，还应该拥有不断改善自己生活的权利。"征收补偿的合理性就要考虑到被征收人与其他处于相同条件下权利人的状态，使得被征收人在被补偿后达到与其他权利人平等对待的程度。被征收人所丧失的不应该以被征收不动产

---

❶ 国务院新闻办公室："中国的人权状况"，载《国务院公报》1991年第39期。
❷ 徐颖慧："从遁形到归位——对城市房屋拆迁补偿模式的探讨"，载《中外法学》2004年第5期，第563页。

第四章　公正发展：水库移民利益补偿的视角转换

的价值来衡量，而应该去探求不动产对于被征收人的生存意义。被征收人为公共利益实现付出代价，甚至被迫远离故土，即便境况会因为征收而得到改善亦不足够。其他人总会在公共利益实现的过程中得到或多或少的利益，而无付出。补偿中应充分考虑被征收人对公共利益的贡献，仅仅给予适当的甚至是公平的补偿显然无法实现对被征收人的现实关切。"❶ 从人权的角度，这种实现自我完善、自我提升的权利，就是发展权。从法律渊源看，发展权的基础被看成是生存权的结果。没有发展的生存必然因缺乏进化的活力而萎缩。发展权实现于人的社会、离不开人的本质；人的本质又离不开人的生存与发展。人只有获得这种权利，才能摆脱与其他动物合为一体的状态，而成为社会上的、法律上的人。❷ 从此意义上而言，我国实施的"生存权式"的水库移民补偿是缺乏内在驱动力的补偿模式，这也是导致水库移民"因移致贫"时常发生的关键。当前，中国已经开始从以解决温饱为主要目标的生存型社会进入以人的发展为目标的发展型社会。❸ 我国政府已公开向世人表明，在未来的发展愿景中，将秉持发展权首位的理念保障公民过上有尊严的幸福生活。❹ 在这种宏大的时代背景下，水库移民补偿不能仅仅停留在"恢复原状"的水平，相对于其他类型非自愿移民，我们更需要给他们提供发展性的补偿，需要此种"造血式"的补偿帮助他们实现摆脱贫困，进而超越原来的生活水平。"公平和公正的原则不仅要求受到破坏的社区生活质量给予补偿，更要求顾及社区和个人的利益。应将重点从恢复收入——意味着恢复并停滞在修筑水坝之前的生活方式——转移到提高收入水平，促使移民和项目的主要受益者的共同发展上来。"❺ 由此可见，世界银行已经充分认识到发展性补偿安置对于移民生活的重要意义，

---

❶ 王蕴波、王福友："论物权征收的实质"，载《北京师范大学学报（社会科学版）》2012年第2期，第95页。

❷ 汪习根："发展权法理探析"，载《法学研究》1999年第4期，第20页。

❸ 周正平："加快剥离农村土地的社会保障功能"，载《新世纪周刊》2009年第7期，第64页。

❹ 国务院新闻办公室："国家人权行动计划（2012—2015）"，载《人民日报》2012年6月12日。导言中写道："顺应各族人民过上更好生活的新期待，继续把保障人民的生存权、发展权放在首位，着力保障和改善民生，着力解决人民群众最关心、最直接、最现实的权利和利益问题，切实保障公民的经济、政治、社会和文化权利，促进社会更加公正、和谐，努力使每一个社会成员生活得更有尊严、更加幸福。"

❺ 世界银行后评估局："非自愿移民：大型大坝经验"，王虹、施国庆译，载《河海大学学报（哲学社会科学版）》2002年第4期，第46页。

并一直在通过政策指导、后期评估的方式推动这一理念的传播和实施。当然，对于我国的水库移民补偿而言，现实的经验表明，获取发展才能更好地生存，针对发展权的补偿（包括土地发展权补偿和人的发展权补偿）已经成为亟待解决的问题。"三峡移民角色转变过程提示我们，三峡移民作为非自愿移民，在搬迁的初期主要考虑的是与原库区居住地的纵向比较，在这种纵向比较的过程中，政府部门是影响三峡移民满意度的首要因素；但随着时间的推移，等到移民搬迁到安置地两三年以后，三峡移民的房屋、道路、土地划分等问题基本落实下来了，三峡移民会把精力集中到发展生产，提高经济收入上来，此时如何掌握、能否掌握新的生产技能是移民关注的中心问题；随后，移民用两三年的时间基本掌握了新的生产方式所需的各项技术能力后，影响其满意度的最关键的是他们能不能像当地原居民一样生产和收入，成为与原居民同等发展的'村民'或'居民'（而不再是移民身份）。"❶

（三）发展权理念下水库移民补偿的原则

水库移民补偿发展权旨向的转型，要求我们必须重新审视水库移民补偿制度及运行机制的基本原则。从人权的概念范畴来看发展权内在地包含了对参与、利益共享和品质提升等方面的期许和要求。基于此，笔者认为发展权理念下的水库移民补偿必然要遵循利益共享、参与、可持续等三大基本原则。

1. 利益共享原则

发展利益为广大人民群众共享是中国共产党始终坚持的政治宗旨和政治纲领，亦是社会主义国家的重要表征。马克思在《共产党宣言》中指出："过去的一切运动都是少数人的或者为少数人谋利益的运动。无产阶级的运动是绝大多数人的、为绝大多数人谋利益的独立的运动。"❷进入 21 世纪以来，"发展成果共享""利益共享"等成为我国社会公众普遍关注的"热词"，它们的出现向世人传达着中国不断进步的信号，更可喜的是，当前这些概念已得到了我国官方的正式认可并被提升为党和国家的重要宣传口号。

---

❶ 刘成斌、风笑天："三峡移民迁移满意度的转变及其根源"，载《人口研究》2007 年第 1 期，第 83 页。

❷ 《马克思恩格斯文集（第 2 卷）》，人民出版社 2009 年版，第 42 页。

第四章 公正发展：水库移民利益补偿的视角转换

党的十八届五中全会提出了共享发展理念，即"坚持共享发展，必须坚持发展为了人民、发展依靠人民、发展成果由人民共享"。❶ 这种政治上的表达为我们重构水库移民补偿制度体系，全面认知和挖掘发展权视野下水库移民补偿的原则提供了良好的发展契机。水库建设导致的征地补偿涉及土地、房屋等多种财产权利的重新配置，公平的补偿安置配置方案不能简单地归结为"损一赔一""恢复原状"。合理的利益分配应保证移民的真实损失能得到合理的补偿，移民应合理地分享水利水电工程所产生的巨大经济与社会效益，移民的生活水平在恢复原来的生活水平的基础上逐步达到当地居民的平均生活水平，实现水利水电资源的最优配置，促进移民安置区与受益区经济社会的均衡发展。❷ 目前我国的水库建设虽然也给予移民补偿，但这种补偿仅着眼于土地、地上附着物等财产的使用权价值，着眼于移民的有形财产的弥补，忽略了土地等财产的可持续保障的资源禀赋属性，忽略了土地的发展权价值，更忽略了人的发展性需求。作为人权的发展权体现的是需要对弱者予以倾斜性保护，它孕育着社会成员共享发展成果的利益分配机制。❸ 利益共享原则对水库移民补偿的制度更新影响，主要体现在补偿范围的扩大方面。公正的水库移民补偿制度必须充分重视土地开发带来的增值收益对于移民发展的重要价值。在水库移民补偿范围的框定上不仅要体现出对水库移民财产权的关注，还要体现出对水库移民精神损失和生活再建权利的考虑。"事实上，当代日本又出现一种新的补偿理论。根据这一理论，如果作为征用对象的财产具有财产权人的生活基盘的意义，那么，对其损失的补偿，就不仅限于对其财产的市场价格予以评估，还应考虑其附带性的损失补偿，甚至有必要给付财产权人为恢复原来的生活状

---

❶ 《中国共产党第十八届中央委员会第五次全体会议公报（2015年10月29日中国共产党第十八届中央委员会第五次全体会议通过）》。"全会强调，实现'十三五'时期发展目标，破解发展难题，厚植发展优势，必须牢固树立并切实贯彻创新、协调、绿色、开放、共享的发展理念。""全会提出，坚持共享发展，必须坚持发展为了人民、发展依靠人民、发展成果由人民共享，作出更有效的制度安排，使全体人民在共建共享发展中有更多获得感，增强发展动力，增进人民团结，朝着共同富裕方向稳步前进。"
❷ 段跃芳：*水库移民补偿理论与实证研究*，华中科技大学2003年博士学位论文，第13页。
❸ 陈小君：*农村集体土地征收的法理反思与制度重构*，载《中国法学》2012年第1期，第35页。

况所必需的充分的生活补偿。"❶

2. 参与原则

水库移民补偿的公正实施，离不开参与程序的保障。在水库移民补偿中，强调水库移民的参与不仅是"法治移民"的必然要求，也是提高水库移民对补偿结果的接受度，提高他们搬迁动力的重要条件。学者陶传进在研究工程移民的搬迁动力时发现："虽然过去强调宣传教育的做法有一定的作用，但由于最终要落实到公正性、利益分配、移民参与等一系列实际问题中，宣传本身的意义已经不大。真正该下功夫的地方是后者，尤其是在移民参与方面。"❷ 参与原则主要体现为两个方面：首先必须把水库移民视为补偿法律上的平等参与主体，参与是实现水库移民充分补偿的一项重要权利，这项权利不仅具有程序价值，而且具有一定的实体价值。其次，参与原则强调水库移民对补偿全过程的介入，并要求通过正当的程序设置保障水库移民在补偿中的话语权。参与原则要求水库移民补偿不能像以往进行移民时理解的那样给移民一笔钱就了事，而是意味着移民补偿方式和安置计划既不应是粗暴地由政府说了算，也不应是简单地按移民所开的价来执行，而是建立一个合法合理也合情的"讨价还价"机制，要充分赋予移民在搬迁决策和执行过程中的参与权利，要在政府的移民目标和移民的搬迁意愿中找到一个适当的度。❸

3. 可持续原则

水利水电工程的建设对水库移民的影响是相当长远的，在当前的政策环境下，对于我国政府而言，不仅要保障他们顺利地"搬得出"，还要帮助他们"稳得住"，并逐步实现"能致富"的目标。在强大的政治态势下，"搬得出"已变得相对不那么困难，但如何使水库移民顺利地安居乐业却不那么简单。面临这一挑战，在水库农村移民"有土安置"越来越困难的情况下，水库移民补偿安置需要转变传统的相对单一化的处理模式，需要从充分考虑移民发展权的角度坚持可持续的多元化的补偿方式。在影响最为重大的征地行为中，言及农民发展权，便不能单一地认为农民享有接受补

---

❶ 林来梵：《从宪法规范到规范宪法：规范宪法学的一种前言》，法律出版社2001年版，第206页。

❷ 陶传进："工程移民搬迁动力分析框架"，载《社会学研究》2000年第6期，第111页。

❸ 卢跃刚：《以人民的名义》，人民文学出版社2005年版，第366页。

偿资格即为获得发展，因为发展是多元的，征地中的多种权利赋予与征地后的长久保障无疑都是必要的，这些权利是互相补充互相联系的，❶ 只有当它们汇合在一起的时候，才能成为一个以人为核心的发展的保证。❷

二、发展权视域下水库移民补偿制度的变革方向

制度的缺陷造就了移民权利过多裸露于法治阳光之外，运作机制的缺陷导致了权利救济上的无奈。如果这种权利贫苦的现状不能得到改善，移民贫困的问题将无法得以根治。如何摆脱水库移民权利贫困成为亟待解决的法律问题，俗话说解铃还须系铃人，鉴于中国水库移民贫困的根本原因是由于制度而导致的权利问题，解决水库移民贫困的必然选择是通过规范和完善现行水库移民利益补偿制度来维护和发展水库移民的权利。

（一）制定水库移民法，统一规范移民利益补偿法规体系

我国的水库移民从一开始被视作工程建设的附属品，或总工程下的子工程，效率和成本成为推动水库移民的指导性思想。虽然在依法治国的大环境下，为了推动水库移民的法治化转变，国家也出台了一些法规和政策，但水库移民法规体系的内在缺陷，工程思维的遗骸并没有彻底清除。而"工程思维"向"法律思维"之转变的本质表现在于对权利的尊重和保护。目前，水库移民补偿规范体系存在无法自足的缺陷和问题，也引发了水库移民专项法规存在的法理危机以及水库移民的信任危机。一方面，调整水库移民利益补偿的行政法规《大中型水利水电工程建设征地补偿和移民安置条例》存在法理瑕疵。我国《立法法》第 8 条规定："下列事项只能制定法律……（六）对非国有财产的征收"❸，虽然《土地管理法》依据《立法法》第 9 条的授权但书条款在其第 51 条规定："大中型水利、水电工程建设征收土地的补偿费标准和移民安置办法，由国务院另行规定。"❹ 但水库移民利益不仅包括土地权益，还包括其他非土地权益，这是《土地管理法》

---

❶ 刘兆军："人权理念下的农民土地权利保护"，载《中国土地科学》2010 年第 7 期，第 22 页。
❷ ［塞内加尔］阿马杜-马赫塔尔·姆博：《人民的时代》，郭春林、蔡荣生译，中国对外翻译出版公司 1986 年版，第 96 页。
❸ 2000 年《立法法》第 8 条。
❹ 2004 年《土地管理法》第 51 条。

无法授权的,而且授权立法具有过渡性质,有关事项的统一规范化最终都需依靠法律;另一方面,水库移民利益补偿问题异常复杂,我国当前的土地法律制度难以作出全面有针对性的解决,关于水库移民利益补偿的行政法规、规章因为其行政特质更难以公平地作出回应。为了给水库移民权利提供稳定的保障,也为了统一规范移民利益补偿法规体系,更为了弥补民众对国务院行政法规"权威性"认同感欠缺的遗憾,当前需要尽快出台水库移民法。当然,未来的水库移民法不可能是一部"包打天下"的大法,水库移民征地补偿中的经济补偿还有赖于通过现有土地法律制度的修改和完善来协调共同解决。

(二) 建立公平、移民参与的市场化补偿运作机制

在社会主义市场经济体制下,要实现公正补偿之权利保障法治理念,水库移民利益补偿应该引入公平、平等的市场化运作机制,使移民利益补偿能够真正满足其生存和发展的需求。首先,建立与市场联动的利益补偿标准形成机制。目前,世界上大多数国家和地区对被征用土地的补偿,都是以市场价格为基础来确定的。[1] 充分的市场价值补偿是实现社会优化配置的重要基础。要真正使水库移民对利益补偿过程及其结果信服,需要改变目前的"产值倍数法"补偿标准测算方式,建立与市场联动的利益补偿标准形成机制。其次,通过立法建立政府行为与市场经济相结合的投资体系,确立移民补偿投资的主体地位,确保移民在利益补偿过程中掌握充分的话语权并充分参与移民补偿立法与补偿实践。计划经济时代形成的"移民是政府行为"的理念导致了政府热衷于对移民利益补偿的大包大揽。政府家长主义的做法,固然在某种程度上能够提高工作效率,但某种程度上也反映了政府对移民权益及其主体地位的漠视,常会侵犯移民的相关权利,极易引发移民对利益补偿的不满和无端猜疑,也常常为移民利益补偿留下后遗症。从水库移民的实践看,只要将钱发给单位及个人,他们的"补偿包干,任务包干"一般都能完成。凡是该有政府负责包干的,如农村移民生产安置人数、外迁移民审定、城镇基础设施建设、公路复建等,都会出现

---

[1] 陈树文、于慕尧:"我国失地农民征地补偿模式研究",载《大连理工大学学报(社会科学版)》2008年第4期,第52-56页。

一定的缺口。❶ 要解决这一问题，必须充分尊重水库移民的土地权利，承认农民集体作为土地所有者、农民个人作为土地承包者的补偿投资主体地位。最后，必须改变当前由项目法人或政府主导补偿评估的运作机制，建立独立的补偿评估委员会，由他们按照市场机制对于补偿价值给予公平的评估。《大中型水利水电工程建设征地补偿和移民安置条例》规定，移民安置规划大纲及规划由项目法人或项目主管部门会同移民区和移民安置区县级以上地方人民政府编制（仅限未成立项目法人的情况下），由此可见，水库移民的拆迁评估基本上是由政府主管部门或代表政府的项目法人操作控制。这种既是"运动员"又是"裁判员"的补偿评估模式，难以使水库移民获得公平合理的补偿结果。保证利益评估客观公正的关键在于切断评估主体与项目法人和项目管理机关的利益关系，基于此，笔者认为必须赋予水库移民对评估机构的选择权，并保障其有效地参与评估过程；同时应该建立独立的省级及其以上的补偿评估复议委员会，由他们对补偿评估争议进行最终的裁决。

（三）建立移民自主决策的多元化利益补偿机制

传统的水库移民利益补偿通常采取一次性补偿和有土安置的模式，这种单一化的利益补偿模式具有整齐划一、高效的特点，但它忽略了移民的自主诉求和国家的现实状态，容易造成国家对于移民的不当侵害，同时容易产生移民对于政府的补偿依赖。当前可以探索多种方式相结合的利益补偿模式，结合国内外水库移民补偿实践，笔者认为以下几种方式具有较强的立法意义。其一，土地承包权入股方式。对于一些经营性水电工程，可以引入这一方式，供移民选择。经营性水电工程是靠淹没地人民的家园建设起来的，他们有权利选择以土地承包经营权的入股方式，从建设水库工程中受益。这种模式可以改变补偿费用一次性支付的窘迫，也可以保障移民的发展权。其二，社会保障补偿方式。这种方式可以通过以土地换保障，弱化和部分替代土地的保障功能，解决移民离开土地的后顾之忧，进而实现移民的自由流动。其三，税收、财政等其他形式的政策性补偿。水库移民实体迁移结束后都将面临不同程度的困难，在这个时候向他们提供特殊

---

❶ 岳非丘：《安民为天——三峡工程百万移民的历史启示》，重庆出版社2009年版，第306页。

的税收优惠、财政支持对于重建家园、迅速脱贫致富具有重要意义。其四,生活(存)权补偿。水库移民补偿不能仅割裂地考虑移民个人财产的等量市场价值,同时应该考虑到移民整体生活再建的成本。当然,在采用某一方式的同时,并不排斥对于其他方式的运用。水库移民可以根据自己能力、需求决策选择利益补偿安置的方式,充分尊重移民利益补偿的自主决策权和自主经营权也是防止移民贫困和移民发展权实现的重要方面。

(四)建立完善的移民利益补偿正当程序规则

"'现行的《土地管理法》对于耕地的补偿明显是不足的,所谓的集体所有,是这块土地上的村民共同所有,对外有明确的边界。所以政府的征收要么体现为契约关系,等价交换、充分补偿而且有正当程序,要么是掠夺,没有第三种道路。'中国社科院农村发展研究所研究员冯兴元说。"[1] 以正当程序法治理念的要求审视2004年《土地管理法》(修正),我们可以清晰地看到关于土地征收补偿程序依然存在很多问题。当然以《土地管理法》为基准法而制定《大中型水利水电工程建设征地补偿和移民安置条例》存在同样问题,甚至更严重。过去水库移民补偿实践不仅暴露出补偿机关突破现有程序的毛病,同时也显示即使严格地遵守现有程序,水库移民利益也不能得到公正的补偿。现行的水库移民利益补偿制度设计和运行实践表明,政府集决策、执行和监督等于一身,缺乏法律程序的正当性。笔者认为,在水库移民补偿法治改革中应该引入正当程序理念,完善的水库移民利益补偿程序规则。首先,确立先补偿后征用的征地补偿安置原则。现行的水库移民征地补偿安置程序遵循先征迁后补偿的操作原则,移民对于利益补偿缺乏抗辩权和监督权,这也导致很多移民得不到或者不能及时得到公平公正的利益补偿。先补偿后征用的程序设置可以有效地保护水库移民权利。其次,完善听证程序,水库移民利益补偿涉及公民的财产权和其他权益的重大变化,理应公平、公正地听取被补偿人的意见和建议。移民安置规划、移民补偿标准、范围和后期扶持资金的安排等决策必须举行正式的听证会。再次,完善公开程序,当前亟须建立详细的公告和通知制度,公告的内容应该包括水库移民补偿的标准、内容、方式、权利人的基本信

---

[1] 张墨宁:"土地征收背后的规划之弊",载《南风窗》2011年第21期,第67页。

息及其法律依据等，这样才能为移民行使参与权和申诉权提供良好的信息环境。最后，健全参与程序，各国移民实践证明，水库移民工程的顺利完成离不开移民的有效参与。"在日本兴建一座水库，补偿问题从开始协商到基本解决直至正式开始施工，往往要花费几年乃至几十年的时间。如日本建设省修建的坝高为96.5米的獭石川夯重力坝，尽管淹没人口为700人左右，且补偿交涉进展较为顺利，但还是用了约7年的时间。而日本的另一座110米的长岛夯重力坝，淹没人口仅有39户，但从补偿交涉开始的1970年到1983年共13年的时间里，只与其中的32户签订了补偿合同。"❶ 现行的水库移民法律制度虽然规定了移民征地补偿安置的具体运作程序，但实际操作的每一个步骤多是以行政机关或代表行政机关的项目法人为主线，忽视了土地及其他权利拥有者——水库移民的参与。相关法律不仅需要确立水库移民在利益补偿博弈中的参与权，还需制定相关的程序保障移民参与权的实现。当前，亟须建立征地补偿的平等协商程序，保障移民能够以平等主体的身份参与补偿安置调查、财产评估、补偿方案拟定和实施等全过程。

三、水库移民征地补偿协商机制构建——基于合意治理的反思

（一）水库移民征地补偿协商机制的提出

在构建和谐社会的21世纪，我国单向度的水库移民征地补偿制度及其引发的合意困境亟待改变。"在这个问题上，同样实行社会主义的邻国越南的经验值得借鉴。一位越南司法部官员告诉我，越南社会在城市化和城市改造过程中，也同样经历过拆迁之痛，强制征收和拆迁造成老百姓怨声载道，但是2003年前后越南颁布新规定，要求被征收者参与征收补偿方案谈判，结果基本上解决了征地拆迁这个原先让老百姓受罪、政府头痛的'老大难'。由此足以证明，公共参与之于公共利益是不可或缺的保障机制。"❷ 在合意已成为行政行为之正当性基础、协商民主日渐兴盛的法治背景下，我们应当摒弃这种单向度的水库移民征地补偿制度，赋予水库移民与政府

---

❶ 秦朝辉、肖平：《水库移民研究与评价——以龙滩水电工程为例》，华中科技大学出版社2011年版，第435页。

❷ 张千帆："拆迁条例修订的原则与难题"，载《南风窗》2010第2期，第24页。

（业主）协商议价的权利，通过完善的沟通、妥协机制促进水库移民征地补偿合意的形成。

1. 水库移民征地补偿协商制度构建的现实基础

（1）水库移民征地补偿协商生长的制度空间。现行的水库移民补偿制度虽然整体呈现出单向度的特征，但从有利于权利保护的解释视角，也可以从中找到协商因子成长的空间。当前的制度在通过用产值倍数法，把水库征地补偿标准限定在一个狭小的空间之时，也为补偿费用突破原则规定预留了通道。《大中型水利水电工程建设征地补偿和移民安置条例》第22条第1款规定："大中型水利水电工程建设征收耕地的，土地补偿费和安置补助费之和为该耕地被征收前三年平均年产值的16倍。土地补偿费和安置补助费不能使需要安置的移民保持原有生活水平、需要提高标准的，由项目法人或者项目主管部门报项目审批或者核准部门批准。"❶《土地管理法》第47条第6款、第7款规定："依照本条第二款的规定支付土地补偿费和安置补助费，尚不能使需要安置的农民保持原有生活水平的，经省、自治区、直辖市人民政府批准，可以增加安置补助费。但是，土地补偿费和安置补助费的总和不得超过土地被征收前三年平均年产值的三十倍。国务院根据社会、经济发展水平，在特殊情况下，可以提高征收耕地的土地补偿费和安置补助费的标准。"❷由此可见，国家并没有把水库移民参与补偿协商的途径堵死，虽然这种意思表达很模糊，而且欠缺相关制度保障，但在新的时代背景下，这些都不能妨碍它成为水库移民征地补偿协商制度的生长点。

（2）水库移民征地补偿协商生长的实践土壤。虽然由于受计划经济思维的影响，现行水库移民征地补偿制度中的公民参与规定更具有形式意义，而实质法律效力略显不足，但随着征地补偿矛盾的不断升级，很多地方开始探索群众路线在该领域的深化拓展问题。这种地方化的创新实践缓解了征地补偿矛盾，而且逐步得到中央政府的认可。2011年1月21日颁布实施的《国有土地上房屋征收与补偿条例》❸实现了国有土地上房屋所用权人协

---

❶ 《大中型水利水电工程建设征地补偿和移民安置条例》（国务院令第471号）第22条第1款，2006年7月7日发布，2006年9月1日起施行。

❷ 2004年《土地管理法》第47条第6款、第7款。

❸ 《国有土地上房屋征收与补偿条例》（国务院令第590号），2011年1月19日国务院第141次常务会议通过，2011年1月21日公布施行。

商参与征收补偿的破冰之旅。该条例之规定开启了中国征地补偿协商决策机制构建的希望之门,自此以后,官方和民间关注的焦点开始转向集体土地的征收补偿,其中征地补偿协商制度的构建深受青睐。"集体土地征收和国有土地征收一个重要的区别为,国有土地是经过国家垄断的土地一级市场通过招拍挂方式出让,而集体土地不能进入土地一级市场直接交易,从而带来集体土地没有市场价的问题,那么征收时如何补偿?陈锡文认为,公共利益征收补偿,完全可以通过农民和政府的协商、谈判形成补偿价格,从而形成一个'事实上'的价格。"❶这种官方和民间的互动为水库移民征地补偿协商制度的构建提供了生动的注脚。

2. 水库移民征地补偿协商制度的法理基础

(1) 合法性的自我证成。只有真正自下而上授予的权力,只有表达人民意志的权力,只有以某种得以表达的基本共识为基础的权力,才是合法的权力。❷ 在法治社会中,国家可以基于公共利益的需要,征收公民的土地以及其他财产,但必须基于正当程序并给予"合理补偿"。一个好的征地机制可能与它所赖以建立的农地产权体系的性质无关,而仅仅在于存在一个公平合理的征地程序。而一个公平合理的征地程序必须是相关经济主体良性互动的体现。❸ 但在水库移民征收补偿中,由于"合理补偿"形成机制的缺陷,常常引发水库移民对政府征地补偿的对抗。这种对抗折射出我国水库移民征收补偿形成制度的合法性危机。在世界民主化潮流不可阻挡的背景下,谋求水库移民参与征地补偿协商,将成为化解征地补偿合法性危机的不二选择。在古典自由主义看来,协商是真正合法的程序。在所有程序中,协商产生的是彼此之间的同意或者大家共同的合意,所以,协商是对个人自治最直接的支持。对另一个人的服从是经过本人同意的,于是,同意就把潜在的专权转换为合作。❹ 协商模式不仅通过结果的达成表现其实体价值,同时通过程序的控制完成其形式合法性的证成。宪法之下,公民们就集体事务在公共领域之内展开自由讨论,以形成主体间的共识。由此形

---

❶ 中央农村办:"集体土地强拆应走司法程序",载《新京报》2011 年 1 月 31 日。
❷ [美]乔·萨托利:《民主新论》,冯克利、阎克文译,东方出版社 1998 年版,第 37 - 38 页。
❸ 张期陈、胡长平:"征地议价:政府与市场的和谐构建",载《财经科学》2010 年第 5 期,第 51 页。
❹ [美]杰瑞·L. 马肖:《行政国的正当程序》,沈岿译,高等教育出版社 2005 年版,第 244 页。

成的共识体现的是一种实质性的公共利益，其合法性来自于形成共识的过程本身的合法性。❶

（2）协商性行政的兴起。在传统警察行政时期，强制与服从是行政主体与行政相对人之间法律关系的基本写照，也是社会秩序维系的基本流程。但现代社会中，这种单纯的"强制服从"缺陷日趋明显，如行政管理成本大幅度提高，行政机构急剧扩大，进而公民税赋加重等。一个比较有效的改善办法是通过私法精神的导入，在行政主体和行政相对人之间展开协商，缓和传统公法下强制服从之间的张力。❷ 协商、参与理念和实践在公共行政管理领域兴起，引发了行政法运作模式的嬗变，导致公共行政由"命令行政"向"协商性行政"的现代转型。与单向度的"命令行政"相对，"协商性行政"的核心理念是：在行政过程中，行政主体和与行政活动具有各种利益关系的其他主体之间，可以通过信息交流、理性协商的方式，来理解彼此的关注和立场，并在这种相互倾听和交流的基础上，调整各自诉求，以寻求共识和合意。❸ 这种转型消解了传统的政府规制危机，提升了行政行为的正当性基础。现代行政法的发展由于受到公法私法化以及主体间性理论等多重因素的影响，相对方的主体地位得到强调，行政过程是否充分展示出主体间性、行政决定是否经过博弈的过程并基于合意而作出，通常成为衡量行政行为正当性的重要标准。如果这些条件得到满足，即使是强制性行政行为也只不过是以强制的方式确认双方合意的结果，故而合意是本质的，强制则是形式。❹

（二）凝集共识——水库移民征地补偿协商制度设计

1. "先补偿、后移民"：水库移民参与征地补偿协商的先决程序

法律利益关系主体力量的相对均衡是参与协商机制建立的重要前提，

---

❶ 苏振华、郁建兴："公众参与、程序正当性与主体间共识——论公共利益的合法性来源"，载《哲学研究》2005年第11期，第69页。

❷ 章剑生："作为协商性的行政听证——关于行政听证功能的另一种解读"，载《浙江社会科学》2005年第4期，第63页。

❸ 王锡锌：《公众参与和行政过程——一个理念和制度分析的框架》，中国民主法制出版社2007年版，第285页。

❹ 应松年主编：《突发公共事件应急处理法律制度研究》，国家行政学院出版社2004年版，第95页。

但在水电工程建设公益征收中，相比强势的政府和业主，水库移民处于绝对的弱势地位。土地及其他财产的实际控制权是移民争取补偿利益最大化、保证参与协商意志实现的最大砝码，因此，很多国家为了保证补偿利益的真正落实，在法律上设置了补偿先行程序。如法国的法律规定在补偿金付清之前，征收人不能取得被征收财产的实际占有权。[1] 加拿大的法律规定，只有在补偿问题解决之后，征收机构才可以强制进入和使用土地。[2] 第二次世界大战后，日本为了振兴经济发展，修建了众多的大坝。由于日本政府、公共团体坚持补偿协商先行的原则，使得绝大部分水利水电工程建设顺利进行，水库移民生活水平得到较大提高。

2. 健全以参与与公开为内核的正当程序规则：水库移民参与征地补偿协商的基础

首先健全听证制度，完善公众参与机制。在行政法场域，程序参与性是程序正义的最低限度要求之一。作为现代行政法发展的主流选择，参与沟通、服务与合作也契合了现代法学意义上对谈理论（交往行动理论）的精神内核和客观要求。对谈理论认为，理性建立起来的共识只有在一个关注自由、开放的"对谈"情境下才能获得。一个妥当行政结论的获取，有赖于行政过程中正当程序之构建与维护，尤其需要赋予利害关系人对行政过程的参与权利。[3] 为了营造真诚的水利水电工程建设征地补偿协商情景，当前亟待完善水电建设征地补偿的公众参与机制。其一，健全听证制度。需要从制度上明确，凡对水库移民征地补偿利益产生重大影响的决策，必须经过听证，其中包括移民安置规划大纲、移民安置规划、水库移民后期扶持规划的编制和征地补偿范围、标准和方式的确定。其二，建立非政府组织的参与机制。水库移民征地补偿协商过程，其实也是一个利益博弈过程，作为利益博弈的双方，常会基于自身考虑而作出情绪化的判断。非政府组织作为旁观者，往往能够相对客观地作出评价。因此构建非政府组织参与机制不仅能够能为水库移民征地补偿协商起到润滑作用，同时也能推动水电建设征地补偿中的信息公开、帮助化解矛盾和纠纷。其三，建立独

---

[1] 王名扬：《法国行政法》，中国政法大学出版社1988年版，第388页。
[2] 卢丽华："加拿大土地征用及其借鉴"，载《中国土地》2000年第8期，第45页。
[3] 苏万寿："行政过程中的对谈及其非正式规则"，载《河南政法管理干部学院学报》2011年第4期，第68页。

立的专家评估和外部监测机制。改变当前由政府操控补偿评估的运行机制，考虑到水库征地补偿的技术性和专业性，应该建立独立的专家补偿和外部监测机构。该机构与水电建设征地补偿法律关系主体不存在任何利益关系，仅凭借他们的专业技术参与移民征地补偿全过程。

其次健全信息公开制度，实现主体"互知"。在水利水电工程建设征地补偿中，政府（业主）和移民之间的协商合作，依赖于双方的"互相了解"。在信息和交流方面的不畅通会导致"负面参与"，即竭力反对搬迁、抵制开发项目。[1]由于政府在水库移民征地补偿中的主导地位，行政信息公开决定着征地补偿协商的发展方向。有学者在调查中发现农民反映补偿不公的同时更多地提到农地流转过程中其无法参与、被动接受土地被征收、政府给予农民补偿的信息不透明性、村干部与群众的补偿不一致等问题。调查中还发现，如果土地征收补偿的过程是公开、公平、公正的，可能农民对于补偿金额的多少反而没有太多不满。[2]水库移民征地补偿的信息公开，应该贯穿于整个行动过程，而不能仅停留在征地补偿结果的告知层面。

3. 确权赋能：水库移民参与征收补偿协商的支撑条件

首先明确移民水电资源开发的主体地位。长期以来，由于法律对我国农民资源权属表达的模糊性，导致水电建设中被征迁移民缺乏可以对抗的力量，也加剧他们对土地及其他财产非自愿流转的"非自愿性"。在水电资源开发工程建设中，当地居民不能简单地被置于服从的地位，他们虽然是被征迁的对象，但同时也是土地、房屋等资源的产权主体，他们应该获得水电资源开发带来的收益。从制度上明确当地居民水电资源的开发主体地位，有利于缓解政府与移民的对抗性，有利于实现征地补偿协商主体的对等性。其次提升移民参与协商能力，培育移民利益诉求表达自治组织。协商机制的顺利运行，不仅需要参与正当程序的规则保障，还受制于水库移民的参与能力。水库移民往往来自于相对闭塞、落后的地区，文化程度不高，权利意识比较薄弱。为了提高水库移民参与能力，一方面需要开展对水库移民的政策法制培训，提高他们的权利义务意识。另一方面需要积极

---

[1] 施国庆：《移民权益保障与政府责任》，吉林人民出版社2009年版，第143页。

[2] 聂鑫、汪晗、张安录："基于公平思想的失地农民福利补偿——以江汉平原4城市为例"，载《中国土地科学》2010年第6期，第66页。

保障工程建设地居民成立一个或数个同政府和水电建设业主对话和协商的利益组织，便于水库移民开展组织化参与，提高移民参与征地补偿的协商博弈能力。

4. 畅通的抱怨申诉机制：水库移民参与征地补偿协商的后续保障

世行的政策要求移民计划的设计包括一个全面的法律框架，且一旦发生争议，如土地取得争议，就必须有可利用的法律程序，包括上诉程序。❶ 为了保障协商结果的公正性，化解争议，可以借鉴境外土地裁判制度，建立中立的移民征地补偿安置裁决委员会。该委员会在中央和省级两级层面设立，委员会成员由各种专业人士组成，由他们通过评审投票的方式对征地补偿决定的合法性及合理性进行全面审查。

（三）余论

为了公共利益（即水利水电工程建设），水库移民被迫离开家园，对此他们也许无法选择，但他们应该有权对公正补偿作出自己的判断和选择。水库移民征地补偿不应该是政府单方面自话自语的过程，水库移民不能仅是征地补偿结果的接受客体，他们应该是参与补偿协商的主体。当然，水库移民参与征地补偿议价并不是否定政府的主导作用。虽然征用权是最高统治者不需要所有者同意而实施的权力，是政府与生俱来的权力，但是，在现代市场经济条件下，在产权至上的历史潮流中，人们进行经济活动所遵循的协商原则、公平原则应该成为市场运行和政府运行共同的原则，只不过在政府干预的某些经济活动中，这些原则受到一定的"约束"。❷

四、水库移民长效补偿的实践探索与制度构建

在我国水库工程建设实践中，补偿安置对象绝大多数是农村水库移民。针对农村水库移民，长期以来我国一直坚持采用农业化的有土补偿安置模

---

❶ 金慧华："世界银行非自愿移民政策探析——以环境保护为视角"，载《社会科学家》2009年第7期，第68页。

❷ 张期陈、胡志平："征地议价：政府与市场的和谐构建"，载《财经科学》2010年第5期，第52–53页。

式。这种模式亦是当前有关法律倡导的法定选择模式❶。所谓农业化的有土补偿安置模式，是指在水库工程征地补偿安置过程中，针对农村移民，坚持以农为主、以土为主。根据安置地域的行政范围，农业化的有土补偿安置模式包括集中安置和分散安置两种。实践中，地方政府常通过开发荒地、围垦滩涂、土地整理等方式为被安置农民提供一份赖以生产发展的集体农业用地。但随着新型城镇化的不断推进，人们对土地资源重要性的认知亦日渐提高，加上法律对集体土地农民长期承包权益的确认和支持，在农村集体土地确权逐渐完成之后，集体土地的异地调配和变动将会变得越来越困难。这给水库移民的异地有土补偿安置带来了巨大的挑战。虽然，有的地方通过土地整理的方式获取新的安置土地，但这种方式获取的土地往往难以满足水库移民生存发展的需要。在长江三峡工程库区重庆万州区天城农村移民安置过程中，八年试点（从1985年到1992年）土地开垦面积有170.00公顷，主要集中在海拔600米，坡度25度以上，土地瘠而薄，水利配套困难，经调查评价，难以利用。❷在这种现实背景下，法律上强调有土安置为主的"一次性补偿"模式面临着必须作出适当调整和改变的巨大压力。为了舒缓这一压力，回应开发性移民的政策要求，建立非依赖土地的发展性水库移民补偿势在必行。

（一）水库移民长效补偿的实践探索

近代以来，国民政府在当时的经济条件下探索了移民安置补偿长效机制，如尝试土地租赁、土地债权、土地入股等安置补偿模式，对于缓解资金压力，持续增加移民收入具有重要作用。❸20世纪80年代，随着中国迈入大发展的历史时期，水利水电工程建设也进入了快速发展的阶段。但由于我国经济刚刚复苏，水库的开发建设除了遭遇移民搬迁难的问题，还要

---

❶ 《大中型水利水电工程建设征地补偿和移民安置条例》（国务院令第471号）第13条："对农村移民安置进行规划，应当坚持以农业生产安置为主，遵循因地制宜、有利生产、方便生活、保护生态的原则，合理规划农村移民安置点；有条件的地方，可以结合小城镇建设进行。农村移民安置后，应当使移民拥有与移民安置区居民基本相当的土地等农业生产资料。"

❷ 陈银蓉、梅昀、刘灵辉、李进军："水库移民安置区土地补偿现状与补偿原理"，载《中国人口·资源与环境》2012年第2期，第28页。

❸ 李勋华、廖联奎："移民补偿安置的历史经验及其对水电工程移民工作的启示"，载《西北农林科技大学（社会科学版）》2012年第2期，第105页。

受建设资金短缺的困扰。为了应对这一问题，有些地方政府创造性地提出了通过改变移民补偿发放时间的方式来减轻水库建设前期资金压力的长期补偿方案。计划经济时代形成的水库移民补偿表现为以"产值倍数法"为计算方式的一次性补偿，长期补偿实行按照淹没土地的数量对水库移民逐年支付补偿。这种体现地方政府创新的长期补偿虽然产生的动因并非更好地保障水库移民的生存与发展权利，正如一学者在论证广西京南水库移民长期补偿时所写："按照最大限度地减少工程建设前期投资和最大限度地减少前期移民搬迁安置工作压力的思路开展各项工作，通过京南水利枢纽工程的建设，努力探索在市场条件下水库移民安置的新路子。"❶ 但这种分期给付补偿的方式的确受到了部分水库移民的欢迎。"部分修路或是南水北调工程征地地区，'种地'仍是这些地区农户的主要收入来源，土地从功能上仍是农民生存的基础。因此，这些地区的农民更倾向于分期获得补偿，以便日后的生活有所保障。"❷ 随着经济的发展，长效补偿也逐渐引起中央政府的重视，并得到有关部委的认可和鼓励。《可再生能源发展"十一五"规划》明确提出："创新移民工作机制，研究和探索电站长期补偿淹没土地的办法，并在有条件的地方进行试点"。❸ 基于政治的推动和现实契合性，长期补偿在水库移民补偿实践中得到长足的发展。经过多年的发展，长期补偿主要表现为以下几个方面。

1. 实物补偿长期模式

所谓实物补偿的长期模式是指根据库区已淹耕地的具体情况，核定农作物种类和产量，然后根据核定的农产品种类和亩产量并考量市场物价波动逐年向水库移民补偿粮食作物，补偿期限一般截至水库报废之时。湖南托口水电站是近年来实行实物补偿长期模式的典型。托口水电站是21世纪初期湖南省开工建设的最大水电工程，该工程的淹没区涉及湖南三个县市、贵州一个县。贵州省针对托口水电站贵州水库移民采取传统的依赖"有土安置"的一次性补偿，而湖南省针对托口水电站湖南水库移民采取了实物

---

❶ 张绍山、李凡平、贾晔："水库移民实现长期补偿的探索和实践"，载水利部水库移民开发局编：《水库移民理论与实践》，中国水利水电出版社2005年版，第47页。
❷ 闫文、许月明："河北省多样化征地补偿方式探析"，载《调研世界》2010年第3期，第34页。
❸ 国家发展和改革委员会：《国家发展改革委关于印发可再生能源发展"十一五"规划的通知》（发改能源〔2008〕610号），2008年3月3日印发。

补偿长期模式。湖南省人民政府办公室以湘政办函〔2005〕148号《关于托口水电站（湖南）农村移民安置方式的复函》，原则上同意湖南库区移民安置采用有土安置与实物补偿相结合的方式；2006年8月以湘政办函〔2006〕143号《湖南省人民政府办公厅关于〈托口水电站建设征地实物方案〉的复函》，原则上同意有土安置结合实物补偿相结合的补偿方式。❶湖南日报的记者在一篇采访纪实报道中清晰地描述了托口水电站湖南水库移民实物补偿的具体内容和美好前景，"经过地方政府、移民、业主综合选择，最终库区移民安置选择了有土安置与实物补偿相结合的方式，除了现有的安置补偿之外，库区的1.1万亩水田将按每亩每年625公斤稻谷补偿给移民，并且补偿的价格随着物价的波动做相应调整，也就是说只要托口水电站存在一年，农民就可以得到一年的补偿。同时在未来的20年内，库区农村移民还将得到每人每年600元的后扶资金。这样的长期补偿，虽然业主承担了较多的风险和压力，但解决了移民的后顾之忧。"❷

2. 金钱补偿分期模式

相对于实物补偿长期模式，金钱补偿分期模式在水库移民补偿实践的使用频率更高。目前金钱补偿分期模式有两种操作模式，一种是耕地的年产值操作模式，另一种是耕地的资本化操作模式。所谓金钱分期补偿的年产值操作模式主要是基于被淹没耕地前三年的平均年产值（或净产值），并考量农产品价格波动，分期（半年或一年）给予水库移民金钱补偿，期限至水库报废之时。这种补偿模式开始探索的实践比较早，早在20世纪80年代，广西的很多水利水电工程已经运用这种"长期补偿"方式，比如浪水水电站、爽岛水电站等。随后这种模式也被其他很多地方学习、借鉴和推广。如今，金沙江中游的阿海和向家坝水电站（涉及云南省的水库移民）已成为采取这种模式的典型。为了确立长效补偿模式的权威性，云南省政府办公厅专门印发了有关移民补偿安置的规范性文件，提出了对金沙江中游水库移民（云南部分）开展长效补偿。而且该规范性文件对长效补偿的

---

❶ 杜景灿、张宗玫、龚和平、卞炳乾等编著：《水电工程移民长效补偿研究》，中国水利水电出版社2011年版，第79-80页。

❷ 杨跃伟、夏杰、张福芳："托起大湘西，经济腾飞新希望——托口水电站建设采访纪实"，载《湖南日报》2010年2月3日。

运行机制作出了比较清楚和全面的规定。❶

金钱长期补偿的资本化操作模式，是指把土地补偿费和安置补助费入股（或土地使用权入股）或出借给水库建设，然后每年水库移民通过事先约定的方式按照股本或本金获得保底分红或利息，一直到水库服役期满。这种模式的实质就是土地补偿费、安置补助费的资本化或土地使用权的资本化。20世纪90年代初期，四川省在槽渔滩水电站建设中开始探索"出借"式水库移民长效补偿模式。他们将土地补偿费和安置补助费按照"统筹使用，长期受益"的原则，采取一次清算，集中投入电站建设，电站每年按银行利率11%付给移民利息。这样既缓解了电站工程建设资金紧张的矛盾，又避免了移民将土地补偿费一次消耗的弊端。❷ 征地补偿费和安置补助费（或土地使用权）的入股式长效补偿模式是当前水库建设中探索和运用较多的一种方式。比如东固水电站（福建省）、平松水电站（贵州省）、龙王潭水电站（贵州省）等采取这种分期兑现补偿的模式。其中东固水电站采取将集体所有的征地补偿费和安置补助费入股并每年保底分红的模式。平松、龙王潭水电站采取土地使用权入股（租赁）的方式。

（二）发展权视域下长效补偿的法理解读

"长期补偿"不仅是当前许多地方积极探索的补偿模式，也是一种得到水库移民广泛认可的创新。学者李勋华在2009年曾对向家坝库区（跨四川、云南两省）宜宾县安边镇移民点、云南水富向家坝镇移民点、重庆三峡开县赵家乡移民点、湖北巴东溪丘湾移民点、湖北丹江口市涧池乡移民

---

❶《云南省人民政府办公厅关于印发云南金沙江中游水电开发移民安置补偿补助意见的通知》（云政办发〔2007〕159号），云南省人民政府办公厅2007年7月4日印发。其第2条第5项第1款规定："根据'淹多少、补多少'的原则，以被淹法定承包耕地前三年的谷物平均产量为基础，依据所对应年份省粮食主管部门公布的粮食交易价格确定耕地平均亩产值，按照《大中型水利水电工程建设征地补偿和移民安置条例》（国务院令第471号）规定的土地补偿补助标准，以货币形式对移民实行逐年长效补偿。为缩小分配差距，对集中外迁安置且人均法定承包耕地面积悬殊较大的，经县级人民政府批准，在安置补助费依法兑现的前提下，可以对土地补偿费进行相应调整。移民长效补偿费实行逐年定量递增，在电站建设期，该项费用从审定的投资概算中列支；在电站运行期，水电项目法人同意从发电收益中提取资金补充移民长效补偿费，交由当地人民政府负责兑付。长效补偿期限与电站运行期限相同。移民死亡后，其农村家庭主要成员可以继续享受。水电站运行期结束，通过土地整理恢复耕地后，交当地人民政府分配给移民户耕种。"

❷ 武树帜、陈吉江："槽渔滩水电站移民和办电经验值得重视"，载《人民论坛》1995年第10期，第54页。

点部分移民权益进行调研。被调查的398人中，在回答"在安置补偿的方式上，你是否认为土地产权入股方式可行？"这个问题时，选择"可行"的移民高达332人，占总数的83.4%。❶ 但由于相关理论研究的滞后以及我国现行法律在此方面的迟缓和含糊态度，在水库移民补偿实践中，许多人一直对"长效补偿"保持戒备心理。"正是这种模糊性，使得长期补偿机制徘徊在'极力推行'和'谨慎防范'这两个极端之间。"❷ 这种实践状态不仅折射了"长效补偿"的法律困境，也印证了人们对长期补偿的法律认识的莫衷一是。

1. 补偿主体

在长效补偿的补偿主体理论认识上，一直存在着理解上的偏差。许多人认为在长效补偿中，业主是水库移民补偿的义务主体，实践中业主与水库移民签订长效补偿协议也证实了这一点。其实，这种认知反映了水库移民长效补偿法学理论研究上的落后，这种落后导致水库移民长效补偿实践呈现出纷繁复杂的景象。水库移民征地补偿是公益征收补偿，它属于行政补偿的重要类型之一。作为行政补偿的水库移民补偿，无论是补偿方式上表现为"一次性补偿"，抑或分期的"长效补偿"，在理论上补偿义务方必然是行政主体。如果把业主作为水库移民长效补偿的义务方，首先意味着水库移民征地补偿性质的变化，而这种变化在本质上否定了征收的存在，这种否定必将引发水库移民征地补偿的法理危机。因此，笔者认为，长效补偿仅仅是一次性补偿的变通，其并不引起补偿义务主体的变化，行政主体始终应该是水库移民补偿的法律义务主体。

2. 风险承担

不同类型的水利水电工程，它所产生的效益也是不一样的。有的工程主要承担防洪、排涝、灌溉等功能，它们就很难产生直接的经济效益；而有的工程主要承担发电、供水功能，或不仅承担防洪、排涝、灌溉等功能，还承担发电、供水等功能，此类工程项目能够直接带来巨大的经济效益。在水库移民补偿实践中，长效补偿主要见于以发电、供水等能够直接产生

---

❶ 李勋华："水电工程农村移民土地使用权入股安置研究"，载《人民黄河》2011年第4期，第121页。

❷ 施国庆、严登才："'场域—惯习'视角下的水电移民长期补偿安置方式"，载《南京社会科学》2011年第11期，第61页。

巨大经济效益的水利水电工程建设中。在市场经济的条件下，对于以发电、供水等功能为主的经营性水电项目来说，在憧憬可能存在的巨大经济效益的同时，同样需要面对经营不善的考验。对于这种经营性风险，水库移民是否应该承担，理论上并没有给予很好的解答。有人认为长效补偿实际上是"成果共享、风险共担"新理念[1]的渗透，进一步而言在水库移民长效补偿中，移民应该承担经营失败的风险。这种理解显然背离了"长效补偿"承载的发展性价值和水库移民补偿的本质。长效补偿的突出表征，就是改一次性补偿为贯穿于水利水电工程整个运行期间的分期补偿，通过分期补偿让水库移民能够分享到土地增值带来的效益，分享到库区发展带来的利益，实现水库移民的发展权。再者水库移民补偿的核心内涵在于使水库移民因水利水电工程建设导致的损失得到弥补，通过这种弥补保障水库移民的生存和发展利益。基于此，笔者认为，无论是何种方式的"长效补偿"都不能让水库移民承担各种风险带来的不利，政府应该承担起水库移民享受发展性利益的补偿担保责任。

3. 补偿标准

采用长效补偿，一般意味着水库移民获得的土地补偿总额将超过"该耕地被征收前三年平均年产值的16倍"[2]的法律限制。这种突破被有些人视为长效补偿"非法存在"的重要表征。"一般大中型水利水电工程设计使用年限都在50年以上，这就使'长期'的具体期限可达50年以上甚至上百年，'长期'二字于法无据，且与现行法律、法规相冲突，'长期补偿'与土地征收补偿的法理性质是适当补偿、不完全补偿也不相符合。"[3] 其实，长效补偿存在的重要价值不仅在于能够满足水库移民的生存需求，而且能够满足水库移民的发展权需求。水库移民征地补偿矛盾频发的状况已经表明按照"三原原则"计算的补偿标准实际上无法满足水库移民的发展权利需求。某种意义上，长效补偿正是对这种补偿标准设计模式的改革和突破。退一步而言，现行的行政法规并非没有为补偿标准突破16倍预留制度上的

---

[1] 胡宝柱、赵静、周金存："水库移民长期补偿方式探讨"，载《中国水利》2011年第2期，第15页。

[2]《大中型水利水电工程建设征地补偿和移民安置条例》（国务院令第471号）第22条。

[3] 苏秀华："论'长期补偿'向'长期安置'的转化——我国大中型水利水电工程建设征地'长期补偿'合法规避途径初探"，载《贵州社会科学》2011年第2期，第118页。

通道。《水库移民补偿条例》在规定16倍限额的同时，也设置但书条款，即"土地补偿费和安置补助费不能使需要安置的移民保持原有生活水平、需要提高标准的，由项目法人或者项目主管部门报项目审批或者核准部门批准。"❶

4. 长效补偿和后期扶持的关系

我国相关法律规定，水库移民补偿采取"前期补偿、补助与后期扶持相结合的办法"❷。长效补偿的实施引发了后期扶持的存在危机。一方面，简单从补偿时间上看，长效补偿已经覆盖了水库移民的"后期扶持"❸。另一方面，有人提出"由于移民已经通过直接参与水利水电工程效益的分享获得了长期的生产生活保障，安置之后就不宜再享受国家对于水库移民安置后期扶持的相关政策。"❹ 但如果进一步分析，我们可以发现，长效补偿和后期扶持是两个不同的法理范畴，二者不能互相替代。从国家对后期扶持的立法本意来看，它早期的功能定位在于化解水库移民遗留问题。当然，随着城乡统筹的提出，它的功能定位除了"化解水库移民遗留问题"，还增加了"帮助水库移民脱贫致富"❺。而长效补偿的主要功能在于通过渗入"发展、参与"的理念来达到对水库移民损失的公正补偿。长效补偿实质上仅是"前期补偿"中可供水库移民选择方式的众多方式之一。而且，在许多同一水库移民补偿安置实践中，长效补偿也常常是和其他补偿方式并存的。

5. 长效补偿的法理实质——"租赁""入股"抑或其他

长效补偿实践形式的纷繁复杂，表面上体现了政府在水库移民补偿制度上的创新力，但深层意义上也反映了人们对长效补偿的法理实质认知的困惑。当前关于长效补偿的理论基点存在"土地租赁""入股（土地使用权

---

❶ 《大中型水利水电工程建设征地补偿和移民安置条例》（国务院令第471号）第22条。
❷ 《大中型水利水电工程建设征地补偿和移民安置条例》（国务院令第471号）第3条。
❸ "对2006年6月30日前搬迁的纳入扶持范围的移民，自2006年7月1日起再扶持20年；对2006年7月1日以后搬迁的纳入扶持范围的移民，从其完成搬迁之日起扶持20年。"参见《国务院关于完善大中型水库移民后期扶持政策的意见》（国发〔2006〕17号）第2条第6款，国务院2006年5月17日发布。
❹ 胡宝柱、赵静、周金存："水库移民长期补偿方式探讨"，载《中国水利》2011年第2期，第17页。
❺ 《国务院关于完善大中型水库移民后期扶持政策的意见》（国发〔2006〕17号）前言，国务院2006年5月17日发布。

或征地补偿安置费)""土地补偿费和安置补助费出借"等多种说法。笔者认为,认识长效补偿的法理实质必须立足于水库移民补偿的法律性质。作为行政补偿重要类别的水库移民补偿,发生的重要前提在于因为公益征收而导致的土地、房屋等其他财产权利的转移。而"土地租赁"的重要特征在于集体土地所有权并不发生变化,租赁方需要在租赁期满后把土地归还原农村集体。把水库移民长效补偿的法理基础定位为"土地租赁"显然偏离了其行政补偿的法律性质。同"土地租赁"说相比,某种意义上"土地补偿费和安置补助费出借"说更无法承受起解释长效补偿理论存在的作用。因为"土地补偿费和安置补助费出借"的逻辑前提在于补偿已经完成。

在我国农村,集体土地的所用权归集体经济组织,农民个体不享有土地所用权,农民只享有土地承包经营权。当然,根据现有的法律和有关政策,这种土地承包经营权不仅是"长期稳定"的,而且是"长久不变"的。基于土地承包,农村享有土地的长久使用、收益和较大自由的处分权益。长期以来,针对水库移民征地补偿,中国坚持"产值倍数"法的原用途补偿原则。这种以农产品价格为基准的计算方法显然忽视了农地的市场交易价值,忽视了市场经济条件下农地征收开发所带来的增值收益。市场经济中,由于水电工程建设引发的土地征收,不仅会导致农地权属的变更,同时会产生增值收益。这种原用途价值之外的增值收益,不能仅仅由国家和水电开发业主享有,更应该让作为原土地产权主体的水库移民以及农村集体来共同分享。从产权保护的角度,土地产权拥有者有权获得土地产出的收益,这根源于产权拥有者对产权对象的支配、使用和处分权,具有法理上的合理性。[1] 某种意义上,水库移民长效补偿就是对水库移民所享有的承包土地使用、收益权的最大化保护。而这种最大化的基点在于承认水库移民土地承包经营权的独立补偿地位,并在征地补偿中能够资本化。同时长效补偿减缓了过于一次性补偿立即切断移民与土地联系的阵痛压力,使水库移民能够以地生财,获得长久稳定的生活保障。基于此,笔者认为"土地使用权入股"是水库移民长效补偿立足的法理实质。而且,这种解释符

---

[1] 朱一中、曹裕:"农地非农化过程中的土地增值收益分配研究——基于土地发展权的视角",载《经济地理》2012年第10期,第134页。

合未来集体土地征收补偿改革的方向，我国政府已在不同的层面充分表达了这种意愿❶。

（三）长效补偿的规范与制度完善

长效补偿的重要价值理念是帮助水库移民实现对增值收益的参与、分享。当然这种发展权理念的实现需要相关的制度保障。当前，我们亟待建立完善的长效补偿制度规范和运行机制。

1. 明确长效补偿的法律地位

人们对长效补偿的观望态度和模糊认知，根源在于当前相关法律明确规定的缺位。虽然我国的相关政策和一些地方性智识为长效补偿的实践尝试给予了理念和制度的指引，但缺乏明确法律指示的长效补偿始终无法找到其应有的理性解释和法律地位。因此，笔者认为，要真正发挥长效补偿的"共享、参与"之价值，首先必须在未来的法律上确立其明确的地位和制度架构。

2. 规范与完善长效补偿的制度架构

长效补偿发展权理念的顺利实现，不仅需要我们对当前纷繁复杂的长效补偿实践创新模式进行规范，还需要我们基于水库移民补偿的法律性质对其进行制度完善。

（1）明晰和规范长效补偿的法律关系。实践中，许多长效补偿常通过业主与水库移民签订民事补偿协议的方式来达成。这种方式显然不利于水库移民生存发展权益的保护，而且背离水库移民补偿的法理旨向。虽然长效补偿的最终费用需要由水电建设业主承担，而且他们也是水库的直接受益人，但征地的性质已经决定了水库移民补偿的义务方必然指向国家。"征

---

❶ "对有稳定收益的项目，农民可以经依法批准的建设用地土地使用权入股。"参见《国务院关于深化改革严格土地管理的决定》（国发〔2004〕28号），国务院2004年10月21日发布实施。"（七）入股分红安置。对有长期稳定收益的项目用地，在农户自愿的前提下，被征地农村集体经济组织经与用地单位协商，可以以征地补偿安置费入股，或以经批准的建设用地土地使用权作价入股。农村集体经济组织和农户通过合同约定以优先股的方式获取收益。"参见《关于完善征地补偿安置制度的指导意见》（国土资发〔2004〕238号），国土资源部2004年11月3日印发。"贫困地区水电、矿产等资源开发，赋予土地被占用的村集体股权，让贫困人口分享资源开发收益。"参见"中共中央国务院关于打赢脱贫攻坚战的决定（2015年11月29日）"，载《国务院公报》2015年第35期。

地是政府与农民之间的事,供地是政府和用地单位之间的事,征地与建设项目的性质无关,补偿费也是由政府给,在程序上与用地单位无关。"❶ 长效补偿补偿费的给付方不是业主,而应该是政府。因此,应该建立由地方政府与水库移民签订长效补偿协议的运行机制,同时为了约束业主、保护公共利益,业主应该与地方政府签订保障水库移民补偿安置费用具体落实的协议,通过该协议明确业主应该承担的责任。

(2) 建立长效补偿的风险保障机制。长效补偿的目的在于让水库移民能够分享水电开发带来的发展利益,但不能让他们承受失败的不利益。首先,为了保障长效补偿资金的来源安全,可以将长效补偿经费列入水电发电成本,并建立与上网电价的联动机制。其次,作为经营性的水电项目,必然存在一定的市场风险。为了防范风险,保障水库移民长效补偿利益的实现,应该建立风险保障机制。我们可以从水电工程经营性收入中提取一定数额的保证金,并把它们存入银行以备不时之需。同时建立水电项目经营不善的法律风险预防机制,即由项目业主的投资方或担保方提供连带责任担保。最后,在水电项目经营管理制度设计中明晰农村集体经济组织和业主的权利义务,设定水库移民的保底收益条款,规定水库移民收益回报的动态调整机制,明确政府的监管职责。

(3) 建立长效补偿与一次性补偿的协调机制。长效补偿一般是针对耕地的土地补偿费而采取的分期支付。但在水库移民征地补偿中,政府除了需要支付土地补偿费之外,还需要支付安置补助费等其他费用。对于失去耕地的水库移民而言,在搬迁之前向其支付"一次性"的安置补助费用等其他费用具有重要的生存保障价值。同时,我们也应该认识到长效补偿实质上也是金钱一次性补偿的一种变通,对于水库移民而言,它只是可供选择的众多补偿方式之一。在未来的制度设计及实际运作中,应该坚持自愿选择和政策引导相结合的原则,充分考虑和满足移民多元化的补偿安置需

---

❶ 征地制度改革研究课题组:"法律明确才有规范可循——福建省国土资源厅厅长林方磊访谈录",载鹿心社主编:《研究征地问题 探索改革之路 (一)》,中国大地出版社 2002 年版,第 14 页。

求。❶ 当然二者也可以友好并存。如三板溪电站是一次性补偿与长期补偿并存，罗甸县同一库区涉及两个电站，一个是双河口实行长补，另一个是龙滩电站实行一次性补偿，也未出现移民攀比或移民安置方式大翻盘的现象。❷ 但是，对于这种方式一方面我们应该看到它的时代价值，但也应该认识到它的局限性。为了防范长效补偿与一次性补偿的龃龉，同时也为了防范水库移民之间的攀比，我们必须建立完善的长效补偿与一次性补偿的协调机制。❸

---

❶ 探索建立多元化的补偿安置方式，是党和国家提出的改革旨向和要求，当前一些地方政府的积极试点实践并已取得初步成效。2013年党的十八届三中全会通过的《中共中央关于全面深化改革若干重大问题的决定》提出："缩小征地范围，规范征地程序，完善对被征地农民合理、规范、多元保障机制。"2015年2月《全国人民代表大会常务委员会关于授权国务院在北京市大兴区等三十三个试点县（市、区）行政区域暂时调整实施有关法律规定的决定》正式发布，从法律上确定农村土地征收、集体经营性建设用地入市、宅基地制度改革的33个试点县（市、区）行政区域。围绕土地征收制度改革项目，一些试点县（市、区）行政区域积极探索，努力尝试构建被征地农民利益合理、规范、多元的保障机制，最大限度地保障被征地农民的发展权。比如河北省定州市"在补偿方式上，政府确定了多种补偿安置方式让被征地户选择（区片价+粮食补贴、土地补偿+安置补助费、协商补偿安置），被征地村民可以根据自身家庭的不同情况，选择不同的补偿方式，以在政策法规许可的范围内，实现利益最大化。"李季平："两轮协商三重保障破解征地用地两难题——农村土地征收制度改革试点的定州探索"，载《中国改革报》2016年10月21日。

❷ 王应政：《中国水利水电工程移民问题研究》，中国水利水电出版社2010年版，第321页。

❸ 胡大伟："水库移民征地补偿长效模式的法制规范与制度构建"，载《中国土地科学》2015年第1期。

第五章 制度性保障理念下的后期扶持：从"扶贫给付"到"开发权共享"

一直以来，对水库移民而言，法定的补偿标准并不能使他们超过乃至恢复原来的生活水平。在特定的历史时期，这种"抛小家、顾大家"的政治动员和移民补偿或许具有一定的存在合理性，但在中国经济快速发展并取得巨大进步的时代背景下，过低的补偿显然不具有正当性。在人权保障观念和法治意识不断高涨的情况下，过低的补偿更不可能得到水库移民的认同和接受，这必然会影响到水库工程建设的顺利实施。为了解决水库移民补偿的历史遗留问题，亦为了推动水库工程建设的顺利实施，国家设置了"前期补偿、补助与后期扶持"相结合的开发性移民方针，后期扶持逐渐成为我国水库移民补偿法律制度的独特内容。

一、水库移民后期扶持的由来及发展

后期扶持作为水库移民征地补偿法律制度中的重要内容，经历了不断调整和完善的过程。它的产生和发展始终和中国的经济发展水平与法治进程紧密相连。

（一）作为解决历史遗留问题的救助措施

20世纪80年代，伴随着中国改革开放政策的实施以及法制建设的涅槃重生，国家初步意识到过去"重工程、轻移民"政策给水库移民带来的巨大伤害，亦开始正视水库移民的"因移致贫"问题。为了解决水库移民贫困问题，帮助他们解决基本生计，针对中央直属水库，1981年中央专门发文建立库区维护基金。《关于从水电站发电成本中提取库区维护基金的通知》（〔1981〕电财字第56号）规定："为了促进水电事业的发展，加强水库维护工作和解决部分库区遗留问题，经研究确定对电力工业部直属水电站自一九八一年一月一日起试行从发电成本中提取库区维护基金的办法，提取标准为每发一度电（扣除厂用电）一厘钱。已缴纳水费的水电站不再提取库区维护基金。库区维护基金只能用于水库维护和解决库区的遗留问题，必须量入为出，专款专用，不能挪作他用。"❶ 1986 年，为了解决 1985 年底以前投产的中央直属水库农村移民遗留问题，财政部发布了《关于增提库区建设基金的通知》（〔1986〕财工字第 151 号），该通知提出，自 1986 年 1 月 1 日起，从水电部直属水电站的电费收入中提取库区建设基金，提取标准按水电部直属水电站 1985 年厂供电量每度电 4 厘计算，1 年计提 2.4 亿元，用于 1985 年底以前中央直属水库移民遗留问题的处理。为了加快解决 1985 年底前投产的中央直属水库移民遗留问题，2002 年国务院办公厅转发水利部等部门《关于加快解决中央直属水库移民遗留问题若干意见的通知》（国办发〔2002〕3 号）明确提出，从 2002 年至 2007 年，用 6 年时间，解决水库移民温饱问题。为贯彻落实国办发〔2002〕3 号文件精神，2003 年财政部制定发布了《库区建设基金征收使用管理办法》，第 4 条第 4 款规定："库区建设基金征收年限，原则上从 2003 年 1 月 1 日起，至 2008 年 12 月 31 日止。提前达到国家规定扶持标准的，即不再征收库区建设基金。"此时的后期扶持政策并不针对新建的水库移民，只针对已建水库移民，因此具有典型的弥补历史亏欠、临时性的特点。

（二）从解决历史遗留问题的救助措施嬗变为后期生产扶持

只针对水库移民历史遗留问题的后期救助措施难免会造成顾此失彼的失衡局面，尤其是在国家经济发展水平较低导致前期补偿偏低的情况下，这种失衡感愈发明显。伴随着开发性移民策略的提出及试点运用❷，如何通过有效补偿帮助水库移民恢复生产生活、实现可持续发展逐渐成为国家关注的对象。为此，1986 年国务院办公厅转发了水利电力部《关于抓紧处理水库移民问题报告的通知》（国办发〔1986〕56 号）提出："水库移民工作

---

❶ 《关于从水电站发电成本中提取库区维护基金的通知》（〔1981〕电财字第 56 号），1981 年 6 月 19 日财政部、电力工业部以急件公文发布。
❷ 1984 年，中央财经领导小组提出移民安置要从单纯的经济补偿中摆脱出来，走开发性移民的道路。1985 年开始的对丹江口水库移民遗留问题进行处理的过程中，将开发性移民政策付诸实施。丹江口水库移民系统研究课题组：《丹江口水库移民系统研究》，科学出版社 1993 年版，第 53 页。

第五章　制度性保障理念下的后期扶持：从"扶贫给付"到"开发权共享"

必须从单纯安置补偿的传统做法中解脱出来，改消极赔偿为积极创业，变救济生活为扶助生产。为了帮助移民恢复和发展生产，开拓新的生产门路，应根据《中共中央、国务院关于帮助贫困地区尽快改变面貌的通知》精神，减轻移民负担，实行优惠政策，并切实解决资金问题。从一九八六年起，新建、扩建和续建水库工程的移民经费与工程概算一并审定，并在基建投资中安排包干使用。此后发生的移民问题，由基建投资中安排解决。在此之前建成的水库，其移民遗留问题，应根据分级负责的原则，按水库的隶属关系，从以下几方面筹集资金解决：（一）从水电站的电费和库区经营的其他收入中，提取一部分作为库区建设基金。水电部直属水电站提取办法，由财政部与我部共同拟定。地方所属水电站的提取办法，由所在省、自治区、直辖市人民政府确定。（二）在有条件而且尚有水库移民遗留问题的地方，可根据国务院发布的《水利工程水费核订、计收和管理办法》，在水费外附加库区移民扶助金。收取标准可由当地人民政府确定，但不得超过水费的十分之一。（三）有些水库不发电，其他直接收益不多，而社会效益较大，提取库区建设基金、库区移民扶助金后解决移民遗留问题仍有困难，应按水库隶属关系，分别由水电部和地方安排资金适当解决。"该通知不仅把水库移民历史遗留问题和新建、扩建及续建水库移民补偿问题统筹考虑，而且提出要"改消极赔偿为积极创业，变救济生活为扶助生产"。这种解决思路不仅平衡了老水库移民与新建、扩建和续建水库移民之间的关系，更巧妙地点出了化解新建、扩建和续建水库移民补偿难题的初步方案。1991年国务院把具有"扶助生产"意义的"后期生产扶持"写入了《大中型水利水电工程建设征地补偿和移民安置条例》（国务院令第74号），该条例的第3条规定："国家提倡和支持开发性移民，采取前期补偿、补助与后期生产扶持的办法。"同时该条例在第20条规定："国家对移民扶持时间为五至十年，自移民安置规划实施完毕之日算起；按照移民安置规划分期分批安置的，自每批移民安置完毕之日算起。"当然，此时的"后期生产扶持"明显被视为针对水库移民的一种政策优惠或照顾性恩惠。1993年出台的《长江三峡工程建设移民条例》（国务院令第126号）第4条明确提出："三峡工程移民安置坚持国家扶持、政策优惠、各方支援、自力更生的原则，正确处理国家、集体、个人之间的关系。三峡工程淹没区和安置区应当顾全大局，服从国家统筹安排。"而且该条例的第四章专门规定了"优惠措施"。

（三）水库移民后期扶持的法律确立及完善

20世纪的80年代和90年代早期，国家对于水库移民后期扶持的政策描述和试点实践都呈现出零散、模糊的状态，对于"后期扶持"的内涵界定及制度架构并没有清晰的规范表达。关于"后期扶持"概念的规范确立，经历了不断嬗变的过程。作为"后期扶持"概念的明确表达出现在《关于设立水电站和水库库区后期扶持基金的通知》（计建设〔1996〕第526号）中，该通知提出："为了做好库区移民工作，发展水利水电事业，根据国务院1991年2月15日颁布的《大中型水电工程建设征地补偿和移民安置条例》（国务院令第74号）的规定，并经请示国务院同意，决定从1996年1月1日起，对1986年至1995年投产和1996年以前国家批准开工建设的大中型水电站、水库库区，设立后期扶持基金""今后新建的水电、水利建设项目，有关建设单位要高度重视移民工作，在征地补偿、移民安置和后期扶持上应统一规划、落实措施，否则不能开工建设"。该通知通过要求设立后期扶持基金的方式强调后期扶持的重要性，同时亦从侧面确立了后期扶持的规范价值，一定意义上后期扶持基金的设立是后期扶持规范化、制度化和法制化的肇始。2001年修改后的《长江三峡工程建设移民条例》（国务院令第299号）规定"采取前期补偿、补助与后期生产扶持相结合的方针"并在第五章专章设立"后期扶持措施"。2002年的《水法》首次明确了对水工程建设移民开展后期扶持的法律原则，其第29条规定："国家对水工程建设移民实行开发性移民的方针，按照前期补偿、补助与后期扶持相结合的原则，妥善安排移民的生产和生活，保护移民的合法权益。"《水法》的明确规定为后期扶持的实践开展提供了更加坚实的规范基础。后期扶持的规范实施在三峡工程上得以表现。2003年，为了推动三峡移民后期扶持工作的规范实施，国家财政部首先出台了《三峡库区移民后期扶持基金征收使用管理办法》（财〔2003〕258号），为了确保三峡移民"搬得出，稳得住，逐步能致富"目标的实现，加强三峡工程移民后期扶持工作，2004年3月22日，国务院三峡建委发布了《关于三峡工程移民后期扶持工作的意见》（国三峡委发办字〔2004〕13号），2004年10月，《重庆三峡移民后期扶持规划大纲》编制完成。后期扶持在三峡工程中的具体实施，为它在其他水库移民工程中的广泛推广发挥了强烈的示范价值。2006年5月17

第五章 制度性保障理念下的后期扶持：从"扶贫给付"到"开发权共享"

日，国务院发布了《关于完善大中型水库移民后期扶持政策的意见》（国发〔2006〕17号），该项规范性文件针对"扶持政策不统一、扶持标准偏低、移民直接受益不够等"问题提出具体的完善意见。该意见强调"坚持统筹兼顾水电和水利移民、新水库和老水库移民、中央水库和地方水库移民"、"坚持前期补偿补助与后期扶持相结合"等原则，同时要求"现行的库区建设基金并入完善后的水库移民后期扶持资金；现行的库区后期扶持基金并入库区维护基金，并相应调整和完善库区维护基金的征收、使用和管理，具体办法由财政部会同发展改革委、水利部另行制定。自完善后的水库移民后期扶持政策实施之日起，现行关于征收库区建设基金和后期扶持基金的政策即行废止，各地自行批准向水利、水电和电网企业征收的涉及水库移民的各种基金、资金一律停止收取。"2007年财政部印发的《大中型水库移民后期扶持基金征收使用管理暂行办法》（财综〔2007〕26号）对此作出进一步的回应安排，其第23条、第24条分别规定："现行的库区建设基金并入完善后的水库移民后期扶持基金；现行的库区后期扶持基金并入库区维护基金，并相应调整和完善库区维护基金的征收、使用和管理，具体办法由财政部会同发展改革委、水利部另行制定。原三峡库区移民后期扶持基金的处理，由财政部另行研究""本办法自2006年7月1日起执行，《库区建设基金征收使用管理办法》（财企〔2003〕57号）和依据《国家计划委员会、财政部、电力工业部、水利部关于设立水电站和水库库区后期扶持基金的通知》（计建设〔1996〕526号）及《财政部关于处理18项到期政府性基金政策有关事项的通知》（财综〔2006〕1号）所设立的各项库区后期扶持基金，以及各省（区、市）自行批准向发电和电网企业征收的各种涉及水库移民的基金、资金一律停止征收。""库区建设基金"、"库区维护基金"和"库区后期扶持基金"在解决水库移民历史遗留问题，弥补和保障水库移民的补偿权益方面发挥了较大的作用，都被纳入后期扶持的资金来源范畴。当然，这些繁多的资金名目亦造成了水库移民后期扶持政策的不统一，导致水库移民后期扶持规范内涵的飘忽不定和难以理解。随着时代的发展以及后期扶持的规范化，统筹这些"繁多的资金名目"，对于规范界定"后期扶持"及促进后期扶持的实践发展具有重大的现实意义。《关于完善大中型水库移民后期扶持政策的意见》（国发〔2006〕17号）对于"库区建设基金""库区维护基金""库区后期扶持基金"和"水库移民

· 153 ·

后期扶持基金"的删减合并,比较及时地回应了时代的要求,进一步推动了水库移民后期扶持的规范化、法治化水平,也为我们准确认识后期扶持提供了规范基础。

二、水库移民后期扶持的正当性基础

(一)时滞成本的必然体现

水利水电工程尤其是大中型工程建设,涉及面广,对建设技术、环境、移民等方面都有很高的要求,因此它们从动议提出、开工建设直到正式完成要经过比较长的时间。以三峡工程建设为例,从1918年孙中山先生提出建设三峡工程的最初设想❶到1992年3月21日七届全国人大五次会议审议通过《国务院关于提请审议兴建长江三峡工程的议案》,其间经历了74年,而从1993年动工建设到2008年国务院长江三峡三期工程枢纽工程验收组对长江三峡三期工程枢纽工程蓄水至175米的条件进行现场检查,其间又经过了15年。与此同时,水库移民工程亦在同时展开,在三峡工程的建设方案未经全国人大正式审议通过之前,国家为了工程建设的顺利实施,先期于1985—1992年间开展了三峡库区移民的搬迁安置试点。如果从1985年开始,到2008年三峡工程175米水位线以下清库和移民搬迁全面完成,前后共用了23年的时间。总而言之,水库移民(尤其是大中型水库工程移民)搬迁安置横跨的时间都比较长,不仅会伴随水库工程建设从开工建设到正式完工的全程,甚至会先于水库工程建设开工时间,晚于水库工程建设正

---

❶ 1918年,我国伟大的民主革命先驱者孙中山先生最早提出开发建设三峡的初步设想:"自宜昌而上,入峡行,约一百英里而达四川之低地,即地学家所谓细[红]盆地也。此宜昌以上迄于江源一部分河流,两岸岩石束江,使窄且深,平均有六寻(三十六英尺),最深有至三十寻者。急流与滩是,沿流皆是。改良此上游一段,当以水闸堰其水,使舟得溯流以行,而又可资其水力。其滩石应行爆开除去。于是水深十尺之航路,下至汉口,上达重庆,可得而致。"孙中山:《建国方略》,生活·读书·新知三联书店2014年版,第205页。抗战时期,国民政府西迁重庆,三峡水道是出入的要津。孙中山先生建设三峡、开发水利的遗愿,成立迫切的呼唤。1943年底,国民政府资源委员会邀请美国水利工程权威萨凡奇考察三峡,1944年10月萨凡奇提交了《扬子江三峡工程计划初步报告》,这是一份三峡建设的蓝图,当时非常轰动。国民政府原则同意了三峡工程的建设计划,同时选派了水利工程人员到美国观摩学习,田纳西河流域水利工程是考察的重点,考察者无不羡慕。梁思成参观后感慨道:中国需要几百个这样的水利工程。黄万里也曾在这里实习过数月。[美]大卫·利连索尔:《民主与大坝:美国田纳西河流域管理局实录》,徐仲航译,上海社会科学院出版社2016年版,出版弁言第1-2页。

第五章 制度性保障理念下的后期扶持：从"扶贫给付"到"开发权共享"

式完工时间。在水库工程建设实践中，为了推动工程建设的顺利实施，减少资源浪费，政府会提前对库区下达封库令（停建令）❶。从封库令下达到水库移民正式搬迁安置之间，会有一段发展停滞期。在这段时间里，库区移民通过新建、改建及扩建项目等方式获取利益的机会被剥夺，土地开发、房屋及设施建设被禁止，林木及多年生经济作物栽种被禁止，人口不得流入库区，库区丧失了与其他地区一样的发展机会。"封库令"下达后，库区的外来投资在较长时间内受到限制，导致"封库"时期库区的社会经济发展和群众生活水平受到一定影响。主要表现为：（1）基础设施建设相对滞后。（2）与移民相关的社会事业建设滞后。（3）移民心理失落。❷ 而根据我国现行有关法律法规，对水库移民补偿采用"三原"原则的标准，补偿测算节点是库区停建令发布之时，这种补偿计算方法显然忽略了停建令下达到水库移民正式搬迁安置之间的水库移民机会成本损失。在前期补偿不包含水库移民时滞成本的情况下，通过后期扶持加以弥补显然不可或缺。"后期扶持存在的理由，不仅仅是为了协助移民减低获取收入的交易费用，更重要的原因，是政府确定补偿标准受到信息费用的约束，需要以后期扶持的形式对补偿标准进行修正。"❸

（二）水库移民发展权保障的客观要求

"以人为本，保障移民的合法权益，满足移民生存与发展的需求"是《大中型水利水电工程建设征地补偿和移民安置条例》（国务院令第471号）明确规定的征地补偿与移民安置基本原则之一。由此可见，水库移民利益补偿承载着满足水库移民生存权和发展权需要的重任。然而，相对于其他行政补偿对象，水库移民的生存和发展权保障面临更多挑战和困难。"移民搬迁安置后，其生产生活水平的恢复存在明显的U形特征。相当一部分移民搬迁后，因生活环境改变，原有的生产技能、生活习惯被迫改变，原有

---

❶ 比如：雅砻江两河口水电站，2008年四川省人民政府下达"封库令"，2014年国家发改委正式核准建设；金沙江向家坝水电站，2003年四川、云南两省人民政府同时下达"封库令"，2006年国家发改委正式核准建设。
❷ 王诗景："水利水电工程'封库令'对地方经济发展的影响分析"，载《水力发电》2015年第9期，第29-30页。
❸ 沈际勇、强茂山："参与约束、交易费用与'前期补偿后期扶持'的水库移民补偿模式"，载《水力发电学报》2010年第2期，第84页。

的维系社会可持续发展的人文与社会基础被破坏，以及个人消极心态影响等，很容易发生介入型贫困风险，产生'次生贫困'"。❶水库移民离开故土，被迫搬迁安置后，在新的社会环境下，需要经历着经济、社会乃至文化结构的重建过程，这个过程必然是比较痛苦且漫长的。在水库移民生活重建的过程中，他们需要得到政府的关照，他们的发展权益应该得到有效保障。然而，按照"三原"原则的补偿标准，前期补偿最多只能帮助水库移民恢复原来的生活状态和水平，满足水库移民的基本生存需求。这种补偿标准忽视了征迁对水库移民带来的社会性损失，低估了水库移民的真实生活水平需求，无法实现水库移民的后续发展要求。在前期补偿相对不足的情况下，如何防止水库移民陷入"次生贫困"，帮助水库移民恢复乃至超越原来的生活水平便成为影响水库移民事业发展的关键问题。为此，《大中型水利水电工程建设征地补偿和移民安置条例》（国务院令第471号）第3条提出："国家实行开发性移民方针，采取前期补偿、补助与后期扶持相结合的办法，使移民生活达到或者超过原有水平。"由此可见，实施"后期补偿"是水库移民发展权保障的客观要求。

（三）利益共享的内在要求

党的十八届五中全会提出了"创新、协调、绿色、开放、共享"五大发展理念。这五大发展理念不仅是对我国改革开放几十年成功经验的总结和凝练，也集中展示了未来中国的发展方向、发展思路和发展着力点。其中"共享"发展理念为我们深入认知水库移民利益补偿乃至后期扶持提供了坚实的理论和政策支撑，也为我们反思和剖析水库移民后期扶持提供了科学的行动指南。相比其他工程建设，水库工程建设占用的土地资源面积更大，造成的移民人数更多，给移民群体带来的损失更难以估算。水库移民在搬迁的过程中面临着失业、失去土地、失去家园等窘境，他们极易陷入贫困。但是另一方面，水电项目的开发运营将产生极其丰厚的利润，水电项目开发建设带来的丰厚收益与移民落后的生活状态形成的强烈反差，"先进的电站，落后的库区，贫困的移民"状况由此产生。这种状况的存在

---

❶ 范敏："新时期坚持和完善大中型水库移民后期扶持政策的思考"，载《中国水利》2016年第5期，第63页。

成为大坝建设被诟病和反对的重要事实依据。围绕大坝建设的争议，世界大坝委员会在2000年报告中提出了包含七大战略重点和相关政策原则的新政策框架，其中除了提出"获得公众认可、综合方案评估、解决现有的水坝、维持河流和生计、确保合规性、为和平、发展和安全共享河流"六大原则之外，特别提出了"承认权利和分享利益"的政策原则。世界大坝委员会提出应该把"实现可持续水资源开发利益的公平分享"作为大坝建设可持续发展的重点政策转向。[1] 放眼世界，回视中国，合理提高水库移民对土地资源开发收益的分配比例，建立兼顾政府、业主与水库移民的利益分享模式，已成为当前中国水库开发建设必须解决的当务之急。当然针对这一问题，晚近中国也作出一些回应和努力。可以说，后期扶持内涵的不断嬗变不仅反映了我国政治经济社会环境的变化，也展示了国家对水库移民参与开发权利益分享的态度。后期扶持在完成解决水库移民历史遗留问题之使命的同时，不断地承担起保障水库移民发展权，让水库移民公平分享开发利益的重担。"使水库移民共享改革发展成果"是《国务院关于完善大中型水库移民后期扶持政策的意见》（国发〔2006〕17号）提出的完善后期扶持政策指导思想的核心内容。"水库移民为修建水利水电工程作出了牺牲，利益共享是互惠正义的必然要求，在直接的财产补偿仅仅为适当补偿的前提下，对移民进行后期扶持就是社会正义的必然要求。其实，后期扶持措施也体现了'矫正正义'的要求，是具有道德补偿性质的一种特别帮助。"[2]

（四）水库移民被迫迁移下利益补偿失衡的补正

公益征收补偿是现代公民财产权的应有之义，亦体现出国家对宪法基本权利的尊重和保护态度。2004修正后的《宪法》第10条第3款和第13条分别规定："国家为了公共利益的需要，可以依照法律规定对土地实行征收或者征用并给予补偿""公民的合法的私有财产不受侵犯。……国家为了公共利益的需要，可以依照法律规定对公民的私有财产实行征收或者征用并给予补偿。"宪法对公益征收补偿的确立体现了我国法治和人权事业的进

---

[1] World Commission on Dams, Dams and Development: A New Framework for Decision-making, London: Earthscan Publications Ltd, 2000.

[2] 黄东东："工程性非自愿移民的新财产权"，载《法学》2006年第2期，第54页。

步，也是社会主义市场经济深入推进的必然结果。但遗憾的 2004 年修正后的中国宪法对公益征收补偿的规定并不明确，这导致了一些地方滥用征收权，对征收补偿采用较低的标准，严重侵害被征收人的财产权利。依据公平正义理念，对公民个人财产权的公益征收必须给予公正补偿。一般而言，公正补偿的计算标准只要遵循市场公平交换原则即可。当然，随着时代的发展，以市场公平交换作为公益征收补偿的计算方法亦开始受到越来越多的质疑和反思。有学者发现这种方法由于忽略了被征收者的主观权利可能依然无法摆脱补偿偏低的窠臼。"市场价值法的主要问题在于它拒绝对被征收者的任何真实的主观权利进行补偿，所以采用这种方法可能会导致补偿偏低，为了解决这个问题，有学者就主张在市场价值之上增加部分红利，一是为了补偿征收所暗含的强迫交易对个人自治的侵害，二是试图去矫正市场价值法下对于财产的系统低估。"❶ 实践中，针对市场价值法可能导致补偿偏低的问题，美国、英国、德国等一些国家已经开始采用适当高于市场价值标准的方法对被征收人给予补偿。市场价值法运用在水库移民补偿上亦会产生征收前后利益失衡的问题。"从沿革上看，损失补偿曾经是关于财产权的补偿。所以，从实现公平负担的理念这一观点来看，只要该补偿对财产权的价值采取等价交换的原则就可以了。然而，现在出现了仅靠这种交换价值的补偿，无法调整征用前和征用后之不均衡的状况。例如，在山村中建设水库的情况，被收用的虽说是个别财产，但是，作为整体而形成的社会生活也同时遭到破坏。在这种情况下，仅对财产予以补偿，还有无法得到补偿的内容。此外，即使关于个别的财产，如果仅以其评价的话，存在着离开山村的其他场所无法进行相同水准的生活的情况。因此，作为补偿的内容，除了财产的评价这一和以前相同的问题以外，还存在着必须考虑生活再建措施等新内容的补偿（补偿内容的问题）。"❷ 根据我国当前的相关法律法规，水库移民利益补偿的标准低于市场价值标准，在我国水库移民利益补偿还没采用市场补偿法的前提下，仅靠"前期补偿"不仅不能实现公正的"搬得出"，更无法使水库移民"稳得住，能致富"。"前期补偿"的不足需要后期扶持的弥补，这种弥补实质上是对水库移民被迫迁移

---

❶ 汪庆华："土地征收、公共使用与公平补偿——评 Kelo v. City of New London 一案判决"，载《北大法律评论》2007 年第 2 辑，第 498 页。

❷ ［日］盐野宏：《行政救济法》，杨建顺译，北京大学出版社 2008 年版，第 244－245 页。

下利益补偿失衡的补正。

三、水库移民后期扶持的法律性质

后期扶持作为针对水库移民的一种特殊设计,其发展经历了一个不断嬗变的过程。由于这种特殊的产生发展过程,同时囿于后期扶持法学理论研究的不足,导致了人们对水库移民后期扶持法律性质的理解呈现出模糊不定的状态。完善和改革水库移民后期扶持需要对其法律性质作出深入的剖析和梳理。

(一) 恩赐抑或权利

1. 恩惠说

关于扶持,辞海的解释为:"①搀扶。②服侍;照顾。③保持秩序。"[1]依据辞海的解释,显然后期扶持中"扶持"的字面含义为"照顾"。顾名思义,水库移民后期扶持就是国家在水利水电工程建设征地补偿后期对水库移民的特殊照顾。当然,对于水库移民后期扶持的理解不能仅停留在字面含义上。水库移民后期扶持的合理存在和法治发展需要一定的理论支撑,需要我们为之找寻正当价值基础。我国水库移民后期扶持的产生具有浓厚的事后补偿性特征,这种特性导致水库移民后期扶持容易被赋予"恩惠"式的价值理念色彩。首先,对于水库移民后期扶持"照顾"之字面内涵的自然理解,极易让人产生"恩惠"式的法理价值解读。其次,我国设立水库移民后期扶持的初衷是为了解决水库移民"因移致贫"问题,从发生时间上来看,水库移民后期扶持制度远远滞后于中国水库移民实践,这种时间上的滞后性以及事后的弥补性必然会留下"恩惠"式的刻板印象。最后,我国的水库移民后期扶持始终与国家的经济社会发展状况及水库移民的生存状况存在着紧密的勾连关系,这种勾连关系亦成为公权力机关是否设立以及如何给予后期扶持的重要依据,当然亦会成为公权力机关克减乃至取消后期扶持的重要借口。"恩惠"理念指引下的水库移民后期扶持极易沦为公权力自我决断的宣示性政策,当然不利于水库移民正当诉求的实现。"公民拥有的只是特权而不是权利。在政府面前,他们就像恳请者和乞丐一样,

---

[1] 夏征农、陈至立主编:《辞海》(第六版),上海辞书出版社2010年,第525页。

而不是权利所有人。对政府的任何反对意见都受到压制或被迫转入地下,因为事实表明,对政府的严厉挑战可能导致给予公民基本保障的产品被收回。"❶

2. 新财产权说

由于水利水电工程建设,原住居民被迫背井离乡,这种非自愿性的迁移导致水库移民难以很快恢复乃至超过原来的生活状态。因为公益征收而处于弱势地位的水库移民当然需要政府的适当关照。对于这种关照从权利的视角加以确认才能保证水库移民补偿利益的正当获取,也更有利于水库移民的顺利实施。弗里德曼认为,"政府对弱势群体的特殊关照之所以具有正当性,根本在于它的宗旨是保障自由和维护自治。政府向它的公民提供基本的生活补贴和其他社会保障措施,是政府的责任而不是慈善机构的施舍行为,而公民获得这种资助和优待是他们享有的权利而不是接受恩赐。"❷ 为了维护水库移民的正当权益,让水库移民后期扶持获取更长久的制度发展,防止水库移民后期扶持陷入"恩惠"认知的窠臼,有学者把水库移民后期扶持列入新财产权的范畴。"如果政府不作为或作为不当,移民能否获得相应的法律救济?政府的后期扶持显然是非自愿移民'财富'的重要来源之一,后期扶持这种特别保障措施,应当作为工程性非自愿移民的一项新财产权来看待,并受到正当法律程序的保障。"❸ 水库移民后期扶持新财产权说的提出无疑具有一定的理论价值和实践意义,尤其是对于促进水库移民权益的正当保护具有较强的启示意义。但笔者认为把水库移民后期扶持作为新财产权看待会产生一些难以克服的问题。首先,新财产权说会造成水库移民前期补偿与后期扶持的割裂。从现行的法律制度来看,水库移民前期补偿与后期扶持都是针对水库移民利益补偿的制度装置,二者是不可分割的整体,需要建立在共同的权利基础之上。把水库移民后期扶持看作新财产权不仅会造成水库移民利益保护的理论认知紊乱,更会导致水库移民利益补偿的碎片化和实践错乱。其次,来源于西方福利国家的因对

---

❶ [美]凯斯·R. 孙斯坦:《自由市场与社会正义》,金朝武等译,中国政法大学出版社2002年版,第281页。

❷ [美]弗里德曼:《选择的共和国:法律、权威与文化》,高鸿钧等译,清华大学出版社2005年版,第17页。

❸ 黄东东:"工程性非自愿移民的新财产权",载《法学》2006年第2期,第47–54页。

第五章 制度性保障理念下的后期扶持：从"扶贫给付"到"开发权共享"

"福利"给付正当程序保护的新财产权理论，难以全面客观地对接中国水库移民后期扶持制度与实践。在西方福利国家背景下，政府承担起越来越多的给付义务，此类"政府给付"显然不同于传统意义上的财产，为了保障政府给付的正当行使，便产生了把"政府福利给付"视为"新财产权"的理论和实践。毫无疑问，福利国家背景下新财产权理论对于促进政府给付的正当合理实施，保障公民个人的生存自足产生了一定积极价值。"在失业补偿金、公共补助和养老金等相关利益中，权利概念是非常必要的。这些利益的基础是人们承认，不幸和匮乏通常都是由非个人所能控制的力量造成的，比如技术变化、在物品需求上的变化、萧条和战争等。这些利益的目的，是确保个人的自足，恢复他的健康，使他成为家庭和共同体中的有价值的一员。在理论上，它们代表了共和国中个人的正当份额。"❶ 但我国的水库移民后期扶持显然不能简单地等同于政府的"福利给付"，它产生于公益征收的侵害，应该体现为对水库移民受损害合法利益的补偿。最后，新财产权理论在西方社会已日渐式微，难以成为解释中国水库移民后期扶持政策的理论基石。在美国新财产权理论提出以后并没有引起太多的理论争论，只是围绕政府给付行政正当法律程序的适用产生了一些探讨及判例。"由于美国政治意识形态的转向、福利国家实践的重大修正、与传统财产理论之间既有的抵牾、新的理论兴起等因素的共同作用，为'新财产权'理论和实践提供养分和资源的制度环境或许已经成为历史。"❷ 不可否认，新财产权理论为我们反思中国水库移民后期扶持的正当实施注入了新的动力，提供了新的观察视角，但在我国的福利环境及制度还不甚健全的背景下，在我国公民的财产权观念还有待提升的情况下，用其解释分析乃至支撑我国水库移民后期扶持难免会"水土不服"。

(二) 补偿抑或政策性保障措施

《水法》第29条规定："国家对水工程建设移民实行开发性移民的方针，按照前期补偿、补助与后期扶持相结合的原则，妥善安排移民的生产和生活，保护移民的合法权益。"此条款虽然强调"后期扶持"与"前期补

---

❶ [美] 查尔斯·A. 赖希："新财产权"，翟小波译，载《私法》2006年第2期，第242页。
❷ 周杰："福利国家语境下的'新财产权'理论与相关制度实践分析"，载《北大法律评论》2010年第2辑，第397页。

偿、补助"相结合的原则,但"后期扶持"之单独表述自然会产生不同于"前期补偿"的概念认知。这种表述性的浅层认知会给"后期扶持"法律性质的深度理解带来一定的干扰。关于"后期扶持"的法理定位,目前形成了"补偿"和"临时保障措施"两种不同理解。其一,把后期扶持定位为补偿。字面上"后期扶持"虽然与"补偿"风马牛不相及,但从它发挥的实质功能来看,"后期扶持"在法律性质上就是"补偿",是针对水库移民"前期补偿"不足的"后期补偿"安排。"后期扶持是基于前期补偿不足的条件下,政府、水电及相关产业部门对前期补偿不足的水利水电建设受影响群体作出的一种后期补偿,是一种改善或恢复移民社会经济系统生存和发展的制度安排,它是水利水电建设利益相关者的利益分配关系的二次调整,以内化相关活动产生的外部成本或外部收益。"❶ 其二,后期扶持不属于补偿,是针对水库移民的特殊保障措施。既然"后期扶持"在法律上被单独列出,它必然与"补偿"有不一样的法律性质。在一些研究者眼中,水库移民后期扶持显然不属于"补偿",它只是帮助水库移民脱贫致富,提高移民安置区和库区经济社会发展水平的一种临时性经济保障措施。"水库移民后期扶持是以政府为主导,依法对前期补偿不足的受影响群体提供的一种经济保障措施,以帮助水库移民提高生产生活水平,实现库区和移民安置区的可持续发展。"❷ 在笔者看来,无论从规范语境方面,抑或制度功能上,水库移民后期扶持在法律性质上都是针对水库移民的一种"后期补偿"。首先,从规范语境上看,"前"总是相对于"后","前期补偿"相对于"后期补偿",所以说"后期扶持"只是"后期补偿"的不同表述而已。其次,在制度功能及法治发展上看,"后期扶持"的产生动因虽然是为了解决水库移民"因移致贫"的历史遗留问题,但导致历史遗留问题产生的关键原因在于补偿不足,因此后期扶持制度设计的目的和功用在于对"前期补偿"不足的"弥补"。而且随着时代的发展,着眼于"历史遗留问题"的后期扶持制度面向亦时过境迁,在当前水库移民征地补偿前期标准依然偏低的情况下,"后期扶持"的"二次补偿"特性越发明显。

---

❶ 张春美:"农村水库移民后期扶持机制研究",河海大学 2009 年博士学位论文。
❷ 李振华:《水库移民后期扶持法律制度研究》,中国政法大学出版社 2014 年版,第 42 页。

第五章 制度性保障理念下的后期扶持：从"扶贫给付"到"开发权共享"

(三) 制度性保障理念下的水库移民后期扶持

1. 制度性保障的由来

制度性保障最早来自于法国学者 Maurice Hauriou，历经了 Friedrich Giese、Martin Wolf、Heinrich Triepel、Ludwig Waldecker、Rudolf Smend，最终至施密特集其大成。❶ 德国著名宪法学者史密特（Schimtt）认为，制度性保障是指某些先存性的法律制度受宪法保护，其具有对抗立法者的效用，虽然立法者有权对之进行限制，但立法者不能废弃该法律制度的核心部分。❷ 制度性保障理论在德国不仅获得体系化的发展，亦得到了德国宪法法院的采纳运用。简而言之，制度性保障意指，宪法上的公民基本权要获得保障，需要靠制度的配合。在德国宪法史上，因应国家经济社会环境的变迁，制度性保障理论的内涵亦呈现出不同的内容。在德国魏玛宪法时期，盛行"立法者自主权（Selbstherrschkeit des Gesetzgebers）"理念，即立法者原则上是自由的，不受任何拘束，所以立法者是最权威的宪法诠释者，甚至后来制定的法律，可以更改宪法的规定。❸ 为了防止立法者对某些重要社会制度的侵害，进而可能一并威胁到宪法所确认保护的基本权，所以有必要将这些制度也纳入宪法保障。从制度性保障的功能来说，它要求立法者不得破坏这些重要的法律制度。因此这一时期的制定性保障表现为消极性的制度性保障。台湾学者许志雄对消极性制度保障的论述为："1. 制度性保障之目的在于保障特定的法律制度，而非保障宪法所规定的基本权利，且该制度为现行宪法制定之前即已存在。2. 制度性保障的前提要件是相关法律制度必须有宪法连接点。3. 制度性保障的内容是立法者不能对已经纳入宪法范畴的法律制度之典型特征加以侵害，亦即制度性保障的范围仅限于

---

❶ 陈春生："司法院大法官解释中关于制度性保障概念意涵之探讨"，载李建良、简资修主编：《宪法解释之理论与实务（二）》，"中央"研究院中山人文社会科学研究所 2000 年版，第 274 页。

❷ 李建良："'制度性保障理论'探源——寻索卡尔·史密特学说的大义与微言"，载吴庚"大法官"荣退论文集编辑委员会：《公法学与政治理论》，元照出版公司 2004 年版，第 222 页。

❸ 陈新民：《德国公法学基础理论》（增订新版·上卷），法律出版社 2010 年版，第 196-197 页。

保障既存法律制度的核心、本质部分。"❶ 第二次世界大战之后，随着德国《基本法》的颁布实施，宪法在法秩序中的最高地位及宪法基本权利的直接效力得以确立，在许多领域里，消极制度性保障理论存在的价值逐渐消逝。此时，原初制度性保障的价值被《基本法》所吸纳融合，为此德国学者对制度性保障理论进行了进一步改造发展。重新构造后的制度性保障理论不仅保留了消极保障功能，即拘束立法者可能破坏某些重要法律制度，还引申出积极保障功能，即要求立法者制定相关制度，保障基本权。"著名学者Haberle 认为，宪法规定的基本权利具有双重性格，即个人权利与制度。基本权利从权利人的角度而言，是主观公权利，而从生活关系角度而言，则为制度。"❷ 基本权利的双重性格体现出德国《基本法》对制度性保障的吸纳和融合，这意味着国家需要通过积极建构制度以明晰宪法上基本权利的内涵，保障宪法基本权利的实现。在汉堡洪水控制案中，德国联邦宪法法院第一庭认为："《德国基本法》第 14（1）条把财产同时保障为法律制度和个人所有者的具体权利。财产之所有，乃是一项基本的宪法权利；它和个人自由的保护紧密相关。在宪法权利的普遍体系内，财产的职能是保证所有者在经济领域中的自由层面，从而使之能过着自给自足的生活。作为法律制度的保护，财产为这项基本权利而服务。这项宪法个人权利的条件基于'财产'的法律机制，制度保障禁止对私法秩序做出任意修正"。❸ 我国虽然在 2004 年把"国家尊重和保障人权"写入宪法，但公民基本权利受到公权力侵害的现象并不鲜见，公民基本权利的具体制度保障情况依然不容乐观。在全面推进依法治国的关键期，制度性保障理论对于推动我国宪法实施，保障公民的基本权利无疑具有强力的启示价值。

2. 制度性保障理念下的水库移民后期扶持

现代社会公民财产权与公益必须协调起来，首先国家应该保障公民个人的合法财产，但为了公益亦可以对公民的私有财产权加以限制或剥夺，当然这种限制或剥夺应该遵守正当程序，并需要给予合理补偿。我国现行

---

❶ 许志雄："制度性保障"，载《月旦法学教室（3）（公法学篇）》，元照出版公司 2002 年版，第 78 页。

❷ 陈春生："司法院大法官解释中关于制度性保障概念意涵之探讨"，载李建良、简资修主编：《宪法解释之理论与实务（二）》，"中央"研究院中山人文社会科学研究所 2000 年版，第 282 页。

❸ 张千帆：《宪法经典判例导读》，高等教育出版社 2008 年版，第 229 页。

第五章 制度性保障理念下的后期扶持：从"扶贫给付"到"开发权共享"

《宪法》第13条明确规定："公民的合法的私有财产不受侵犯。国家依照法律规定保护公民的私有财产权和继承权。国家为了公共利益的需要，可以依照法律规定对公民的私有财产实行征收或者征用并给予补偿。"《水法》第29条规定："国家对水工程建设移民实行开发性移民的方针，按照前期补偿、补助与后期扶持相结合的原则，妥善安排移民的生产和生活，保护移民的合法权益。"依据我国宪法法律的相关规定，水库移民补偿是典型的公益征收补偿，水库移民补偿关涉公民的基本财产权保障。后期扶持作为水库移民补偿的重要制度设计，它的权利基础显然在于水库移民依法享受的宪法财产权。对于水库移民后期扶持而言，一方面，我们需要警惕这项法律制度可能会对水库移民财产权利造成的不当限缩，防止国家对水库移民的客体化对待；另一方面，我们不能仅仅只关注其发挥的政策功利价值，还需关注它如何成为一项稳定的法律制度，持续地发挥对水库移民宪法财产权的保障价值。基于此，笔者认为，制度性保障理论能够为水库移民后期扶持的法治发展提供绝佳的理论镜鉴和支撑。根据制度性保障理论，"积极制度性保障要求立法者制定的相关法律制度不得侵害基本权利之核心内容，其具体内涵包括三方面：一是立法者为基本权利所提供的保护必须符合'保障足够性'原则；二是立法者在形塑具体法律制度时，必须遵循国内外的法治规律；三是国家不得将权利主体视为客体，而致使基本权利范围被缩减到毫无空间可言的程度。"[1] 基于此，首先，针对水库移民后期扶持，国家需要从公民财产权保障视角加以考量，不能视其为"恩惠"或"特权"，在前期补偿没有改善的情况下，不能对其加以任意修改乃至废止。其次，因为水利水电工程建设国家在对水库移民的财产权利加以形塑和剥夺时，需要适当平衡公共利益和个人利益，不能因为公共利益的需要而随意贬损或克减水库移民的财产利益。在水库移民前期补偿不足的情况下，对水库移民开展后期扶持符合公益征收的法治规律。最后，给予水库移民后期扶持不能够附加过多的限制性实施条件，在实施程序上应该体现便捷性，应该充分考虑水库移民权利行使中的参与度和可选择性。

---

[1] 欧爱民："德国宪法制度性保障的二元结构及其对中国的启示"，载《法学评论》2008年第2期，第123－124页。

四、水库移民后期扶持的法治反思与制度展望

（一）水库移民后期扶持的法治反思

1. 作为补偿的后期扶持与作为扶贫开发的优惠扶持的交错混同

由于后期扶持蜕变于解决水库移民历史遗留问题，因此虽然时事已经变迁，但后期扶持始终无法摆脱处理遗留问题的烙印，这种刻板形象导致它与作为扶贫开发的优惠扶持形成了一种难以撇清的交错混同关系。尤其是随着我国精准扶贫和精准脱贫战略的实施，后期扶持与作为扶贫开发的优惠扶持之间的交错混同更是被学界运用到极致，"扶贫旨向"基本成为众多研究者论述水库移民后期扶持的逻辑基础。作为扶贫开发的优惠扶持与水库移民后期扶持虽然有联系，但是，无论是在政策语境中抑或实践逻辑上，二者都有鲜明的区别，并非可以随意混同的两个概念。

首先，扶贫开发政策语境下的优惠扶持与水库移民后期扶持的法理基础不同。为了实现到 2020 年让 7000 多万农村贫困人口摆脱贫困的发展目标，2015 年底中共中央、国务院发布了《关于打赢脱贫攻坚战的决定》，该决定提出探索资产收益扶贫，在贫困地区水电、矿产等资源开发中，赋予土地被占用的村集体股权，让贫困人口分享资源开发收益。[1] 根据该决定，2016 年底国务院印发了《"十三五"脱贫攻坚规划》，规划在专栏 5 资产收益扶贫工程中单独开设水库移民脱贫工程，明确提出："完善地方水库移民扶持基金分配制度，在避险解困、产业发展、技能培训、教育卫生等方面向贫困水库移民倾斜，探索实施水库移民扶持基金对贫困水库移民发展产业的直接补助、贷款贴息、担保服务、小额贷款保证保险保费补助、资产收益扶贫等扶持政策。"[2] 以上两项中央政策对水库移民脱贫作出了比较明确的战略部署，并提出了具体的扶持措施，这属于典型的扶贫开发扶持。从政策的文字表述与措施列举上，我们可以发现作为扶贫开发的优惠扶持与后期扶持的些微区隔。《"十三五"脱贫攻坚规划》提出"完善地方水库

---

[1] 《中共中央国务院关于打赢脱贫攻坚战的决定》（2015 年 11 月 29 日），载《国务院公报》2015 年第 35 期。

[2] 《国务院关于印发"十三五"脱贫攻坚规划的通知》（国发〔2016〕64 号），2016 年 11 月 23 日。

第五章　制度性保障理念下的后期扶持：从"扶贫给付"到"开发权共享"

移民扶持基金分配制度"，这一提法显然有意无意地规避了其与"水库移民后期扶持基金"之间的紧张关系。而且，这两项政策提出的扶贫开发扶持举措更侧重于对水库移民所在地产业发展和移民能力提升的优惠支持及特殊照顾，这与直接给予金钱补偿的后期扶持存在一定差异。当然以上两点区隔仅仅是字面表述上产生的差异，扶贫开发的优惠扶持异于水库移民后期扶持的关键在于二者法理基础的不同。作为扶贫开发的优惠扶持关涉公民的生存权，展现了国家对弱势群体的特殊保障。生存权是基于人类生存本能而产生的自然权利或者说是"法前"权利，即伴随人的出生而产生的一种权利。❶ 我国《宪法》第33条明确提出："国家尊重和保障人权。"在我国生存权是首要人权，而生存权的内涵主要表现为公民免于饥饿，能够维持基本的生活水准，它是人性尊严得以维护的基础。《中国的减贫行动与人权进步》白皮书写道："消除贫困是人类梦寐以求的理想，是各国人民追求幸福生活的基本权利。多年来，中国共产党和中国政府从基本国情出发，把人民的生存权、发展权放在首位，致力于减贫脱贫，努力保障和改善民生，发展各项社会事业，使发展成果更多更公平惠及全体人民，保障人民平等参与、平等发展权利。"❷ 而水库移民后期扶持是基于公益征收的发生而产生，它体现出对被征地农民财产权受限及被剥夺的损害补偿。

其次，扶贫开发政策语境下的优惠扶持与水库移民后期扶持的实践逻辑不同。虽然水库移民脱贫被国家放置于脱贫攻坚计划中，但扶贫开发政策语境下的优惠扶持与水库移民后期扶持是两个并行不悖的政策举措。基于扶贫开发的优惠扶持具有浓厚的政治战略色彩，体现出高度的国家政治意志，与国家经济社会发展水平息息相关，它的使命是帮助农村贫困人口减贫脱贫，使命完成即意味着结束。虽然水库移民后期扶持被贴上了处理遗留问题的标签，但扶贫开发不是水库移民后期扶持存在的正当性基础，实践运作上它已经演化成为一种内嵌于行政补偿的制度性安排。"地方政府一方面实施低的补偿标准制造遗留问题，另一方面对移民开展遗留问题处理工作。显然，遗留问题的处理工作不是一种事后处理措施，而是一种常

---

❶ 胡大伟："论生存权的历史演进及发展"，载《中共济南市委党校学报》2004年第4期。
❷ 国务院新闻办公室："中国的减贫行动与人权进步（2016年10月17日）"，载《人权》2016年第6期。

规化的问题处理机制。"❶

2. 水库移民后期扶持法律制度不健全

(1) 水库移民后期扶持的法制支撑体系羸弱。水库移民后期扶持属于开发性移民的重要原则表现，我国《水法》对此有明确的规定，其第 29 条提出："国家对水工程建设移民实行开发性移民的方针，按照前期补偿、补助与后期扶持相结合的原则，妥善安排移民的生产和生活，保护移民的合法权益。"在《水法》的原则性法律指引下，2006 年修订的《大中型水利水电工程建设征地补偿和移民安置条例》（国务院令第 471 号）在第五章对水库移民后期扶持作出了具体规定。与此同时，为了进一步统筹水库移民后期扶持政策，规范水库移民后期扶持的实施，国务院出台了《关于完善大中型水库移民后期扶持政策的意见》（国发〔2006〕17 号）。除了这些法律行政法规之外，还存在着大量的关于做好水库移民后期扶持的规章、地方性规范及规范性文件。表面上看，关于水库移民后期扶持的法律法规并不缺乏，且层级完备，但"从现有制度设计看，《移民安置条例》《后期扶持意见》对移民参与的规定主要是原则性的，大多是宣示性条款，具有象征性意义，但缺乏实施细则和可操作性的具体规定。"❷

(2) 水库移民后期扶持制度设计不合理。首先，制度设计对程序正义关照不足。正当程序不仅有利于保障水库移民获取后期扶持，也能够有效防止"后期扶持"变成"后期包办"。在水库移民征地补偿实践中，随着后期扶持的深入开展，水库移民对后期扶持的期望越来越高，水库移民之间的攀比心态，对政府的"等靠要"心态越来越浓厚。其实防止这种情况发生的最有效手段就是程序上的公开和参与。但对于后期扶持中水库移民的程序参与，现行的法律法规语焉不详，《大中型水利水电工程建设征地补偿和移民安置条例》（国务院令第 471 号）仅在第 38 条第 2 款中规定："编制水库移民后期扶持规划应当广泛听取移民的意见；必要时，应当采取听证的方式。""原则上听取意见，必要时听证"的程序设计其实已经堵上水库移民对后期扶持的实质参与之路。其次，制度设计上的差别对待。在后期

---

❶ 严登才、施国庆：《发展干预与移民生计重建：广西 Y 库区巴村个案研究》，社会科学文献出版社 2015 年版，第 78 页。

❷ 李振华："湖北水库移民参与后期扶持项目建设的实践"，载《人民长江》2012 年第 12 期，第 103 页。

第五章　制度性保障理念下的后期扶持：从"扶贫给付"到"开发权共享"

扶持范围上，《大中型水利水电工程建设征地补偿和移民安置条例》（国务院令第471号）虽然没有对农村水库移民和把户口已转入城市的移民作出区别对待，但《国务院关于完善大中型水库移民后期扶持政策的意见》（国发〔2006〕17号）明确规定只针对农村移民，而把户口已转入城市的移民排除在外。最后，后期扶持标准设计上不公正。根据《国务院关于完善大中型水库移民后期扶持政策的意见》（国发〔2006〕17号），针对水库移民的后期扶持采取一刀切式的标准和期限，即每人每年600元的补助，时间为20年。"2006年国家将后期扶持期限调整为20年，这有利于解决建国至今已建水库工程移民返贫、返库、聚众上访等遗留问题，但它不考虑扶持对象千差万别的实际情况而单纯以时间长短为标准确定扶持期限也是欠科学的。"❶

（二）水库移民后期扶持的制度展望

1. 以开发权共享理念形塑水库移民后期扶持制度

后期扶持不是针对水库移民"恩惠"或"特权"，更不能简单地与扶贫开发的优惠支持相混淆。后期扶持是基于公民宪法财产权形成的利益补偿，我们需要把基于共享发展的长效补偿原则贯穿于后期扶持之中。2015年底中共中央、国务院发布的《关于打赢脱贫攻坚战的决定》提出探索资产收益扶贫，在贫困地区水电、矿产等资源开发中，赋予土地被占用的村集体股权，让贫困人口分享资源开发收益。❷ 对此要求我们不能简单地停留在扶贫政策动员的认知上，其实在其他动因的土地征收领域中，一些发达地区早已开展了集体土地入股等资源开发共享型的利益补偿探索，并取得较好的效果。未来我们应该从权利平等保障的视角，把此项政策决定的要求吸纳转化为水库移民后期扶持的法律制度价值，不断形塑开发权共享理念下的水库移民后期扶持法律制度。

2. 建立更加完善的水库移民后期扶持法律制度

（1）完善水库移民后期扶持法律制度体系。在全面推行依法治国的时

---

❶ 陈建西、何明章："论工程移民后期扶持与可持续发展"，载《华东经济管理》2009年第5期，第160页。
❷ 《中共中央国务院关于打赢脱贫攻坚战的决定》（2015年11月29日），载《国务院公报》2015年第35期。

代背景下，用法治思维和法治方式推动水库移民后期扶持制度体系完善愈发紧迫。首先，建立更加刚性的水库移民后期扶持法律制度体系，改变其宣示性、政策性主导的软法面貌。其次，随着我国土地制度的改革发展以及土地法律制度的完善，水库移民征地补偿法律制度亦面临着如何与之相衔接的问题。为了防止水库移民补偿法律制度的碎片化以及与其他法律制度的割裂，未来有必要制定一部水库移民基本法，在此部法律中对水库移民后期扶持作出更加精细化的规定。

（2）健全水库移民后期扶持法律制度内容。首先，完善水库移民后期扶持正当程序。通过完善后期扶持正当程序，畅通水库移民对后期扶持的深度参与，让水库移民认识到后期扶持的合理界限和价值目的，既不能让水库移民的权益受损，更不能让水库移民补偿承受不能完成之重。"TVB不能把水库的闸门关起，不能偿还对土地所有者和村镇居民的债务，更不能每天去视察水库的闸门。因为这一地区的资源，连同人力在内，都被认为是整体的；而开发河流的工作，只不过是这一地区建设工作中简单的一部分而已。"❶ 其次，建立和前期补偿紧密衔接的后期扶持制度。针对水库移民征地补偿，我国相关法律法规明确规定了"前期补偿、补助与后期扶持相结合"的开发性移民原则。由此观之，后期扶持显然无法独立于前期补偿而存在，二者之间具有一定主从关系。为此，后期扶持在法律制度设计上应该体现出与前期补偿、补助的衔接性，在后期扶持的标准、方式上应该实现与前期补偿、补助的一体化关照。

---

❶ ［美］大卫·利连索尔：《民主与大坝：美国田纳西河流域管理局实录》，徐仲航译，上海社会科学院出版社2016年版，第67页。

第六章　基于补偿衔接的水库移民社会保障制度架构

对水库农民移民而言，土地不仅具有获得收益的价值，更发挥着长久社会保障的功能。尤其是对新生代农民而言，相对获得收益的功能，社会保障价值更大。在我国水库移民征地补偿中，当前格局仅体现了对水库移民财产损失的部分弥补，而水库移民的很多精神、社会关系方面的损失以及未来的发展收益并没有列入补偿范围。在强调发展、共享的新时期，实现水库移民的可持续发展，帮助移民实现"稳得住"，并进一步实现发家致富的政治目标，需要我们关注水库移民的社会保障问题。发展权理念下的水库移民征地补偿制度的变革与完善，必须考虑到水库移民社会保障制度构建的独特地位和价值，必须对水库移民补偿与社会保障的关系作出客观的梳理和定位。

一、水库移民社会保障亟待制度完善的理论与现实

相比于其他社会群体，水库移民的生活生态系统更加脆弱。实践表明，在搬迁后的数年里，微小的内外诱因，都极易导致他们陷入生活的困顿。因此，在给付行政日益兴盛的时代健全水库移民的社会保障制度具有很强的理论和现实必要性。

（一）我国社会保障多层化的重要体现

长期以来，我国的社会保障制度处于二元格局的状态，城镇居民和农民因为身份的不同，在社会保障上存在天壤之别。相对完善的社会保障往往只针对城镇居民，农民只能通过家庭和土地实现自救型的自我保障。由于在我国水利水电工程建设中，被迫迁移的居民绝大部分是农民，因此，一直以来城乡二元格局的情形对我国水库移民的生存发展产生了许多不利

影响。随着我国经济社会的发展,建立统筹城乡的社会保障制度体系已经成为国家的重大战略目标,建立完善的农村社会保障制度已成为我国理论和实务界的一致诉求。当然社会保障的"统筹"并不是强调主体标准的统一,因此我国社会保障统筹建立不仅要着眼于城乡一体化趋势和规律,同时也要兼顾不同群体不同层次的特殊需求。构建水库移民社会保障制度不仅能够为我国城乡一体化的社会保障制度体系的建立提供个性化的素材和支撑,同时能够倒逼我国社会保障制度城乡统筹的早日实现。此外,我国社会保障"保基本"的城乡统筹发展方向本质上并不妨碍依据水库移民特点给予他们特殊的多元化保障待遇。浙江省在养老保障城乡统筹方面已经充分考虑了特殊人群的多元化保障待遇并存的问题,《浙江省人民政府关于建立城乡居民社会养老保险制度的实施意见》(浙政发〔2009〕62号)在第4条制度衔接中规定:"(四)与其他保障待遇的衔接。符合享受城乡居民社会养老保险待遇条件的人员,如符合享受被征地农民基本生活保障、水库移民后期扶持政策、最低生活保障、计划生育家庭奖励扶助、社会优抚、农村'五保'和城镇'三无'人员供养、精减职工和遗属生活补助等待遇条件,可同时叠加享受。"❶

(二) 开发性移民人权意蕴外化的必然需要

开发性移民作为国家推动水电建设顺利开展的政策方针,在我国改革开放早期的水库建设中就已经提出来了,长期以来它主要被为视为一种政治性的宣传口号。但随着人权意识的深入人心和人权入宪,开发性移民原本的人权意蕴也被挖掘和认知。人权时代的开发性移民强调对水库移民生存和发展价值的重视及弘扬,强调水库移民搬迁之后的可持续发展。静态的一次性补偿虽然可以满足水库移民暂时的生存需求,可以缓解水库移民短期内的生存压力,但无法实现水库移民长久的生存发展保障。在目前水库移民补偿未达到完全补偿的情况下,建立完善的水库移民社会保障体系,不仅可以弥补补偿不足的缺憾,也有利于水库移民的可持续发展。

---

❶ 《浙江省人民政府关于建立城乡居民社会养老保险制度的实施意见》(浙政发〔2009〕62号),2009年12月30日发布。

（三）水库移民贫困纾解的长久保障

我国的水库移民实践表明，水库移民是一种特殊的社会群体，他们中的绝大多数在搬迁后相当长的时期里无法恢复到原来的生活水平，这种状况在西部水电开发建设中表现得尤为严重。"经水利部核定，截至 2006 年 6 月 30 日，我区有移民搬迁安置任务的大中型水库 241 座，农村移民 166.77 万人。我区的大中型水库移民分布在 14 个市 92 个县（市、区），受经济发展水平和自然条件的制约，普遍生产生活困难。据调查，2004 年全区农村移民人均纯收入为 1040 元，仅相当于当年全区农民人均纯收入 2305 元的 45%；还有 50 多万农村移民不能实现口粮自给，长期依靠政府给予的粮食补助或粮食差价补贴维持生活；在 2434 个移民建制村中，仍有 1002 个村不通村屯道路，88 个村不通电；22.93 万户 94.2 万移民饮水困难；1.6 万适龄儿童因家庭贫困失学。"❶ 对于水库移民而言，此种弱势地位的形成，不仅与不完备的补偿制度息息相关，也与长期以来缺乏完善的社会保障制度支持密不可分。长久以来，水库移民搬迁后，由于缺乏完善的社会保障，他们的生活生产极易陷入不稳定的状态。为了确保水库移民"稳得住"，免除他们搬迁的后顾之忧，防止其陷入贫困，我们除了给予水库移民公正的补偿之外，还必须为他们建立完善的社会保障体系。

（四）土地保障功能缺损的重要补充

虽然随着我国社会保障制度不断推进，普惠城乡居民的最低生活保障已在全国各地相继实施。但由于我国各地的经济发展水平参差不一，在未来相当长的时间里，对于广大农民而言，这种最低层次的生活保障仍然无法替代土地对他们的保障。"但是这部分养老金数额因各种地区经济发展水平不同而有很大差距，只有在北京等发达地区老人可以领取每月 200 元以上养老金，大部分地区不到 100 元。因此，绝大多数农村老龄人口的养老仍然主要通过子女赡养和土地供养模式。"❷ 在我国，水电建设导致搬迁的居民

---

❶ 广西壮族自治区人民政府：《广西壮族自治区人民政府关于印发广西壮族自治区大中型水库移民后期扶持政策实施方案及其配套文件的通知》（桂政发〔2006〕33 号），2006 年 8 月 26 日颁布实施。

❷ 韩芳：《农村土地养老保障功能研究》，知识产权出版社 2010 年版，第 57 页。

绝大部分是农民,他们作为农民中的弱势和特殊人群,不仅需要得到完善的普惠式的基本社会保障,更需要大力发展补充性的社会保障。尤其是在土地资源缺乏,大量水库移民难以得到有效的外迁有土安置的时代背景下,健全的水库移民社会保障制度将发挥着弥补土地保障缺损的重要价值。

二、双重结构的水库移民社会保障:解魅与制度构建

开发性移民政策目标的实现,不能仅止于对水库移民提供补偿,还需建立完善的水库移民社会保障制度。而当前水库移民社会保障制度构建存在着双重错位倾向的法理困境。为了摆脱困境,实现水库移民社会保障与损失补偿制度的对接与协调,需要构建双重结构的水库移民社会保障制度体系。

(一)"土地换保障"理念引发的问题

水利水电工程建设在为人类带来巨大经济效益、社会效益的同时,亦带来了一个世界性的难题——水库移民。这一难题不仅体现在迁移本身的困难,更体现在移民迁移之后引发的一系列风险,移民因迁致贫、返迁等现象时常见诸报端。随着中国经济的快速发展,水利水电工程建设又迎来了新的春天,水利水电工程的开工建设必然会导致越来越多的人(绝大部分是农民)离开其世代栖居的土地。一方面,这些农民一旦失去了土地,就等于失去了赖以依靠的生产和生活保障,而且在当前的补偿与安置制度下,有限的补偿资金不仅无法完全补偿其所受的财产和精神损失,更无法满足移民的发展权利需求。国家提倡的有土安置,因为土地资源的稀缺性,同时囿于现行农村土地承包法的有关规定,更是难以落地生根。在此种背景下,很多学者提出用"土地换保障"等把补偿权和社会保障权融为一体的方式来解决移民的后续生存发展问题,这一理论亦被一些地方政府加以实践运用和大力宣传。比如2008年,为了推动城乡统筹发展,浙江省嘉兴市实施的引起广泛热议的"两分两换"政策,该政策即"鼓励农民以承包地换股、换租、换保障,推进集约经营,转换生产方式"。但在城乡统筹的语境下,提供基本社会保障本应是政府的法定义务,用财产权来交换基本社会保障权显然不符合法理,也容易掩盖水库移民社会保障与损失补偿的真实法律关系。正如著名土地学者刘守英所言:"如果依照现行法律把承包

地视为一种财产权利,那么就不存在农民用一种财产权去置换社保待遇的问题。'土地换社保'否定了农民承包地的财产功能,不承认承包地具有财产权利的性质。这才是问题的实质所在。"[1] 而且在新型城镇化的背景下,"土地换保障"不利于推动水库移民的市民化。因为这样的置换安排没有充分考虑长期以来的城乡二元体制对农民权益产生的负面影响以及由此导致的城乡居民在发展机会、发展能力上的巨大差异,并不利于农民的真正市民化转变。[2] 另一方面,水库移民不同于城市拆迁移民,他们往往处于离城市很远的边远农村,迁移不仅损害了他们的发展利益,更是破坏了他们原来的社会关系,导致他们在相当一段时间无法恢复到原来的生存状态。因此对于水库移民不仅要做好损失补偿,更应该做好后续的社会保障,在此种意义上,防范水库移民贫困,推动水库移民的生存与发展,又必须把水库移民补偿与社会保障关联在一起。在当前国家提出城乡统筹和开发性移民的政策背景下,水库移民社会保障的制度构建面临着两难挑战,一方面要防止水库移民社会保障制度建设的碎片化,另一方面又要考虑水库移民社会保障的特殊性,实现水库移民社会保障与水库移民补偿权有效衔接和整合。这些挑战及其引发的问题亟待我们作出合理合法的回应。笔者认为,解决这一问题的关键在于从损失补偿相关联的视角全面厘定水库移民社会保障的制度地位,反思当前"土地换保障"理念对水库移民社会保障产生的不当影响,寻求水库移民社会保障制度构建的真实法律逻辑,并找到一个适合水库移民权利保障的给付行政架构。

(二) 与损失补偿衔接:水库移民社会保障的制度定位

水库移民是因兴建水利水电工程产生的特殊群体,迁移不仅使他们失去财产,同时也打破了他们原来的社会关系。这种迁移很容易使他们陷入次生贫困状态,世界银行社会发展专家 Micheal M. Cernea(2002)指出,移民搬迁后面临8大风险:(1)丧失土地,(2)失业,(3)无家可归,(4)边缘化,(5)食品不安全,(6)发病率增加,(7)失去享有公共财产和服务的权利,

---

[1] 刘守英:《直面中国土地问题》,中国发展出版社2014年版,第190页。
[2] 黄忠:"城市化与'入城'集体土地的归属",载《法学研究》2014年第4期,第58页。

(8) 社会解体。❶ 截至2006年6月底，全国大中型水库移民现状人口2500多万人，其中农村移民2288万人。有关资料表明，水库移民生产生活总体仍比较困难，有相当部分移民处于贫困状态。❷ 除了给予水库移民公平合理的补偿外，完善的水库移民社会保障制度也是降低水库移民后遗症的发生概率，化解次生贫困风险的重要屏障。但长期的城乡二元结构，使水库移民社会保障陷入了一种尴尬的境地。少部分城镇居民可以直接纳入城镇社会保障体系，但绝大部分农村水库移民社会保障处于一种两难的境地，仅仅把农村移民直接纳入农村基本社会保障体系，同其他非移民农民享受同样的基本社会保障，在当前水库移民补偿强调"三原"原则的情况下，显然无法有效降低贫困风险，也无法彰显水库移民社会保障的特殊性。但把他们直接纳入城镇社会保障体系，在当前的制度框架下，同时囿于地方财政不均衡性的社会现实，短时期内实现的可能性也不大。社会保障权是宪法赋予公民的基本权利之一，但由于水库移民身份的特殊性（绝大部分是农民），长期以来他们并没有得到社会保障制度的有效荫庇。根据新的《大中型水利水电工程建设征地补偿和移民安置条例》执行的水库移民安置尚未实行社会保障制度，表明中国现行的社会保障制度还没有起到保护水库移民的作用，但作为弱势群体的水库移民，为我国水利工程建设牺牲了自己的利益，理应纳入社会保障。因此，在"十七大"提出"人人有保障"的宏观政策背景下，完善水库移民的社会保障制度已成为当务之急。❸

目前，已有一些学者表达了对建立水库移民社会保障制度体系的关注。虽然不同的水库移民研究者对建立社会保障制度的目的有不同的表述，但都体现了3个方面的内容，即水库移民社会保障具有很强的补偿性和扶贫意义，是一种移民长期补偿机制，旨在化解非自愿性的水库移民所面临的经济社会风险。❹ 这些论述在某种意义上折射了水库移民社会保障与水库移民补偿的关联关系。这种观点也应和了国外一些水库移民专家的看法。如发

---

❶ ［美］迈克尔·M. 塞尼：《移民·重建·发展》，水库移民经济研究中心译，河海大学出版社1998年版，第37－42页。

❷ "国发〔2006〕17号文件政策解答"，载中国水工程移民网，http：//www.cnsym.com/zcfg/flfg/hfzcptwj/201003/t20100317_6671.htm。

❸ 赵姚阳："我国水库移民权利保障发展评析"，载《中国农村水利水电》2011年第2期，第155页。

❹ 陈绩："浅谈水库移民的社会保障"，载《中国农村水利水电》2008年第6期，第73页。

展经济学家 Ravi Kanbur 认为,特定的补偿机制和社会保障体制能够在保护移民利益与能够增加项目的综合效益之间找到均衡点。事实上,社会保障体系越健全,则可减轻对补偿机制的依赖。在设计特定的补偿机制的成本很高时,引入社会保障体系(虽然它也会发生成本)则可以减少对这种特定补偿机制的需要,从而可以提高能产生净效益的工程项目被公众接受的可能性。目前,这两者相结合的机制还不存在,需要进行探讨与研究。❶ 其实,通过征地补偿与社会保障的协同作用解决水库移民的可持续发展已在其他移民领域得到广为实践,并取得较好的效果。综观世界各国的情况,政府一般会通过征地补偿和给付行政两种方式彻底解决被征地农民生存和发展问题。❷ 较之于行政补偿,行政给付是连续过程,在时间维度上能够立足现在放眼未来;在主体需求上,能够兼顾国家、农民、开发商在不同发展阶段的利益需求;在给付形式上具有较大延展性,涵盖就业安置、异地迁移、社会保障,等等。当然,如果脱离行政征地补偿制度,给付行政所需的巨额资金又无法顺利筹措,因此必须通过合理的制度设计,使二者能够系统、协调地发挥作用。❸

当然,从当前我国水库移民生活实践来看,由于水库移民社会保障制度体系的不完善,水库移民社会保障的特殊价值维度并没有引起学者的关注和重视,在城乡社会保障一体化的设计思路下,水库移民补偿与社会保障有效衔接还存在着一定的制度障碍和认知迷思。这种认知上的迷思使得二者间关系变得越发扑朔迷离,并严重影响了水库移民社会保障制度的良性发展。水库移民补偿与社会保障是两种不同的制度范畴,其法理基础、制度架构和运行程序存在差异。在当前我国提出开发性移民补偿的时代背景下,需要我们从与损失补偿的关联视角对水库移民社会保障的法理困境进行全面检视。

---

❶ 段跃芳:"开发性移民政策:概念框架、应用及发展",载《江汉论坛》2007 年第 7 期,第 132 页。

❷ 张艳丽、田文利:"土地征用中农民给付行政基本理论问题探析",载《学术交流》2007 年第 8 期,第 36 页。

❸ 张艳丽、田文利:"土地征用中农民给付行政基本理论问题探析",载《学术交流》2007 年第 8 期,第 37 页。

（三）双重错位倾向：水库移民社会保障有效衔接的法理困境

通过抽丝剥茧式的系统梳理，可以发现当前的水库移民社会保障与移民补偿并不是没有发生关联关系，二者已经内在地发生了千丝万缕的联系。但当前的制度安排、理论论述和实践运作，基本都表明"土地换保障"是支撑水库移民社会保障制度建设和理论发展的触点，也是水库移民社会保障与损失补偿发生关联的节点。在我国提出建立城乡统筹社会保障体系之前，这种"鸵鸟式"的做法或许能够起到了一定的临时保障作用，但在我国迈向城乡统筹社会保障的时代背景下，这种制度理念和设计已经日益凸显其法理危机，本质上扭曲了水库移民社会保障与移民补偿的真实法律关系，也妨碍了水库移民基本社会保障制度的发展。

1."土地保障"到"土地换保障"：双重错位倾向的背景

在我国，由于传统的城乡二元分立，导致了城镇居民和农村居民在社会保障方面存在天然的差距。虽然宪法赋予了每个公民平等的受保障权，但农民并没有真正得到公平的基本社会保障，他们长期被排除在国家社会保障范围之外，土地和家庭才是他们获取保障的源泉，尤其是土地更被国家赋予了沉重的替代社会保障的功能。在这种背景下，除少数城镇水库移民被幸运地纳入城镇社会保障体系之内外，国家并没有把大部分农村水库移民纳入基本社会保障的视野中，他们并没有因为被迫迁移而得到本应该获取的基本社会保障待遇。《大中型水利水电工程建设征地补偿和移民安置条例》第13条规定："对农村移民安置进行规划，应当坚持以农业生产安置为主，遵循因地制宜、有利生产、方便生活、保护生态的原则，合理规划农村移民安置点；有条件的地方，可以结合小城镇建设进行。农村移民安置后，应当使移民拥有与移民安置区居民基本相当的土地等农业生产资料。"❶ 除了有土安置之外，《大中型水利水电工程建设征地补偿和移民安置条例》并没有对移民社会保障给予其他方面的任何规定。由此可见，国家的主导意旨是想通过设计土地安置来满足水库移民的生存保障，而不是由国家向水库移民提供基本社会保障。

---

❶ 《大中型水利水电工程建设征地补偿和移民安置条例》（国务院令第471号），2006年7月7日颁布，2006年9月1日实施。

第六章　基于补偿衔接的水库移民社会保障制度架构

但在20世纪90年代以后,随着我国城镇化进程的加快,大量的农民因为征迁而失去了土地。由于征地补偿制度的不完善,加上农民社会保障的缺失,农民的生活保障问题便成为激发社会矛盾的导火索。日益增加的失地农民及其产生的失地农民生产、生活保障等一系列社会问题成了社会各界普遍关注的焦点。与绝大多数省份相同的是,一次性货币补偿一开始成为浙江省采用的主要安置方式。然而,由于现行补偿标准偏低,加之大多数农民在现金消费上存在的短期行为及其理财能力的低下,货币补偿对失地农民的生活难以起到基本的保障作用。❶ 此时,有学者便提出了"土地换保障"的解决模式,而且这种模式也得到国家相关法律和政策的支持与确认。《物权法》第42条第2款规定:"征收集体所有的土地,应当依法足额支付土地补偿费、安置补助费、地上附着物和青苗的补偿费等费用,安排被征地农民的社会保障费用,保障被征地农民的生活,维护被征地农民的合法权益。"❷ 这条规定,被有些学者认作是土地保障权与补偿权融合的重要法律标志。除此之外,国家先后发布《国务院关于加强土地调控有关问题的通知》(国发〔2006〕31号)、《国务院办公厅转发劳动保障部关于做好被征地农民就业培训和社会保障工作指导意见的通知》(国办发〔2006〕29号)、《关于切实做好被征地农民社会保障工作有关问题的通知》(劳社部发〔2007〕14号),要求各地结合征地拆迁建立征地农民社会保障制度。水库移民作为征地移民的重要类别,显然无法置身法外。虽然部分省市通过地方规范性文件把水库移民排除在失地农民的范畴之外,但客观上这些国家法律与政策规定无疑契合水库移民面临的土地安置危机。"在土地资源越发稀缺、土地调整缺乏法律支持,难以逾越《土地承包法》的背景下,结合统筹城乡发展的实际需要,社会保障的安置方式将成为被征地农民甚至水利水电工程移民安置的重要安置方式,亦是发展的长期趋势。"❸ 此种背景下水库移民社会保障安置无疑被注入了"土地换保障"的精神内核,但在"土地换保障"日渐式微的情况下,承继"土地换保障"理念的社会

---

❶ 潘峰、蒋励:"浙江失地农民社会保障体系制度分析",载《马克思主义与现实》2007年第5期,第126页。
❷ 2007年《物权法》第42条第2款。
❸ 朱东凯、施国庆:《水利水电移民制度研究——问题分析、制度透视与创新构想》,社会科学文献出版社2011年版,第171页。

· 179 ·

保障安置存在着双重法理困境。

2. 双重错位倾向：社会保障安置的法理困境

（1）"替代水库移民损失补偿"的错位倾向。在当前水库移民补偿与安置法律框架下，"土地换保障"理念主导下的移民社会保障安置极有可能成为掩盖水库移民补偿问题的遮羞布，引发"重安置，轻补偿"的计划经济模式的回潮，进而阻碍水库移民补偿制度的完善。当然最让人担忧的是，这种理念下的制度设计，偏离了后续水库移民社会保障安置的真实权利基础。《大中型水利水电工程建设征地补偿和移民安置条例》第3条规定："国家实行开发性移民方针，采取前期补偿、补助与后期扶持相结合的办法，使移民生活达到或者超过原有水平。"❶ 由此可见，在当前的法律制度设计下，"土地换保障"理念主导的水库移民社会保障安置的法理价值基础通常被认定为是满足移民的生存权，即表现为帮助移民恢复到迁移之前的状态。但显然这种制度定位偏离移民社会保障安置的法理本质，如果说补偿在于帮助移民恢复原来的生活水平，实现移民的生存保障，那社会保障安置最重要的法理价值就在于帮助移民实现可持续发展，而发展权才是移民社会保障安置的主导权利之基。

（2）"替代基本社会保障权"的错位倾向。社会保障权是指全体公民依据法律普遍享有的、由国家予以平等保障的对因社会风险导致的损失补偿和救济必不可少的权利，以及平等享有其他旨在提高生活质量的服务权利。❷ 正如有学者所言，保障是某种社会组织的责任，而不是某种生产要素的责任。因此在中国农村最急需提供的是基本的社会保障，赋予农民与城市居民同等的社会保障权利才是解决"三农"问题的长远之计。❸ 水库移民的社会保障权作为一种社会权，是宪法赋予每一个公民平等的权利。因而在城乡统筹的背景下，水库移民的基本社会保障权无需通过土地权利的交换来获取。既然"土地换保障"模式的保障水平仅相当于或者略高于当地最低生活保障水平，为何大量失地农民必须用土地补偿费去交换其本来可

---

❶ 《大中型水利水电工程建设征地补偿和移民安置条例》（国务院令第471号），2006年7月7日颁布，2006年9月1日实施。

❷ 薛小建："论社会保障权的宪法基础"，载《比较法研究》2010年第5期，第44页。

❸ 蒋媛媛："征地补偿与失地农民保障问题"，载《中国土地》2005年第12期，第23页。

以无偿获取的最低生活保障金?[1]而且水库移民社会保障安置具有一定的特殊性，只针对特定的水库农村移民。显然，水库移民社会保障安置并不能替代公民享受的基本社会保障权的社会保障内容。但当前很多学者和水库移民工作者简单地把它当作水库移民社会保障权的替代。如水库移民法研究专家黄东东认为，建立移民基本生活保障制度的依据是"以土地换保障"。即农民在让出承包土地或被征用土地的情况下，应当获得某种补偿，并且这种补偿应当被用来为其建立社会保险，这是实现由土地保障向社会保障转变的重要机制。[2]

以上困境的出现，一方面反映了城乡统筹对于二元结构的社会保障体系带来的现实冲击；另一方面，也反映了水库移民社会保障与水库移民补偿二者关系的失衡和不协调。因此，当前亟待通过一定的制度安排对水库移民社会保障与损失补偿的紧张关系加以消解，否则它将成为阻碍水库移民社会保障制度健康发展的绊脚石。当然，这种制度构建既要立足于城乡统筹社会保障的发展方向，更要立足于水库移民补偿与安置的现实法律架构。

（四）双重架构：水库移民社会保障的制度选择

笔者认为，摆脱当前困境，实现水库移民社会保障与损失补偿有效衔接，需要我们从维护水库移民生存权与发展权的双重角度，构建双重结构的水库移民社会保障制度。在当前城乡统筹的背景下，双重结构的水库移民社会保障制度架构，既能够契合给付行政理论的现实需要，实现水库移民社会保障与其他社会保障制度的衔接与融合，又能够体现出其有效保障水库移民权利的特殊性。当然，这种社会保障制度架构同时强调与经济发展目标的协调性，注意水库移民征地补偿安置各方利益关系的适当平衡，遵循社会保障制度构建的可得性和适度性。虽然我国经济持续高速发展，但社会主义的初级阶段在今后相当长时期内仍然存在，我国的城乡社会保障体系建设不可能在短期内迅速实现完全一体化。因此，作为一个长期的系统工程，基于城乡统筹的视角，我国城乡社会保障体系建设的当前目标

---

[1] 张士斌："衔接与协调：失地农民'土地换保障'模式的转换"，载《浙江社会科学》2010年第4期，第63页。

[2] 黄东东：《权利视野中的水库移民法律制度》，中国检察出版社2005年版，第281页。

应该是构建一个相同保障途径、不同保障水平、多种资金来源途径的制度体系。❶

1. 双重结构社会保障的法理基础

生存与发展构成了人的两种存在状态与过程,因此保障人的生存与发展也成为现代公法特别是行政法的重要价值。社会保障行政由此也可以分为两种类型:生存型的社会保障行政与发展型的社会保障行政。❷ 双重结构的社会保障立足于水库移民生存与发展的双重权利需求,着力于实现与水库移民补偿的有效衔接,它包括基本社会保障和补充性保障措施。这种双重结构的社会保障制度,和水库移民损失补偿相互衔接,共同构筑了水库移民的权利保障网络。其中水库移民基本社会保障是国家给付水库移民的最低生存照顾,是"以满足其维持基本生存、提高生活质量乃至享受社会普遍福利之需要的权利"❸。补偿性保障措施源自于水库移民可持续发展的现实需求,满足于补偿性移民向开发性移民转变的内在要求。开发性移民政策的基本内涵是以移民为发展契机,变被动移民为主动移民,既立足于补偿,又着眼于发展,把补偿与发展有机结合,不仅使移民直接分享开发项目的成果,更使库区经济能够实现可持续发展。❹ 1991 年《大中型水利水电工程建设征地补偿和移民安置条例》第 3 条规定:"国家提倡和支持开发性移民,采取前期补偿、补助与后期生产扶持的办法。"❺ 这也是我国首次在法律文件中提到开发性移民。在我国开发建设三峡工程的时候,国务院用行政法规的形式把开发性移民加以明确,1993 年《长江三峡工程建设移民条例》第 3 条规定:"国家在三峡工程建设中实行开发性移民方针,由有关人民政府组织领导移民安置工作,统筹使用移民经费,合理开发资源,以农业为基础、农工商相结合,通过多渠道、多产业、多形式、多方法妥善安置移民,使移民的生活水平达到或者超过原有水平,并为三峡库区长

---

❶ 黄英君、郑军:"我国二元化城乡社会保障体系反思与重构:基于城乡统筹的视角分析",载《保险研究》2010 年第 4 期,第 53 页。

❷ 孙雨生:"德国行政给付与法律保留及其对我国的启示",载《山东省农业管理干部学院学报》2009 年第 3 期,第 142 页。

❸ 李乐平:"论社会保障权",载《实事求是》2004 年第 3 期,第 57 页。

❹ 张宝欣:《开发性移民理论与实践》,中国三峡出版社 1999 年版,第 56 页。

❺ 《大中型水利水电工程建设征地补偿和移民安置条例》(国务院令第 74 号),1991 年 2 月 15 日颁布,1991 年 5 月 1 日实施。

远的经济发展和移民生活水平的提高创造条件。"❶ 这种理念被2006年修改的《大中型水利水电工程建设征地补偿和移民安置条例》加以确认。国家不仅希望通过建造水利水电工程促进经济、社会发展，同时希望通过迁移实现水库移民的提升和发展。由此可见，发展补充性保障措施不仅具有很强的现实意义，也能得到现行法律和政策的支持。同时发展补充保障措施也契合了现代给付行政发展的新态势，具有坚实的行政法理论根基。依照国务院《全面推进依法行政实施纲要》，改革后政府职能依然包括"经济调节、市场监管、社会管理和公共服务"四个方面。从这四个方面的内容来看，给付行政的范围也显然超出了"生存"照顾的范围，包含了"发展"照顾甚至"享受"照顾的内容。❷ 立足于水库移民可持续发展的补充性社会保障正是政府对水库移民提供"发展"照顾的生动诠释。

2. 双重结构社会保障的制度内容

（1）水库移民基本社会保障。水库移民基本社会保障立足于保障水库移民最基本的生存权，它属于社会保障权的内容，属于每个公民平等享有的社会权利内容。水库移民基本社会保障的主要内容包括社会优抚、社会福利、社会保险和社会救助，其中社会救助、社会优抚和社会福利是非缴费型社会保障，属于由政府提供的无差别给付行政。其中只有社会保险属于缴费型社会保障，这种缴费必须与水库移民的补偿费不发生任何关联，否则又会陷入"土地换保障"的尴尬境地。根据现行的社会保障制度设计，水库移民基本社会保障无需特殊设置，其中城镇水库移民可以纳入现行的城镇社会保障体系，而对于农村水库移民，可以建立城乡统筹的社会保障制度体系为目标，以国家全面推行"新农保""农村新型合作医疗"为契机，率先为他们建立完善的养老、医疗、就业保障体系。

（2）水库移民补充性保障措施。水库移民社会保障制度的特殊性主要通过补偿性保障措施体现。补充性保障措施是对水库移民基本社会保障的补充，也是实现水库移民可持续发展的重要方式。这种保障性措施本质上

---

❶ 《长江三峡工程建设移民条例》（国务院令第126号），1993年6月29日颁布，1993年6月29日实施，2001年3月1日废止。

❷ 李国兴："超越'生存照顾'的给付行政论——给付行政的发展及对传统行政法理论的挑战"，载《中外法学》2009年第6期，第830页。

不具有基本社会保障权的平等普惠特征,它更多地体现了国家对于水库移民的一种特殊照顾。而且这种补充性保障措施相对于一次性金钱补偿而言,具有一定的持续性;相对于水库移民基本社会保障,又具有一定的过渡性。这种补充性保障措施主要包括:水库移民就业指导与帮扶、水库移民大病医疗保障以及政策性商业保障。补充性保障措施主要由政府和业主提供,政府和业主可以在土地增值收益与水利水电工程后期收益中提取一部分作为专项资金。当然,为了防止补充性保障措施的过度化,避免水库移民对政府的过度依赖,水库移民也应当适当承担补充性保障措施的部分资金。政府可以在水库移民土地补偿费、安置费和后期扶助资金中适当分割一部分作为他们的出资。

(3)双重结构社会保障制度的程序衔接。当然,实现水库移民基本社会保障、损失补偿和补充性保障措施的良性对接与协调,防止水库移民社会保障重新陷入碎片化的境地,双重结构的水库移民社会保障制度运作必须遵循一定的正当法律程序。首先,水库移民基本社会保障必须严格遵循先保后征的程序设置。这种程序设置不仅可以有效地推进城乡统筹社会保障制度的早日实现,也可以有效地防止水库移民社会保障制度重新堕入"土地换保障"的窠臼。其次,必须明确补充性保障措施是对水库移民生存发展的后续保障。虽然补充性保障措施具有一定意义上的补偿作用,但它无法替代移民补偿的法律位置。补充性保障措施的部分资金虽然来源于移民补偿、补助费和后期扶助资金,但水库移民补偿和补充性保障措施毕竟是两种具有不同法律价值的制度存在,不能因为提供了补充性保障措施就可以随意克减水库移民补偿费用,国家必须在水库建设规划中预算充足的水库移民补偿与安置资金。

(五) 制度前行的外部面向

水库移民社会保障的制度构建因城乡统筹的提出而日显迫切,因开发性移民补偿而凸显其构建的复杂性。构建双重结构的社会保障制度,不仅能够帮助我们揭开水库移民社会保障复杂法理关系的面纱,还能够防止水库移民社会保障制度发展的碎片化,也有利于在当前的制度框架下实现水库移民社会保障与损失补偿的衔接及协调,更有利于开发性移民政策的真正落实。当然水库移民的权利保障是个复杂的系统工程,水库移民社会保障的双重架构仅仅是防止水库移民产生次生贫困,纾解水库移民权利贫困,促进水库移民可持续发展的重要一环,它的作用发挥,离不开水库移民补偿制度的改革完善,离不开全国城乡统筹社会保障制度的整体推进。

结语：从被动扶贫转向补偿自主

随着中国经济的快速发展，许多地方兴起了"圈水运动"，种种迹象表明21世纪初期的中国正迈入水资源开发利用的高速发展阶段。目前，中国的水电、风电、光伏发电装机规模和核电在建规模均居世界第一。[1] 2016年12月国家发改委发布的《可再生能源发展"十二五"规划》提出积极推进大型水电基地建设，在做好环境保护、移民安置工作和统筹电力市场的基础上，继续做好金沙江中下游、雅砻江、大渡河等水电基地建设工作；适应能源转型发展需要，优化开发黄河上游水电基地。到2020基本建成长江上游、黄河上游、乌江、南盘江红水河、雅砻江、大渡河六大水电基地，总规模超过1亿千瓦。积极推进金沙江上游等水电基地开发，着力打造藏东南"西电东送"接续基地。"十三五"期间，新增投产常规水电4000万千瓦，新开工常规水电6000万千瓦。[2] 在发达国家建坝速度不断放缓、世界反坝运动风起云涌之际，我国正如火如荼开展的建坝运动遭到了许多人的质疑和反对。此种建坝与反坝的冲突表面上呈现出不可调和的态势，但透视纷繁复杂的表象，我们可以发现，建或不建的背后不是简单的技术问题，实质上是制度的问题，是人的问题。因此，这种冲突实质上并不是绝对不可化解的。正如环保科学家杨勇所言："我们并非如某些人所说反对水电开发。只是认为制约水电开发特别是西南横断山地区一系列重大科学、环境、社会、法律等问题尚未解决；改善中国能源结构和提高能源效率的政策技术路线还不十分清晰，规划和现实完全不同，各自为政，利益纷争愈演愈

---

[1] 国家发展改革委、国家能源局关于印发《能源发展"十三五"规划》的通知（发改能源〔2016〕2744号），2016年12月26日发布。

[2] 国家发展改革委关于印发《可再生能源发展"十三五"规划》的通知（发改能源〔2016〕2619号），2016年12月10日发布。

结语：从被动扶贫转向补偿自主

烈，江河流域截断分流越来越严重。"[1] 水库建设在满足人类社会发展需要的同时，极易对生态环境造成不可逆的破坏，也对部分人群的利益造成了严重的损害，而对这种损害的补偿历来聚诉颇多，一定意义上正因为此水库移民问题被冠以"世界性难题"的称谓。纵观近现代世界水库移民史，水坝的建设始终伴随着对这一难题的纷争和解答。

通过考察我国近现代水库移民征地补偿的发展历程，我们发现中国的水库移民承担了外人无法想象的苦闷和委屈，其中很多人因为水库建设而难以发展甚至陷入贫困。"水库移民问题，历史上我们走过不少弯路，部分水坝工程由于移民安置不当导致大量社会问题，如新安江、三门峡等工程造成的移民问题贻害几十年。在近些年西南地区水电开发中（如红水河岩滩、大化等电站），库区移民生活贫困现象普遍存在。"[2] 由此观之，虽然我国的水库移民补偿法律制度经过了这么多年的改革和完善，但移民补偿问题依然是困扰我国水库建设的难题，进一步而言，新时期我国水库移民补偿制度和运行机制亟待反思和完善。本书研究发现，我国水库移民利益补偿矛盾的根源在于移民补偿权的旁落，而"被动扶贫"的制度设计和运作模式则是移民补偿权利难以得到有效保障的关键。这种"被动扶贫"式的治理理念，不仅体现在解决历史遗留问题上，比如国家出台了专项的后期扶持制度帮助水库移民摆脱贫困，更体现在现当代水库移民征地补偿的制度和实践中。当前国家和地方兴建水库的主要理由之一就是帮助当地居民"脱贫致富"，《大中型水利水电工程建设征地补偿和移民安置条例》中提出的"开发性移民"之论断其实也暗含了国家帮助库区居民改变生活窘境的家长主义意蕴。"被动扶贫"理念透示了国家对水库移民补偿"施舍恩惠式"的态度，这种理念下形成的水库移民补偿法律关系是主客体际的。主客体际下的水库移民在征地补偿中始终处于被动状态，并被视为工程建设的附属，他们无法真正了解参与征地补偿的过程，更无法对征地补偿结果产生实质性的影响。"前期补偿、补助与后期扶持"[3] 以及基于"产值倍数法"的"三原"补偿标准昭示了水库移民补偿属于不完全补偿。不完全补

---

[1] 钟晶晶："金沙江水电开发五大争议"，载《新京报》2012年9月8日。
[2] 王亚华："反坝，还是建坝？——国际反坝运动反思与我国公共政策调整"，载《中国软科学》2005年第8期，第36-37页。
[3] 《大中型水利水电工程建设征地补偿和移民安置条例》（国务院令第471号）第3条。

偿的法律设置在强调水库移民公益牺牲的大局意识，限制水库移民的利益补偿诉求的同时，也为国家对水库移民实施"仁慈"的后期"扶贫"平添了注脚。计划经济时代，这种补偿模式或许能够通过简单压制的方式顺利实施，但在市场经济时代，随着法治和人权精神的广泛传播，这种"被动扶贫"式的补偿模式显然难以获得水库移民的真心接受。无怪乎，在当前的制度框架下，各种水库移民补偿矛盾不断激增，并严重地影响着社会的和谐稳定。为了化解这些问题和矛盾，当前的水库移民利益补偿理念及制度必须发生转变。当前很多人提到了补偿费过低是造成水库移民补偿矛盾的原因，但忽视了这一原因产生的法律本源。本书认为，在强调"以人为本"的和谐社会构建时期，水库移民补偿需要从"被动扶贫"转向"补偿自主"。所谓"补偿自主"首先强调对水库移民补偿法律主体价值的尊重，并高扬水库移民补偿权的人权价值。在当前的时代背景下，必须以发展权引领水库移民补偿法律制度的转型升级，而发展权旨向下的水库移民补偿法律制度坚持移民参与、共享和可持续的基本原则，并通过构建协商机制达到对征地补偿形成合意治理的效果。而且要真正实现水库移民的"稳得住"和"能致富"的政治期盼，当前有必要梳理并架构畅通的水库移民补偿和社会保障的衔接机制。

　　建立以权利为主导的工程性非自愿移民法律制度，绝非简单的法律制度的建构、修改与完善问题，工程性非自愿移民法律问题的解决有赖于社会经济、政治的不断发展，有赖于民主宪政制度的真正建立和完善。但一切事情均要待所有条件成熟了才解决，未免过分悲观。[1]诚然，水库移民利益补偿权利的彻底解决离不开国家征收补偿基本法治环境的完善，但在这一远大法治理想无法一蹴而就的情况下，从移民补偿内部体制出发探讨水库移民利益补偿权利贫困的法律解决方案，进而推动国家整体征收补偿法治环境的进步，无疑是一种可行和现实选择。当然，水库移民权利贫困的解决是一个复杂而系统的工程，笔者仅仅从法律反贫困的视角对水库移民利益补偿制度存在的问题及其变革方向作出了序言性的探索，水库移民权利贫困的法律解答是一个需要更多研究和探索的时代课题。

---

[1] 胡尔贵、黄东东："工程性非自愿移民中的政府角色"，载《河南社会科学》2010年第1期，第138页。

参考文献

一、中文著作

[1] [美] 迈克尔·M. 塞尼. 移民与发展——世界银行移民政策与经验研究 [M]. 水库移民经济研究中心, 编译. 南京: 河海大学出版社, 1996.

[2] [美] 迈克尔·M. 塞尼. 移民·重建·发展——世界银行移民政策与经验研究 (二) [M]. 水库移民经济研究中心, 编译. 南京: 河海大学出版社, 1996.

[3] [美] 朱迪·弗里曼. 合作治理与行政法 [M]. 毕洪梅, 陈标冲, 译. 北京: 商务印书馆, 2010.

[4] [美] 约翰·罗尔斯. 作为公平的正义——正义新论 [M]. 姚大志, 译. 上海: 上海三联书店, 2002.

[5] [美] 汤姆斯·戴伊. 权力与社会——社会科学导论 [M]. 柯胜文, 译. 台北: 台北桂冠图书股份有限公司, 2000.

[6] [美] 乔·萨托利. 民主新论 [M]. 冯克利, 阎克文, 译. 北京: 东方出版社, 1998.

[7] [美] 杰瑞·L. 马肖. 行政国的正当程序 [M]. 沈岿, 译. 北京: 高等教育出版社, 2005.

[8] [日] 盐野宏. 行政救济法 [M]. 杨建顺, 译. 北京: 北京大学出版社, 2008.

[9] [日] 南博方. 日本行政法 [M]. 杨建顺, 周作彩, 译. 北京: 中国人民大学出版社, 1988.

[10] [德] 平特纳. 德国普通行政法 [M]. 朱林, 译. 北京: 中国政法大学出版社, 1999.

[11] [德] 汉斯·J. 沃尔夫, 奥托·巴霍夫, 罗尔夫·施托贝尔. 行政法 (第二卷) [M]. 高家伟, 译. 北京: 商务印书馆, 2002.

[12] [德] 哈特穆特·毛雷尔. 行政法总论 [M]. 高家伟, 译. 北京: 法律出版社, 2000.

[13] [德] 康德. 实践理性批判 [M]. 关文远, 译. 北京: 商务印书馆, 1960.

[14] [英] 巴特摩尔. 平等还是精英 [M]. 尤卫军, 译. 沈阳: 辽宁教育出版社,

1998.

[15] [英]威廉·韦德. 行政法[M]. 徐炳等,译. 北京:中国大百科全书出版社,1997.

[16] [英]T. 斯卡德. 大坝的未来[M]. 齐晔,杨明影等,译. 北京:科学出版社,2008.

[17] [英]戴维·沃克. 牛津法律大辞典[M]. 北京社会与科技发展研究所,译. 北京:光明日报出版社,1994.

[18] [韩]金东熙. 行政法Ⅰ(第9版)[M]. 赵峰,译. 北京:中国人民大学出版社,2008.

[19] [印]阿玛蒂亚·森. 贫困与饥荒[M]. 王宇,王文玉,译. 北京:商务印书馆,2001.

[20] [塞内加尔]阿马杜–马赫塔尔·姆博. 人民的时代[M]. 郭春林,蔡荣生,译. 北京:中国对外翻译出版公司,1986.

[21] [日]宇贺克也. 国家补偿法[M]. 肖军,译. 北京:中国政法大学出版社,2014.

[22] [荷]何皮特(Peter Ho). 谁是中国土地的拥有者(第2版)——制度变迁、产权和社会冲突[M]. 林韵然,译. 北京:社会科学文献出版社,2014.

[23] [美]Daniel R. Mandelker. 美国土地利用管理:案例与法规[M]. 郧文聚,段文技等,译. 北京:中国农业大学出版社,2014.

[24] [英]约翰·斯图亚特·穆勒. 政治经济学原理及其社会哲学上的若干应用[M]. 胡企林,朱泱,译. 北京:商务印书馆,1991.

[25] [美]亨利·乔治. 进步与贫困[M]. 吴良健,王翼龙,译. 北京:商务印书馆,1995.

[26] [美]大卫·利连索尔. 民主与大坝:美国田纳西河流域管理局实录[M]. 徐仲航,译. 上海:上海社会科学院出版社,2016.

[27] [英]安德罗·林克雷特. 世界土地所有制变迁史[M]. 启蒙编译所,译. 上海:上海社会科学出版社,2016.

[28] [美]罗宾·埃布尔(Robin A. Abell)等. 北美水生态区保护[M]. 李冰,吴海锁,曲常胜,常闻捷等,译. 北京:科学出版社,2016.

[29] [美]理查德·A. 艾伯斯坦(Richard A. Epstein). 征收——私人财产权和征用权[M]. 李昊,刘刚,翟小波,译. 北京:中国人民大学出版社,2011.

[30] [美]弗里德曼. 选择的共和国:法律、权威与文化[M]. 高鸿钧等,译. 北京:清华大学出版社,2005.

[31] [美]凯斯·R. 孙斯坦. 自由市场与社会正义[M]. 金朝武等,译. 北京:中国

政法大学出版社，2002.

[32] [德] 马克思. 资本论（第3卷）[M]. 中共中央马克思恩格斯列宁斯大林著作编译局, 译. 北京：人民出版社，2004.

[33] 马克思恩格斯选集（第1卷）[M]. 北京：人民出版社，1995.

[34] 马克思恩格斯全集（第3卷）[M]. 北京：人民出版社，1972.

[35] 马克思恩格斯全集（第8卷）[M]. 北京：人民出版社，1972.

[36] 建国以来毛泽东文稿（第6册）[M]. 北京：中央文献出版社，1992.

[37] 夏征农，陈至立主编. 辞海（第六版缩印本）[M]. 上海：上海辞书出版社，2010.

[38] 中国社会科学院语言研究所词典编辑室. 现代汉语词典 [M]. 北京：商务印书馆，2002.

[39]《中国大百科全书》编辑委员会编. 中国大百科全书·法学 [M]. 北京：中国大百科全书出版社，1984.

[40] 中国社会科学院农村发展研究所宏观经济研究室编. 农村土地制度改革：国际比较研究 [M]. 北京：社会科学文献出版社，2009.

[41] 马怀德. 国家赔偿法的理论与实践 [M]. 北京：中国法制出版社，1994.

[42] 高景芳，赵宗更. 行政补偿制度研究 [M]. 天津：天津大学出版社，2005.

[43] 沈开举. 征收、征用与补偿 [M]. 北京：法律出版社，2006.

[44] 沈开举主编. 行政补偿法研究 [M]. 北京：法律出版社，2004.

[45] 王铁雄. 征地补偿与财产权保护研究 [M]. 北京：中国法制出版社，2011.

[46] 吴庚. 行政法之理论与实用 [M]. 北京：中国人民大学出版社，2005

[47] 张家洋. 行政法 [M]. 台北：三民书局，1995.

[48] 涂怀莹. 行政法原理 [M]. 台北：五南图书出版公司，1987.

[49] 城仲模. 行政法之基础理论 [M]. 台北：三民书局，1994.

[50] 施国庆. 移民权益保障与政府责任 [M]. 长春：吉林人民出版社，2009.

[51] 贺雪峰. 地权的逻辑——中国农村土地制度向何处去 [M]. 北京：中国政法大学出版社，2010.

[52] 王应政. 中国水利水电工程移民问题研究 [M]. 北京：中国水利水电出版社，2010.

[53] 施国庆编著. 水库移民系统规划理论与应用 [M]. 南京：河海大学出版社，1996.

[54] 北京大学法学院人权研究中心编. 以权利为基础促进发展 [M]. 北京：北京大学出版社，2005.

[55] 张穹，矫勇，周英主编. 大中型水利水电工程建设征地补偿和移民安置条例释义

[M]．北京：中国水利水电出版社，2007．

[56] 黄友若．水库移民文选［M］．北京：中国水利水电出版社，1997．

[57] 王显勇，陈兆开，任泽俭编著．南水北调工程征地移民理论与政策研究［M］．北京：中国水利水电出版社，2010．

[58] 唐传利，施国庆主编．移民与社会发展国际研讨会论文集［M］．南京：河海大学出版社，2002．

[59] 韩俊主编．中国农村土地问题调查［M］．上海：上海远东出版社，2009．

[60] 王振江．农村土地产权与征收补偿问题研究［M］．北京：中国人民大学出版社，2008．

[61] 金伟峰，蒋裕富．行政征收征用补偿制度研究［M］．杭州：浙江大学出版社，2007．

[62] 童禅福．国家特别行动：新安江大移民［M］．北京：人民文学出版社，2009．

[63] 应星．大河移民上访的故事［M］．北京：生活·读书·新知三联书店，2001．

[64] 高汉．集体产权下的中国农地征收问题研究［M］．上海：上海人民出版社，2009．

[65] 浙江省电站水库移民志编辑委员会．浙江省水库电站移民志［M］．北京：华艺出版社，1998．

[66] 浙江省淳安县《新安江大移民》史料征集委员会编．新安江大移民——新安江水库淳安移民纪实［M］．杭州：浙江人民出版社，2005．

[67] 魏珊．非自愿性移民可持续发展安置与发展研究［M］．武汉：武汉大学出版社，2010．

[68] 岳经纶，郭巍青主编．中国公共政策评论（第3卷）［M］．上海：格致出版社，上海人民出版社，2009．

[69] 韩芳．农村土地养老保障功能研究［M］．北京：知识产权出版社，2010．

[70] 风笑天等．落地生根：三峡农村移民的社会适应［M］．武汉：华中科技大学出版社，2006．

[71] 裴宏志等编著．准公益性水电项目财政补偿政策研究［M］．北京：中国水利水电出版社，2009．

[72] 王茂福．水库移民返迁——水库移民稳定问题研究［M］．武汉：华中科技大学出版社，2008．

[73] 上海社会科学院房地产产业研究中心、上海市房产经济学会编．集体土地房屋拆迁补偿［M］．上海：上海社会科学院出版社，2007．

[74] 曾建生，黄美英，曹建新主编．广东水库移民理论与实践［M］．广州：华南理工大学出版社，2006．

[75] 李丹等. 中国西部水库移民研究［M］. 成都：四川大学出版社，2010.

[76] 崔广平，周淑清. 水库移民权利保障研究［M］. 郑州：河南大学出版社，2008.

[77] 冷梦. 黄河大移民［M］. 西安：陕西旅游出版社，1998.

[78] 陈明溦. 土地法专题研究［M］. 台北：元照出版有限公司，2010.

[79] 台湾行政法学会主编. 损失补偿、行政程序法［M］. 台北：元照出版有限公司，2005.

[80] 台湾行政法学会主编. 资讯法制、土地规划与损失补偿之新形势［M］. 台北：元照出版有限公司，2010.

[81] 台湾行政法学会主编. 国家赔偿与征收补偿公共任务与行政组织［M］. 台北：元照出版有限公司，2007.

[82] 董保城，湛中乐. 国家责任法——兼论大陆地区行政补偿与行政赔偿［M］. 台北：元照出版有限公司，2005.

[83] 陈新民. 德国公法学基础理论（增订新版·下卷）［M］. 北京：法律出版社，2010.

[84] 岳非丘. 安民为天——三峡工程百万移民的历史启示［M］. 重庆：重庆出版社，2009.

[85] 罗豪才主编. 行政法学［M］. 北京：北京大学出版社，1996.

[86] 胡锦光，杨建顺，李元起. 行政法专题研究［M］. 北京：中国人民大学出版社，1998.

[87] 窦衍瑞. 行政补偿制度的理念与机制［M］. 济南：山东大学出版社，2007.

[88] 司坡森. 论国家补偿［M］. 北京：中国法制出版社，2005.

[89] 余文学，范云. 城乡统筹背景下的水库移民安置方式［M］. 北京：中国水利水电出版社，2010.

[90] 石佑启. 私有财产权公法保护研究：宪法与行政法的视角［M］. 北京：北京大学出版社，2007.

[91] 王太高. 行政补偿制度研究［M］. 北京：北京大学出版社，2004.

[92] 姚天冲. 国家补偿法律制度专论［M］. 沈阳：东北大学出版社，2008.

[93] 李国健. 中国被征地农民补偿安置研究［M］. 青岛：中国海洋大学出版社，2008.

[94] 章剑生. 现代行政法基本理论［M］. 北京：法律出版社，2008.

[95] 翁岳生编. 行政法［M］. 北京：中国法制出版社，2002.

[96] 黄东东. 权利视野中的水库移民法律制度［M］. 北京：中国检察出版社，2005.

[97] 曾世雄. 损害赔偿法原理［M］. 北京：中国政法大学出版社，2001.

[98] 钟水映，李明泉等. 工程性移民安置理论与实践［M］. 北京：科学出版社，

2003.

[99] 庄万禄主编. 四川民族地区水电工程移民政策研究 [M]. 北京：民族出版社, 2007.

[100] 蒙晓阳. 私法视域下的中国征地补偿 [M]. 北京：人民法院出版社, 2011.

[101] 廖蔚. 水库移民经济论 [M]. 北京：中国财政经济出版社, 2006.

[102] 薛刚凌主编. 行政补偿理论与实践研究 [M]. 北京：中国法制出版社, 2011.

[103] 房绍坤等. 公益征收法研究 [M]. 北京：中国人民大学出版社, 2011.

[104] 夏军. 论行政补偿制度 [M]. 武汉：中国地质大学出版社, 2007.

[105] 季怀才. 行政补偿构成要件研究 [M]. 北京：法律出版社, 2006.

[106] 朱东恺, 施国庆. 水利水电移民制度研究——问题分析、制度透视与创新构想 [M]. 北京：社会科学文献出版社, 2011.

[107] 郑瑞强, 施国庆. 西部水电移民风险管理 [M]. 北京：社会科学文献出版社, 2011.

[108] 施国庆. 移民权益保障与政府责任 [M]. 长春：吉林大学出版社, 2009.

[109] 唐继锦, 贾晔. 中外水库移民比较研究 [M]. 南宁：广西教育出版社, 1999.

[110] 张宝欣主编. 开发性移民理论与实践 [M]. 北京：中国三峡出版社, 1999.

[111] 翟贵得主编. 水库移民 [M]. 济南：黄河出版社, 2005.

[112] 施祖留. 水利工程移民管理研究 [M]. 上海：上海社会科学院出版社, 2007.

[113] 孙海兵. 水库移民生计问题研究 [M]. 北京：中国社会科学出版社, 2014.

[114] 张千帆. 西方宪政体系：下册 [M]. 北京：中国政法大学出版社, 2001.

[115] 姜明安主编. 行政法与行政诉讼法 [M]. 北京：北京大学出版社, 高等教育出版社, 1999.

[116] 胡建淼主编. 东亚行政法学会第七届国际学术大会论文集公共行政组织及其法律规制暨行政征收与权利保护 [M]. 杭州：浙江大学出版社, 2008.

[117] 祝华军, 楼江. 关于土地征用补偿价值的几个理论问题探讨 [M]. 上海：上海市经济学会学术年刊, 2008.

[118] 林来梵. 从宪法规范到规范宪法：规范宪法学的一种前言 [M]. 北京：法律出版社, 2001.

[119] 周大鸣. 现代都市人类学 [M]. 广州：中山大学出版社, 1996.

[120] 水利部编. 水库移民工作手册 [M]. 北京：新华出版社, 1992.

[121] 梁庆福. 水利水电工程移民与环保问题研究 [M]. 北京：中国三峡出版社, 2011.

[122] 季卫东. 法律程序的意义——对中国法制建设的另一种思考 [M]. 北京：中国法制出版社, 2004.

[123] 李振山. 人性尊严与人权保障[M]. 台北：元照出版社，2001.

[124] 季金华，徐骏. 土地征收法律问题研究[M]. 济南：山东人民出版社，2011.

[125] 卢跃刚. 以人民的名义[M]. 北京：人民文学出版社，2005.

[126] 王锡锌. 公众参与和行政过程——一个理念和制度分析的框架[M]. 北京：中国民主法制出版社，2007.

[127] 应松年主编. 突发公共事件应急处理法律制度研究[M]. 北京：国家行政学院出版社，2004.

[128] 王名扬. 法国行政法[M]. 北京：中国政法大学出版社，1988.

[129] 水利部水库移民开发局编. 水库移民理论与实践[M]. 北京：中国水利水电出版社，2005.

[130] 杜景灿，张宗玟，龚和平，卞炳乾等编著. 水电工程移民长效补偿研究[M]. 北京：中国水利水电出版社，2011.

[131] 鹿心社主编. 研究征地问题 探索改革之路（一）[M]. 北京：中国大地出版社，2002.

[132] 能源部水利部水利电力信息研究所，水利部移民办公室. 国外水库移民安置与补偿[M]. 1994年印行.

[133] 政协浙江省建德市委员会编. 岁月——新安江水电站建设纪实[M]. 2006年印行.

[134] 章剑生. 行政程序法学原理[M]. 北京：中国政法大学出版社，1994.

[135] 章剑生. 现代行政法总论[M]. 北京：法律出版社，2014.

[136] 文贯中. 吾民无敌：城市化、土地制度与户籍制度的内在逻辑[M]. 北京：东方出版社，2014.

[137] 刘守英. 直面中国土地问题[M]. 北京：中国发展出版社，2014.

[138] 华生. 新土改：土地制度改革焦点难点辨析[M]. 北京：东方出版社，2015.

[139] 赵旭东，王光进等. 土地征收与房屋拆迁中的利益冲突及其法律调整[M]. 北京：法律出版社，2013.

[140] 何格，陈文宽. 同地同权下的征收补偿机制重构研究[M]. 北京：中国农业出版社，2013.

[141] 于霄. 中国农村土地信托法律问题研究[M]. 上海：上海人民出版社，2015.

[142] 赵谦. 宪法依据问题研究——以我国土地整理立法为例[M]. 北京：人民出版社，2014.

[143] 华生. 城市化转型与土地陷阱[M]. 北京：东方出版社，2014.

[144] 汪晖，陶然. 中国土地制度改革：难点、突破与政策组合[M]. 北京：商务印书馆，2013.

［145］沈开举主编. 中国土地制度改革研究［M］. 北京：法律出版社，2014.

［146］凌学东. 集体土地上房屋征收补偿价值的法律分析［M］. 北京：中国法制出版社，2014.

［147］贺雪峰. 地权的逻辑Ⅱ：地权变革的真相与谬误［M］. 北京：东方出版社，2013.

［148］汪晖. 中国征地制度改革：理论、事实与政策组合［M］. 杭州：浙江大学出版社，2013.

［149］贺雪峰. 新乡土中国［M］. 北京：北京大学出版社，2013.

［150］张琦等. 中国土地制度改革的新思考［M］. 北京：北京师范大学出版社，2014.

［151］刘正山. 大国地权：中国五千年土地制度变革史［M］. 武汉：华中科技大学出版社，2014.

［152］田莉. 有偿使用制度下的土地增值与城市发展——土地产权的视角分析［M］. 北京：中国建筑工业出版社，2008.

［153］谢志岿. 弹簧上的行政——中国土地行政运作的制度分析［M］. 北京：商务印书馆，2015.

［154］刘婧娟. 中国农村土地征收法律问题［M］. 北京：法律出版社，2013.

［155］台湾行政法学会主编. 现代行政之正当法律程序/公私协力与行政合作法制［M］. 台北：元照出版社，2014.

［156］魏国学. 城镇化进程中的三大问题：就业、土地和公共服务［M］. 北京：人民日报出版社，2015.

［157］高圣平. 中国土地法制的现代化——以土地管理法的修改为中心［M］. 北京：法律出版社，2014.

［158］王慧娟，施国庆. 城市郊区征地拆迁移民置换与补偿安置［M］. 北京：社会科学文献出版社，2013.

［159］梁漱溟. 乡村建设理论［M］. 上海：上海人民出版社，2011.

［160］吴春岐. 中国土地法体系构建与制度创新研究［M］. 北京：经济管理出版社，2012.

［161］钟祥财. 中国土地思想史稿［M］. 上海：上海人民出版社，2014.

［162］张千帆，党国英，高新军. 城市化进程中的农民土地权利保障［M］. 北京：中国民主法制出版社，2013.

［163］张千帆主编. 土地管理制度比较研究［M］. 北京：中国民主法制出版社，2013.

［164］盖国强. 让农民把土地当成自己的——农村土地制度创新研究［M］. 济南：山东人民出版社，2014.

［165］周其仁. 产权与制度变迁：中国改革的经验研究（增订本）［M］. 北京：北京大

学出版社，2004.

[166] 鲍海君. 政策供给与制度安排：征地管制变迁的田野调查——以浙江为例［M］. 北京：经济管理出版社，2008.

[167] 陈锡文，赵阳，陈剑波，罗丹. 中国农村制度变迁60年［M］. 北京：人民出版社，2009.

[168] 刘承韪. 产权与政治：中国农村土地制度变迁研究［M］. 北京：法律出版社，2012.

[169] 杜润生. 杜润生自述：中国农村体制变革重大决策纪实（修订版）［M］. 北京：人民出版社，2005.

[170] 杨海坤. 中国行政法基本理论［M］. 南京：南京大学出版社，1992.

[171] 林准，马原主编. 中国现实的国家赔偿制度［M］. 北京：人民法院出版社，1992.

[172] 中国社科院近代史所等编. 孙中山选集（第3卷）［M］. 北京：中华书局，1985.

[173] 李永安. 中国农户土地权利研究［M］. 北京：中国政法大学出版社，2013.

[174] 李振华. 水库移民后期扶持法律制度研究［M］. 北京：中国政法大学出版社，2014.

[175] 施国庆，李文，孙中艮、张虎彪. 水库移民城镇化安置与社会管理创新［M］. 社会科学出版社，2015.

[176] 朱千华. 家在何处——岭南水库移民迁徙实录［M］. 北京：中华书局，2014.

[177] 黄莉，施国庆，余文学. 水库淹没集镇迁建与区域集镇优化［M］. 北京：社会科学文献出版社，2012.

[178] 赵锋. 水库移民可持续生计发展研究——以南水北调中线工程库区为例［M］. 北京：经济科学出版社，2015.

[179] 严登才，施国庆. 发展干预与移民生计重建［M］. 北京：社会科学文献出版社，2015.

[180] 王沛沛. 富裕之路：水库移民创业支持及其行动［M］. 北京：社会科学文献出版社，2015.

[181] 孙中艮，施国庆. 水库移民可持续生产生活系统评价研究［M］. 北京：社会科学文献出版社，2012.

[182] 秦朝辉，肖平. 水库移民研究与评价——以龙滩水电工程为例［M］. 武汉：华中科技大学出版社，2011.

[183] 贾永飞，施国庆. 水库移民安置人口优化配置［M］. 北京：社会科学文献出版社，2012.

[184] 徐凤真,章彦英,何翠凤. 集体土地征收制度创新研究［M］. 北京：法律出版社,2012.

[185] 欧阳敏. 世纪大迁徙——南水北调中线工程丹江口库区移民纪实［M］. 北京：新华出版社,2013.

[186] 黄东东. 发展、迁移与治理：工程性非自愿移民法研究［M］. 北京：法律出版社,2013.

[187] 赵学儒. 向人民报告：中国南水北调大移民［M］. 南京：江苏文艺出版社,2012.

[188] 叶百修. 损失补偿法［M］. 台北：新学林出版股份有限公司,2011.

[189] 刘荣刚主编. 中国共产党与三峡工程［M］. 北京：中央党史出版社,2014.

[190] 孙中山. 民主主义［M］. 北京：东方出版社,2014.

[191] 李建良,简资修主编. 宪法解释之理论与实务（二）［M］. 台北："中央"研究院中山人文社会科学研究所,2000.

[192] 吴庚"大法官"荣退论文集编辑委员会. 公法学与政治理论［M］. 台北：元照出版公司,2004.

二、中文报刊论文

[1]［美］洪朝辉. 关注城市社会权利贫困［J］. 百科知识,2004（4）.

[2]［美］洪朝辉. 论中国城市社会权利的贫困［J］. 江苏社会科学,2003（2）.

[3]［罗马尼亚］Michael M. Cernea. 风险、保障和重建：一种移民安置模型［J］. 郭建平,施国庆,译. 河海大学学报（哲学社会科学版）,2002（2）.

[4] 徐华炳,奚从清. 理论构建与移民服务并进：中国移民研究30年述评［J］. 江海学刊,2010（5）.

[5] 朱道林. 我国征地补偿制度改革的前世今生［J］. 行政管理改革,2011（7）.

[6] 谢晖. 论规范分析方法［J］. 中国法学,2009（2）.

[7] 王赢,侯猛. 法律现象的实证调查：方法和规范——"法律的社会科学研究"研讨会综述［J］. 中国社会科学,2007（2）.

[8] 余纪云. 大中型水利水电工程的征地移民问题［J］. 中国土地,2006（7）.

[9] 张墨宁. 土地征收背后的规划之弊［J］. 南风窗,2011（21）.

[10] 莫于川. 私有财产权的保护与行政补偿法制的完善［J］. 浙江工商大学学报,2005（2）.

[11] 郭道晖. 论集体权利与个体权利［J］. 上海社会科学院学术季刊,1992（3）.

[12] 胡瓷红. 论土地征收补偿原则——以比较法为视角［J］. 杭州师范大学学报（社会科学版）,2011（3）.

[13] 苏秀华. 论"长期补偿"向"长期安置"的转化——我国大中型水利水电工程建设征地"长期补偿"合法规避途径初探［J］. 贵州社会科学, 2011（2）.

[14] 詹明. 略论我国行政补偿制度的缺失与完善［J］. 江西社会科学, 2006（11）.

[15] 黄煜, 施国庆. 水库移民遗留问题成因分析与对策［J］. 水利经济, 2000（5）.

[16] 邱中慧. 水库移民问题中的公共政策研究［J］. 太平洋学报, 2008（9）.

[17] 倪瑛, 周文. 我国非自愿移民土地补偿政策分析研究［J］. 经济问题探索, 2007（9）.

[18] 杨涛. 中国水库移民反贫困的思考［J］. 前沿, 2005（8）.

[19] 杨文建、刘耀详. 水库移民与水电工程效益共享安置模式研究［J］. 人口与经济, 2002（4）.

[20] 崔广平. 论水库移民的公平补偿及其立法的完善［J］. 水利经济, 2003（3）.

[21] 周少林, 李立. 关于水库移民补偿方式的思考［J］. 人民长江, 1999（11）.

[22] 韩志明. 权力的恣意与权利的贫困：建构和谐社会的二维分析［J］. 社会主义研究, 2008（1）.

[23] 郑瑞强. 西部水电移民群体性事件发生原因与防控［J］. 水利发展研究, 2010（5）.

[24] 张绍山. 水利水电移民补偿机制的发展与改革［J］. 水利发展研究, 2005（8）.

[25] 盖斌. 水电站水库移民补偿研究［J］. 乌蒙论坛, 2006（1）.

[26] 章剑生. 行政征收程序论——以集体土地征收为例［J］. 东方法学, 2009（2）.

[27] 薛华勇. 权利的贫困——宪政视野下的小产权房问题透视［J］. 法治研究, 2009（7）.

[28] 原松华. 怒江之争 发展模式的选择之痛［J］. 中国投资, 2005（7）.

[29] 王琼雯. "移民为何贫困"——非自愿移民补偿制度的法规范分析［J］. 云南行政学院学报, 2009（2）.

[30] 胡尔贵, 黄东东. 工程性非自愿移民中的政府角色［J］. 河南社会科学, 2010（1）.

[31] 黄东东. 危机应对与政府主导——法律社会学视角下的工程性非自愿移民［J］. 法商研究, 2009（1）.

[32] 黄东东. 应对挑战的治道变革——《征地补偿和移民安置条例》评论及水库移民立法建议［J］. 法学论坛, 2010（2）.

[33] 黄东东. 工程性非自愿移民的新财产权［J］. 法学, 2006（2）.

[34] 黄东东. 开发性移民之人权法解读［J］. 政治与法律, 2006（1）.

[35] 黄东东. 三峡移民法规政策与世界银行非自愿移民政策之比较［J］. 法学杂志, 2005（5）.

[36] 黄东东. 三峡库区开发性移民与工程性非自愿移民法的构建思路[J]. 重庆社会科学, 2008（3）.

[37] 黄东东. 公益征收之补偿——兼论三峡工程移民补偿[J]. 重庆三峡学院学报, 2004（3）.

[38] 黄东东. 中国工程性移民法研究[J]. 西南政法大学学报, 2008（1）.

[39] 邹爱华, 符启林. 论土地征收的性质[J]. 法学杂志, 2010（5）.

[40] 段跃芳. "非自愿移民补偿理论与实证研究"概述[J]. 三峡大学学报（人文社会科学版）, 2005（6）.

[41] 朱敏. 三峡库区移民法律适用的现状[J]. 重庆大学学报（社会科学版）, 2000（4）.

[42] 潘勇. 论三峡库区移民弱势群体及其法律保护[J]. 河北法学, 2004（5）.

[43] 世界银行后评价局. 非自愿移民：大型水坝经验[J]. 王虹, 施国庆, 译. 河海大学学报（哲社版）, 2002（4）.

[44] 宋全成. 非自愿移民公众参与及政策及其在我国四川地震灾区移民安置中的应用[J]. 山东大学学报（哲学社会科学版）, 2008（6）.

[45] 重庆市万州区党工委研究室课题组. 当前库区城镇移民工作的调查与思考[J]. 中国三峡建设, 2000（10）.

[46] 徐俊新, 施国庆, 郑瑞强. 水库移民补偿中的几个问题探讨[J]. 水利经济, 2008（5）.

[47] 段跃芳, 周银珍. 水库移民补偿制度创新研究[J]. 三峡文化研究, 2007（7）.

[48] 张千帆. "公正补偿"与征收权的宪法限制[J]. 法学研究, 2005（2）.

[49] 安虎森, 邹璇. "产权置换"与大型工程移民补偿问题——以三峡库区移民为例[J]. 管理世界, 2005（11）.

[50] 秦晖. 中国农村土地制度与农民权利保障[J]. 探索与争鸣, 2002（7）.

[51] 施国庆. 非自愿移民：冲突与和谐[J]. 江苏社会科学, 2005（5）.

[52] 朱东恺, 施国庆, 潘玉巧. 我国水利水电工程移民利益补偿机制改革思路及建议[J]. 中国软科学, 2006（1）.

[53] 朱东恺, 施国庆, 张彬. 水利水电工程移民问题的经济学研究现状与展望[J]. 中国软科学, 2005（3）.

[54] 王慧. 浅析水库移民法律关系的性质[J]. 中国三峡建设, 2004（3）.

[55] 王蕴波, 王福友. 论物权征收的实质[J]. 北京师范大学学报（社会科学版）, 2012（2）.

[56] 崔广平. 论水库移民补偿、公平价值和立法[J]. 水利发展研究, 2003（8）.

[57] 李勋华, 何雄浪. 基于土地发展权视角下的水电工程农村移民补偿实证研究[J].

统计与决策, 2010 (23).

[58] 辛向东, 戴剑华. 董必武与毛泽东 [J]. 党史天地, 2009 (5).

[59] 郑卫. 杭州市城市房屋拆迁补偿政策变迁 [J]. 中国土地科学, 2010 (2).

[60] 薛小建. 征地补偿制度法律问题探讨 [J]. 政法论坛, 2010 (5).

[61] 高静, 贺昌政. 重构中国水电开发中的征地补偿技术路线 [J]. 中国土地科学, 2009 (11).

[62] 陈国富, 卿志琼. 权利保护的经济理论与中国转型期的地权流转 [J]. 南开学报（哲学社会科学版), 2011 (1).

[63] 郝铁川. 权利实现的差序格局 [J]. 中国社会科学, 2002 (5).

[64] 陈江龙, 曲福田. 土地征用的理论分析及我国征地制度改革 [J]. 江苏社会科学, 2002 (2).

[65] 彭兆清. 坚持以人为本的科学发展观, 促进怒江流域水能资源开发 [J]. 云南社会主义学院学报, 2004 (4).

[66] 郑琦. 中国政府议程设置模式的变迁——"怒江事件"管窥 [J]. 中国非营利评论, 2007 (1).

[67] 谢哲胜. 不动产财产权的自由与限制——以台湾地区的法制为中心 [J]. 中国法学, 2006 (3).

[68] 林苇. 法治视角下水库移民类群体性事件的思考——以云南绥江"3·25 堵路事件"为例 [J]. 中国人民公安大学学报（社会科学版), 2011 (3).

[69] 李自良. 怒江"争坝"[J]. 瞭望新闻周刊, 2004 (49).

[70] 杨寅. 公共利益的程序主义考量 [J]. 法学, 2004 (10).

[71] 叶必丰. 行政法的理论基础问题 [J]. 法学评论, 1997 (5).

[72] 尹鸿伟. 怒江原住民漫湾取经（上）[J]. 南风窗, 2004 (11).

[73] 郭殊. 论非自愿移民知情权的法治保障 [J]. 新疆社会科学, 2012 (2).

[74] 王洪平, 房绍坤. 论公益征收补偿的标准 [J]. 山东社会科学, 2010 (11).

[75] 李强, 陶传进. 工程移民的性质定位兼与其他移民类型比较 [J]. 江苏社会科学, 2000 (6).

[76] 李保平. 论征地补偿的政治价值 [J]. 学术研究, 2010 (3).

[77] 王庆, 李振华. 水库移民变迁与后期扶持政策演进 [J]. 湖北经济学院学报, 2012 (1).

[78] 刘成斌, 风笑天. 三峡移民迁移满意度的转变及其根源 [J]. 人口研究, 2007 (1).

[79] 尹鸿伟. 第三次上马, 怒江工程!（下）[J]. 南风窗, 2004 (22).

[80] 王道勇. 资源互济: 征地补偿中的基层政权行为分析 [J]. 社会主义研究, 2009

(1).

[81] 胡玉鸿. 以尊严价值模式重构行政执法程序［J］. 浙江学刊, 2011 (2).

[82] 云翔. 坚持"以人为本", 尊重和保障人权——访著名宪法学家、中国人民大学教授许崇德［J］. 人权, 2004 (2).

[83] 郜永昌. 土地发展权损失补偿的制度分析及对策［J］. 社会科学家, 2009 (11).

[84] 徐颖慧. 从遁形到归位——对城市房屋拆迁补偿模式的探讨［J］. 中外法学, 2004 (5).

[85] 汪习根. 发展权法理探析［J］. 法学研究, 1999 (4).

[86] 陈小君. 农村集体土地征收的法理反思与制度重构［J］. 中国法学, 2012 (1).

[87] 陶传进. 工程移民搬迁动力分析框架［J］. 社会学研究, 2000 (6).

[88] 刘兆军. 人权理念下的农民土地权利保护［J］. 中国土地科学, 2010 (7).

[89] 陈树文, 于慕尧. 我国失地农民征地补偿模式研究［J］. 大连理工大学学报（社会科学版), 2008 (4).

[90] 张千帆. 拆迁条例修订的原则与难题［J］. 南风窗, 2010 (2).

[91] 张期陈, 胡志平. 征地议价: 政府与市场的和谐构建［J］. 财经科学, 2010 (5).

[92] 苏振华, 郁建兴. 公众参与、程序正当性与主体间共识——论公共利益的合法性来源［J］. 哲学研究, 2005 (11).

[93] 章剑生. 作为协商性的行政听证——关于行政听证功能的另一种解读［J］. 浙江社会科学, 2005 (4).

[94] 卢丽华. 加拿大土地征用及其借鉴［J］. 中国土地, 2000 (8).

[95] 苏万寿. 行政过程中的对谈及其非正式规则［J］. 河南省政法管理干部学院学报, 2011 (4).

[96] 聂鑫, 汪晗, 张安录. 基于公平思想的失地农民福利补偿——以江汉平原 4 城市为例［J］. 中国土地科学, 2010 (6).

[97] 金慧华. 世界银行非自愿移民政策探析——以环境保护为视角［J］. 社会科学家, 2009 (7).

[98] 周正平. 加快剥离农村土地的社会保障功能［J］. 新世纪周刊, 2009 (7).

[99] 陈银蓉, 梅昀, 刘灵辉, 李进军. 水库移民安置区土地补偿现状与补偿原理［J］. 中国人口·资源与环境, 2012 (2).

[100] 闫文, 许月明. 河北省多样化征地补偿方式探析［J］. 调研世界, 2010 (3).

[101] 武树帜, 陈吉江. 槽渔滩水电站移民和办电经验值得重视［J］. 人民论坛, 1995 (10).

[102] 施国庆, 严登才. "场域—惯习"视角下的水电移民长期补偿安置方式［J］. 南京社会科学, 2011 (11).

[103] 李勋华. 水电工程农村移民土地使用权入股安置研究［J］. 人民黄河, 2011（4）.

[104] 胡宝柱, 赵静, 周金存. 水库移民长期补偿方式探讨［J］. 中国水利, 2011（2）.

[105] 赵姚阳. 我国水库移民权利保障发展评析［J］. 中国农村水利水电, 2011（2）.

[106] 陈绩. 浅谈水库移民的社会保障［J］. 中国农村水利水电, 2008（6）.

[107] 段跃芳. 开发性移民政策：概念框架、应用及发展［J］. 江汉论坛, 2007（7）.

[108] 张艳丽, 田文利. 土地征用中农民给付行政基本理论问题探析［J］. 学术交流, 2007（8）.

[109] 潘峰, 蒋励. 浙江失地农民社会保障体系制度分析［J］. 马克思主义与现实, 2007（5）.

[110] 薛小建. 论社会保障权的宪法基础［J］. 比较法研究, 2010（5）.

[111] 蒋媛媛. 征地补偿与失地农民保障问题［J］. 中国土地, 2005（12）.

[112] 张士斌. 衔接与协调：失地农民"土地换保障"模式的转换［J］. 浙江社会科学, 2010（4）.

[113] 黄英君, 郑军. 我国二元化城乡社会保障体系反思与重构：基于城乡统筹的视角分析［J］. 保险研究, 2010（4）.

[114] 孙雨生. 德国行政给付与法律保留及其对我国的启示［J］. 山东省农业管理干部学院学报, 2009（3）.

[115] 李乐平. 论社会保障权［J］. 实事求是, 2004（3）.

[116] 李国兴. 超越"生存照顾"的给付行政论——给付行政的发展及对传统行政法理论的挑战［J］. 中外法学, 2009（6）.

[117] 王亚华. 反坝，还是建坝？——国际反坝运动反思与我国公共政策调整［J］. 中国软科学, 2005（8）.

[118] 李勋华, 廖联奎. 移民补偿安置的历史经验及其对水电工程移民工作的启示［J］. 西北农林科技大学（社会科学版）, 2012（2）.

[119] 朱一中, 曹裕. 农地非农化过程中的土地增值收益分配研究——基于土地发展权的视角［J］. 经济地理, 2012（10）.

[120] 梁亚荣, 高海燕. 宅基地征收补偿类型化立法探析［J］. 南京农业大学学报（社会科学版）, 2014（1）.

[121] 杨文建, 刘耀祥. 水库移民与水电工程效益共享安置模式研究［J］. 人口与经济, 2002（4）.

[122] 马新文. 阿玛蒂亚·森的权利贫困理论与方法评述［J］. 国外社会科学, 2008（2）.

[123] ［美］小奥利弗·温德尔·霍姆斯著. 法律的道路［J］. 陈新宇, 译. 研究生法学, 2001（4）.

[124] 张宏亮,付丽丽,吕本富. 非自愿移民的综合性补偿机制研究[J]. 中国行政管理,2015(11).

[125] 黄东东. 征地补偿、制度变迁与交易成本——以水库移民为例[J]. 中国政法大学学报,2015(1).

[126] 欧爱民. 德国宪法制度性保障的二元结构及其对中国的启示[J]. 法学评论,2008(2).

[127] [美]查尔斯·A. 赖希. 新财产权[J]. 翟小波,译. 私法,2006(2).

[128] 周杰. 福利国家语境下的"新财产权"理论与相关制度实践分析[J]. 北大法律评论,2010(2).

[129] 范敏. 新时期坚持和完善大中型水库移民后期扶持政策的思考[J]. 中国水利,2016(5).

[130] 汪庆华. 土地征收、公共使用与公平补偿——评 Kelo v. City of New London 一案判决[J]. 北大法律评论,2007(2).

[131] 杨建顺. 我国公共补偿的相关立法[N]. 人民日报,2004-02-18.

[132] 国土部官员谈征地纠纷:现有补偿安置制度存问题[N]. 人民日报,2011-11-06.

[133] 张千帆. 重构中国的道德与政治哲学[N]. 法制日报,2012-04-25.

[134] 陈宏伟. 怒江水电开发"大调整"方案为何如此神秘[N]. 中国经济时报,2006-06-21.

[135] 中央农村办. 集体土地强拆应走司法程序[N]. 新京报,2011-01-31.

[136] 杨跃伟,夏杰,张福芳. 托起大湘西,经济腾飞新希望——托口水电站建设采访纪实[N]. 湖南日报,2010-02-03.

[137] 石国胜. 依法做好征地补偿和移民安置工作[N]. 人民日报,2006-08-13.

[138] 钟晶晶. 金沙江水电开发五大争议[N]. 新京报,2012-09-08.

[139] 黄宗文. 水库移民经济分析[D]. 中国人民大学,2004.

[140] 胡静. 非自愿移民、介入性贫困与反贫困政策研究——以南水北调中线工程库区移民为例[D]. 中南财经政法大学,2008.

[141] 段跃芳. 水库移民补偿理论与实证研究[D]. 华中科技大学,2003.

[142] 李勋华. 水电工程移民权益保障研究[D]. 西北农林科技大学,2010.

[143] 王茂福. 水利工程的农村移民的福利研究[D]. 华中科技大学,2005.

[144] 罗用频. 南盘江的故事——巴结水电移民的民族学研究[D]. 中央民族大学,2005.

[145] 张春美. 农村水库移民后期扶持机制研究[D]. 河海大学,2009.

[146] 陈晓东. 迁徙自由视野下的政府移民[D]. 苏州大学,2009.

[147] 石雪梅. 论我国库区移民土地征用补偿制度[D]. 福州大学,2005.

[148] 陈波. 征收法律关系主体研究［D］. 东南大学，2008.

[149] 陈筱珮. 行政损失补偿制度之研究［D］. 台湾中兴大学，1980.

[150] 欧永铭. 从宪法观点论人民行政损失补偿权之保障［D］. 台湾中正大学，2006.

[151] 李泳雯. 水库移民政策转变与执行：以澜沧江为例［D］. 台湾政治大学，2013.

三、外文文献

[1] Richard A. Epstein, Takings：Private Property and the Power of Eminent Domain［M］. Harvard University Press，1985.

[2] Michael M. Cernea and Hari Mohan Mathur（eds），Can Compensation Prevent Impoverishment? Reforming Resettlement through Investments and Benefit – sharing［M］. Oxford University Press，2008.

[3] Black's Law Dictionary. 7th edition［M］. West Group，1999.

[4] World Commission on Dams，Dams and development：a new framework for decision – making［M］. London：Earthscan Publications Ltd.，2000.

[5] Behrooz Morvaridi, Resettlement, Rights to Development and the Ilisu Dam, Turkey［J］. Development and Change, Vol. 35, No. 4（2004）.

[6] Gary W. Frey and Deborah M. Linke. Hydropower as a Renewable and Sustainable Energy Resource Meeting Global Energy Challenges in a Reasonable Way［J］. Energy Policy, Vol. 30, No. 14（2002）.

[7] Michael Cernea. The Risks and Reconstruction Model for Resettling Displaced Populations ［J］. World Development, Vol. 25, No. 10（1997）.

[8] Naruhiko Takesada. Japanese Experience of Involuntary Resettlement：Long – Term Consequences of Resettlement for the Construction of the Ikawa Dam［J］. Water Resources Development, Vol. 25, No. 3（2009）.

[9] Atsushi Hattori & Ryo Fujikura. Estimating the Indirect Costs of Resettlement due to Dam Construction：A Japanese Case Study［J］. Water Resources Development, Vol. 25, No. 3（2009）.

[10] Ryofujikura, Mikiyasu Nakayama & Naruhiko Takesada, Lessons from Resettlement Caused by Large Dam Projects：Case Studies from Japan, Indonesia and SriLanka［J］. Water Resources Development, Vol. 25, No. 3,（2009）.

[11] Mikiyasu Nakayama, Tsuneaki Yoshida & Budhi Gunawan. Compensation Schemes for Resettlers in Indonesian Dam Construction Projects［J］. Water International, Vol. 24, No. 4（1999）.

[12] Abraham Bell and Gideon Parchomovsky. Givings［J］. The Yale Law Journal, Vol. 111,

No. 3 (2001).

[13] Luke Swainson and Andrew McGregort. Compensating for development: Orang Asli Experiences of Malaysia's Sungai Selangor Dam [J]. Asia Pacific Viewpoint, Vol. 49, No. 2 (2008).

[14] Ram Babu Mallavarapu, Development, Displacement and Rehabilitation: An Action Anthropological Study on Kovvada Reservoir in West Godavari Agency of Andhra Pradesh, India [J]. World Academy of Science Engineering and Technology, vol. 17 (2006).

[15] Abraham Bell and Gideon Parchomovsky, Taking Compensation Private [J]. Stanford Law Review, Vol. 59, No. 4 (Feb 2007).

[16] Ed Nosal, The Taking of Land: Market Value Compensation Should Be Paid [J]. Journal of Public Economics, 82 (2001).

[17] Christopher Serkin, The Meaning of Value: Assessing Just Compensation for Pegulatory Taking [J]. Northwestern University Law Review, Vol. 99, No. 2 (Winter 2005).

[18] Brooke McDonald, Michael Webber, Duan Yuefang, Involuntary Resettlement as an Opportunity for Development: The Case of Urban Resettlers of the Three Gorges Project, China [J]. Journal of Refugee Studies, Vol. 21, No. 1 (2008).

[19] Philip Young P. Hong, Shweta Singh and Juliane Ramic, Development – induced Impoverishment among Involuntarily Displaced Populations [J]. Journal of Comparative Social Welfare, Vol. 25, No. 3 (October 2009).

[20] Mikiyasu Nakayama, Budhi Gunawan, Tsuneaki Yoshida & Takashi Asaeda, Resettlement Issues of Cirata Dam Project: A Post – project Review [J]. Water Resources Development, Vol. 15, No. 4 (1999).

[21] Tan Yan and Wang Yi Qian, Rural Resettlement and Land Compensation in Project, China [J]. Asia Pacific Viewpoint, Vol. 44, No. 1 (2003).

[22] William A. Fische, The Offer/Ask Disparity and Just Compensation for Takings: A Constitutional Choice Perspective [J]. International Review of Law and Economics, 15 (1995).

[23] Toddm. Vandenberg, "We Are Not Compensating Rocks": Resettlement and Traditional Religious Systems [J]. World Development, Vol. 27, No. 2, (1999).

[24] Behrooz Morvaridi, Resettlement, Rights to Development and the Ilisu Dam, Turkey [J]. Development and Change, Vol. 35, No. 4 (2004).

[25] Jim Yardley. Chinese Dam Projects Criticized for Their Human Costs [J]. New York Times, November 19, 2007.

[26] OP 4.12 – Involuntary Resettlement.

后 记

《孟子·滕文公上》有云："民之为道也，有恒产者有恒心，无恒产者无恒心。"自古以来产权都是老百姓安身立命之根本。现代法治国，财产权作为宪法上的一项基本人权，是公民生存和发展的基石，理应得到国家的尊重和保障。党的十八届四中全会通过的《中共中央关于全面推进依法治国若干重大问题的决定》明确提出，"加快完善体现权利公平、机会公平、规则公平的法律制度，保障公民人身权、财产权、基本政治权利等各项权利不受侵犯，保障公民经济、文化、社会等各方面权利得到落实。"落实权利保障、维护公平正义是全面推进依法治国的价值追求和重要依归，亦是国家治理能力和治理体系现代化的客观要求。行政补偿制度作为一项伴随着征收征用发展而来的法律制度，对于落实人权保障，规范公权力的行使，实现社会公平正义至关重要。然而，相对于国家赔偿已经有完善的统一立法和相对成熟的理论积淀，行政补偿无论在立法抑或理论上都略显滞后。诚然，这种状态与其自身理论的复杂性以及实践发展的多变性关系甚大，也与学界对其研究关注不足有关。当前，随着中国经济社会的快速发展，各种行政补偿型矛盾和争议不断激增，越来越多的实践难题需要运用行政补偿理论应对解决，亦需要行政补偿立法的调整规制。在行政补偿统一立法难以一蹴而就的背景下，立足中国经济社会建设实践，对行政补偿的重要类型作分众式的系统研究，不仅能够有效回应社会期许，更能发挥以点带面的突破意义。移民补偿作为行政补偿的重要类型，一直是困扰移民工程和社会稳定的难题，但法学界对其关注并不多。带着贡献理论和实践应用的丝丝期许，我选择了水库移民补偿作为学术生涯中的重要驿站。水库移民补偿问题的研究解决涉及多学科知识，不仅需要丰实的法学智识，还需要社会学、公共管理学等方面知识的支持，囿于自己有限的知识储备，著述中难免会存在一些讹误和缺憾。

该书主要基于我的博士学位论文修改而成。回望已经过去的攻博生涯，那人、那物、那个地方依然历历在目，许多辛酸，许多欢乐，许多留念，许多感慨。首先感谢我的博士导师章剑生教授，承蒙先生不弃，有幸圆梦浙江大学光华法学院。先生以极大的耐心宽容我的愚钝，从小论文的写作发表到大论文的构思完成，都凝集了恩师的心血。先生严谨的治学风范、淡泊名利的高尚人格深深影响着我，令我终生受益。感谢我的硕士导师周永坤教授，是他把我这个法学门外汉带入了法学殿堂，虽然硕士毕业之后很少有机会聆听老师的教导，但先生执著追求"自由平等"的法律人格，传播大爱与理性的学术品格，始终像精神灯塔一样指引着我不断成长。感谢胡建淼教授、朱新力教授、郑春燕教授、金承东副教授、郑磊副教授等，感谢所有授我以业的老师，没有他们的悉心教导，我也无法取得今天的些微成绩。感谢朱芒教授、陈柳裕研究员、周江洪教授拨冗参加我的博士论文答辩会，他们提出的宝贵意见和建议使我受益颇多，也为本书的修改完善增色不少。

感谢给予我帮助的黄东东教授，虽然我们素未谋面，但当我冒昧电邮请求帮助时，他热情地给予了回复，并寄赠佳作。

感谢同门的兄弟姐妹，几年来我们一起之江苦战、西湖泛舟、茶室论道，相互提携、彼此勉励，这些都将成为美好的人生回忆，深深地印在脑海里。尤其感谢来自宝岛台湾的哥们孙铭宗，这个自称"书籍贩子"的台湾同胞，主动担当起互通海峡两岸法学交流的重任，因为他的帮助，我的著述变得更加充实而有厚度。

感谢我的家人，感谢家人一直以来对我的理解、支持和包容。

本书的顺利出版，还要感谢知识产权出版社李学军编辑的辛勤劳动。

往日恩情难忘，来日更加珍惜。再次衷心感谢所有给予我帮助、关心和支持的师友亲人，谨以此书献给他们！